장난기, 영감, 모험의 여정

혁신학교의 꽃, 교육과정 다시 그리기

장난기, 영감, 모험의 여정

혁신학교의 꽃,
교육과정
다시 그리기

초판 1쇄 인쇄 2020년 7월 27일
초판 1쇄 발행 2020년 7월 31일

지은이 안재일
펴낸이 김승희
펴낸곳 도서출판 살림터

기획 정광일
편집 조현주
표지 그림 허유미
표지 글씨 홍성미

인쇄·제본 (주)신화프린팅
종이 월드페이퍼(주)

주소 서울시 양천구 목동동로 293, 22층 2215-1호
전화 02-3141-6553
팩스 02-3141-6555
출판등록 2008년 3월 18일 제313-1990-12호
이메일 gwang80@hanmail.net
블로그 http://blog.naver.com/dkffk1020

ISBN 979-11-5930-152-0 03370

이 도서의 국립중앙도서관 출판예정도서목록(CIP)은 서지정보유통지원시스템 홈페이지(http://seoji.
nl.go.kr)와 국가자료공동목록시스템(http://www.nl.go.kr/kolisnet)에서 이용하실 수 있습니다.
(CIP제어번호: CIP2020030621)

장난기, 영감, 모험의 여정

혁신학교의 꽃, 교육과정 다시 그리기

안재일 지음

추천의 글

가르치며 성장하는
행복한 혁신학교 교사 이야기

지난봄 5학년이 '우리 땅 밟기'라는 체험학습을 신청했다. '우리 땅 밟기?' 이름도 생소한데 산으로 강으로 아이들이 걸어서 체험학습을 한단다. 주제집중수업 교육과정을 운영하면서 학생 참여 중심의 체험학습이 일반화된 학교이기는 하지만, 아이들이 걸어서 미술관 나들이를 하고 산행을 하며 물길을 따라 걷는다는 발상이 발칙한 귀여움과 낭만으로 다가왔다. 이후에 5학년 교육과정을 다시 들여다보면서 독도 알리기 캠페인을 하려 한다며 교장실을 방문했던 5학년 아이들의 활동과 같은 맥락임을 알게 되었다. 이러한 학습이 이루어질 수 있는 것은, 만들어 가는 교육과정의 바탕 위에 교사들의 일상 대화도 늘 수업에 맞춰져 있는 교원학습공동체 문화 때문일 것이다.

입시와 평가의 서열화 도구로 전락한 공교육, 아이들뿐만 아니라 교사마저도 경쟁을 유도하는 학교문화가 오랫동안 유지되어 왔다. 교육은 아이들의 삶을 담아내지 못했고 아이들은 수업과 평가를 통한 성장을 이루지 못했다. 그만큼 교육의 본질 회복에 대한 교사들의 욕구는 점점 커질 수밖에 없었다. 공교육 살리기의 대안으로 출발한 혁신학교, 우리 학교 교사들은 동료들과 함께하는 교원학습공동체를 통해 수업을 준비하고 연구하는 과정에 특히 높은 만족도를 보인다. 학교공동체의 교육철학을 세우고 우리 아이들에게 맞는 형식과 내용으로 수업을 할 때 수업은 생기를 띠고 만족도가 높아지는 것이다.

초등학교의 담임은 그 많은 교과와 수업을 온전히 홀로 준비하기가 버겁다. 그런데 교육과정 재구성을 기반으로 한 주제집중수업을 하면서 교사와 아이들 모두가 수업에 몰입할 수 있으면서 교육과정 운영에도 여유가 생겼다.

우리 학교는 2011년 서울형혁신학교 1기로 개교하였다. 공교육의 성공적 모델을 만들고자 많은 교사들이 민주적 학교 운영과 교육과정 혁신을 위해 고군분투하였고, 개교 당시부터 주목을 받았다. 특히 수업혁신은 공개수업이 아닌 '수업 나눔'으로 접근하는 교원학습공동체 문화가 바탕에 있어서 가능했다고 생각한다.

안재일 선생님의 이 책은 수업혁신이 무엇을 말하는 것인지 의미는 알겠는데 구체적으로 손에 잘 잡히지 않아 답답해하는 선생님들께 길잡이 역할을 할 수 있을 것이다. 10여 년의 혁신학교 역사를 거치며 수많은 책이 쏟아져 나왔지만 교원학습공동체를 중심으로 교육과정을 재구성하여 수업에 적용하는 과정을 생생하게 소개한 이 책은 교육과정 재구성을 고민하는 선생님들께 더욱 구체적인 도움이 될 수 있을 것이다.

책을 읽다 보면 마치 옆에서 도란도란 함께 수업 이야기를 나누는 것 같은 착각이 들 정도다. 더 멋지게도, 훌륭하게도 포장하지 않고 일반 학교에서의 경험과 실패담까지 아울러 기록함으로써 내 이웃의 선생님처럼 친근하게 다가갈 수 있다. '그럼, 나도 한번?' 하며 용기를 내어 보기에 충분하다.

만들어 가는 교육과정 안에서 교사와 아이들의 상상력은 수업이 되고, 교사는 가르침으로 아이들은 배움으로 서로의 성장 동력이 되어 주는 과정이 아름답다. 교육과정 재구성은 이제 더 이상 재구성이 아니라고들 한다. 교사는 교과서를 가르치는 사람이 아니라 교육과정으로 수업을 만들어 가는 사람이기 때문이다. 나는 선생님의 수업과 일상에 스며든 학교 이야기에서 많은 감동과 영감을 얻으며 오늘도 함께 성장하고 있다.

2020년 7월
서울강명초등학교 교장 위유정

머리글

2011년 서울형혁신학교가 문을 연 지 9년이 되었습니다. 서울보다 먼저 시작했던 경기도교육청의 혁신학교까지 생각해 보면, 10년이 훌쩍 넘어 초등학교 때부터 혁신교육을 받고 자란 아이들이 고등학교를 졸업하고 사회에 나가거나 대학을 다니고 있습니다. 경기도에서 시작했던 혁신학교는 서울을 비롯해 전국적으로 다양한 이름으로 퍼져 나가 한국 교육의 지형을 바꾸는 거대한 흐름으로 자리매김하였습니다.

개인적인 경험을 보태자면, 혁신학교는 한국의 대안교육운동의 역사에 한쪽 뿌리를 박고 있다고 말하고 싶습니다. 1997년 최초의 대안학교인 '간디학교'가 설립되고 2001년 초등대안학교인 '산학교'를 거쳐, 2003년에 세워진 하남·광주의 '푸른숲 발도르프 학교', 공교육 안에서 새로운 실험을 했던 '남한산초등학교'와 '이우중고등학교'까지 20여 년을 거슬러 올라가는 깊고도 거대한 뿌리를 발견할 수 있습니다. 의무교육인 초등 단계에서 대안학교가 존재하지 않았을 때부터 대안초등학교 설립을 주도하며 온갖 모험과 고생을 자처했던 저로서는 격세지감을 느끼지 않을 수 없습니다. 2000년대 초만 해도, 국가주의 교육 시스템에 저항하여 탈권위적 자유교육을 지향하는 대안학교를 꿈꾸는 것이 가당키나 한 것인지, 우리만의 백일몽은 아닌지 스스로도 자신이 없었습니다. 그렇지만 얼마 지나지 않아 전국 곳곳으로, 초등학교부터 대학교에 이르기까지 다양한 대안학교가 들불처럼 번져 가는 놀라운 경험을 하게 되었습니다.

몇 년 후, 혁신학교를 통해서 대안교육이 추구했던 이상과 내용이 제도권 안에서 실현되는 것을 보았습니다. 여기에 이르기까지 새 희망의 불씨를 품고 헌신했던 사람들을 떠올려 봅니다. 이렇게 헌신하는 사람들에 의해서 역사의 수레바퀴는 무겁게 앞으로 굴러가나 봅니다.

혁신학교의 또 하나의 커다란 뿌리는 전교조의 역사와 맥을 같이합니다. 온갖 핍박과 악조건 속에서도 공교육 현장을 떠나지 않고 투쟁으로 노동조합을 지켜 냈던 선배 조합원 선생님들, 교실 안에서 참교육을 실천하기 위해 노력했던 전교조 선생님들의 빛나는 성과가 바로 혁신학교입니다. 한 발짝 떨어져서 그 과정을 지켜보았던 저는 역사의 미래는 과연 꿈꾸는 자의 것임을 새삼 절감합니다. 강력한 권위주의가 지배하는 개별 학교현장에서 고군분투하던 전교조 조합원들이 혁신학교라는 기치 아래 모일 수 있었던 것은 전교조의 투쟁과 실험의 결과였습니다. 그렇게 모인 조합원 선생님들은 변화의 임계량을 구성하고 학교 전체를 근본으로부터 바꾸어 내고자 하였습니다. 그리고 마침내 새로운 교육의 모델을 만들어 내는 데 성공하였습니다.

학생과 수업을 중심에 놓고 시도되었던 탈권위주의적 교육 실험들은 혁신학교로 수렴되었고, 그 성과가 다시 일반 학교에 영향을 주어 광범위한 변화를 일으키고 있습니다. 교육과정 운영을 지원하는 업무 전담팀 구성이나, 학교단위의 민주적인 의사결정 체계, 블록 수업과 30분 노는 시간 확보, 문예체 수업, 교원학습공동체 등은 이미 일반 학교에도 자연스럽게 정착되어 가고 있습니다.

그런데 혁신학교의 양적 확대와 일반 학교에 대한 광범위하고 긍정적인 영향에도 불구하고, 꼬리를 잡고 물고기의 몸통을 뒤집기에는 아직 힘이 더 필요한 것이 아닌가 싶습니다. 무엇보다 혁신학교에 대한 일반 교사들이나 행정가, 일부 학부모의 오해와 우려가 혁신학교의 핵심 가치를 왜곡시키고 지속적인 발전에 걸림돌이 되고 있습니다. 예를 들어, 서울시교육청은 지난해 강남의 어느 재건축 아파트 단지 내에 개교하는 초등학교를 혁신학교로 지정했습니다. 그러나 일부 학부모와 주변 주민들의 극심한 반대에 부딪혀 지정을 취소했습니다. 그들은 혁신학교가 지향하는 협력과 평등이 아니라 경쟁과 수월성 교육을 원했습니다. 교과서를 무시하고 시험도 보지 않아 자기 자손들을 멍청이로 만들 거라는 우려 섞인 목소리가 들려왔습니다.

이 소식을 접한 혁신학교 교사들은 참으로 답답한 심정이었습니다. 무한 경쟁에 내몰려 사교육 시장을 떠돌며 미래의 성공을 위해 현재의 행복을 저당잡힌 우리 아이들…. 혁신학교를 반대하는 주민들은 과연 자녀를 위한 반대인지 자신의 욕망을 위한 반대인지 생각해 봐야 할 것입니다. 때로는 자신의 자녀가 친구와의 경쟁에서 이기고 좋은 대학에 가기만 하면 현재의 행복 따위는 중요하지 않다고 여기는 것은 아닐까 하는 생각이 들기도 합니다.

혁신학교에 대한 대중의 부정적인 의견을 접할 때마다 억울한 생각이 들지만, 이 또한 무시할 수 없는 사회적 의견을 형성하고 있는 것도 사실입니다. 혁신학교에 대한 부정적인 의견은 오해에서 비롯된 것도 있고, 사실에 근거한 것도 있습니다. 오해라면 관점의 차이를 잘 설명하고 사실을 정확하게 알려야 합니다. 사실에 근거한 것이라면 그 내용이 무엇인지, 우리가 어떤 면에서 설득력이 부족했는지 따져 봐서 개선해 나가야 할 것입니다.

오해이건 정확한 진단이건 혁신학교에 대한 의견은 대부분 교육 내용과 관련되어 있습니다. 교과서도 제대로 가르치지 않고 학생들과 놀기만 한다, 즉 수업의 질을 신뢰할 수 없다는 주장입니다. 이것은 교육에 대한 몰이해, 현재의 부모들이 과거의 일제식 암기학습을 원한다고 대놓고 주장하는 사람들의 경험의 한계에서 비롯된 게 아닌가 생각해 봅니다.

미래 사회의 핵심역량은 기존 지식의 양이 아니라 자기주도적 학습 능력, 지식과 정보를 채택해서 자신의 논리와 아이디어를 구축하는 능력, 소통하고 협력하는 능력 등이 필요하다는 것을 끊임없이 이야기하고 설득해야 합니다. 그리고 혁신학교에서 교과서를 그대로 따르지 않고 교육과정을 재구성해서 운영하는 것이 결코 수업의 질을 떨어뜨리는 것이 아니라는 사실을 알려야 합니다. 이와 같은 방식이 오히려 미래 사회가 요구하는 능력을 키울 수 있는 최적화된 방법을 찾아가는 과정임을 널리 이해시켜야 합니다.

3기를 맞이한 서울형혁신학교의 당면 과제 중 하나는 학생의 성장과 수업을 지원하는 학교 시스템 위에 교육과정을 충실히 재구성하여 교육 내용의 질을 높이는 것입니다. 이것이 세간의 의혹과 우려를 불식시키고 교사와 학생, 학부모 모두가 만족스러운 학교를 만드는 일입니다.

제가 동료들과 협력하여 재구성한 수업을 하면서 교사로서 성장하고 만족감을 얻을 수 있었던 것은 혁신학교가 구축해 놓은 시스템과 문화 속에서 가능했습니다. 학생들과 함께 혁신학교의 열매를 맛볼 수 있도록 열정을 바쳐 헌신했던 선생님들과 학부모님들에게 감사의 마음을 전합니다.

저의 경험이 교육과정 재구성에 막연한 어려움을 느끼는 선생님들에게 하나의 참고 사례가 되기를 기대합니다. 또한 혁신학교에 대해서 잘 모르거나 우려하는 학부모님과 일반인들이 바르게 이해하고 긍정적인 견해를 갖는 데 도움이 되기를 희망합니다.

2020년 7월
안재일

차례

1장

혁신교육 앞에서

혁신교육, 내 가죽을 먼저 벗겨야

　나는 오랫동안 영어 교과를 맡아 오다 혁신학교에 와서 4년째 담임을 하고 있다. 4년 전 혁신학교에 온 첫날, 교사회에서 공개적으로 담임과 업무부장을 정했다. 그때 교사들의 자유스럽고 민주적인 태도가 나에겐 신선한 충격이었다. 이곳에서는 2년에 한 번씩 돌아가면서 하는 업무부장을 자원자 중에서 협의와 조정을 통해 정한다. 학년부장도 마찬가지인데, 새 동학년이 정해지면 동학년에서 선생님들이 부장을 정한다. 이런 민주적인 인사제도는 교직사회에 팽배한 권위주의에 복종하는 문화를 걷어 내는 데 혁신적으로 기여할 것으로 보였다.

　이전에 있었던 학교들에서는 소위 '벌떡 교사'에 대한 눈총이 따가웠다. 교직원회의 시간에 교장이나 교감, 관련 부장들만 필요한 것을 안내할 뿐 토론은 없었다. 어쩌다 학교에 생긴 문제들에 대해서 벌떡 일어나 이의를 제기하는 교사가 있으면, '퇴근 시간 다 됐는데, 피곤하게 뭐야?'라고 속으로 구시렁거리고 티 나게 시계를 보며 외면한다. 소심한 교사였던 나는 '벌떡 교사'의 문제 제기에 동감하면서도 나도 벌떡 일어나 한마디 거들 용기가 나지 않아 가슴만 졸였다.

　혁신학교의 교사회는 달랐다. 이것이 말로만 듣던 '토론이 있는 교사회?!' 학교의 많은 문제와 정책들을 교육적 관점에서 검토하고 토론하며 의결하는 기구로서 실질적인 역할을 하고 있었다. 그런 교사회에 참여하는 선생님들의 눈빛은 자긍심으로 빛났다. 심지어 혁신학교의 여러 정책과 실천에 대해 반대 입장인 것으로 보이는 교사들도 당당하게 의견을 드러내 놓고 말할 수 있는 포용적인 분위기가 더욱 놀라웠다. 이러한 교사회의 민주적 문화가 교사 한 사람 한 사람이 주체가 되어 당당하게 교육을 이끌어 갈 수 있는 토대를 이루는 것처럼 보였다.

나 자신부터 개혁해야 하나? 기존의 질서에 적응해 온 나에게는 모든 것이 도전 과제로 다가왔다. 학생 임원제도와 각종 대회를 없애 경쟁이 없는 교육을 추구하고, 80분 블록 수업과 노는 시간 30분 확보 등 수업시간을 탄력적으로 운영하고, 아침열기를 하고, 배움공책을 만들어 쓰는 등 다른 학교에서 경험해 보지 못한 새로운 교육 시스템을 이해하고 적응해 가는 과정은 교사에게 근본적인 혁신을 요구하는 것들이었다. 혁신이란 가죽을 벗겨서 새롭게 한다는 뜻인데, 내 가죽을 먼저 벗기는 데는 반감과 고통이 따랐다.

각종 스티커 제도와 학생 간 경쟁을 부추겨 학급을 통제하는 것을 당연하게 여기던 나에게 통제할 아무런 수단도 없이 학생들을 만나는 것은 칼도 차지 않고 전장에 나가는 장수가 된 같은 느낌이었다. 보상 제도도 없고 학급 회장도 없고 체벌도 없는데 이 말괄량이들을 어떻게 가르치란 말인가! 게다가 수업시간에는 아이스크림 같은 영상매체도 안 쓴다고 하니 무엇으로 아이들을 가르치란 말인가? 심지어 교과서 내용도 차고 넘쳐서 나도 다 소화하기 힘든데, 그걸 무시하고 성취 기준만 가지고 재구성해서 가르치라니 대체 뭘 가르치라는 거지? 내가 전지전능한 슈퍼맨도 아니고, 아이들은 어떤 부분에선 나보다 더 많은 세부 지식을 갖고 있는데…. 그 권위 있는 교과서로 애들을 눌러야지 그걸 다 버리고 9개나 되는 과목을 전문지식도 없이 어떻게 가르치나? 태산 같은 걱정으로 자신감이 급강하했다.

하지만 달라도 너무 다른 혁신학교에 오게 된 것이 타성에 빠져 정체된 나를 근본부터 성찰하고 새롭게 발전시킬 기회인 것만은 분명했다. 그래, 배움의 기회로 삼고 나를 혁신할 수 있는 기회를 놓치지 말자!

일주일에 두 번씩 열리는 동학년 교원학습공동체 회의는 나를 위한 혁신과 배움의 장이었다. 새 학년 첫날 아이들을 어떻게 만날 것인가부터 학급공동체 세우기, 아침열기, 주제집중수업까지 하나하나 논의하는 가운데 많은 것을 배우고 조금씩 적응하는 데 큰 도움이 되었다.

자존감 높은 아이를 길러 내는 혁신교육

나는 4년 동안 주로 고학년 담임을 맡았다. 1학년부터 혁신교육을 받고 자라 온 아이들을 만나면서 혁신교육의 성과는 바로 이 아이들이라는 생각을 자주 하곤 한다. 우리 아이들에게는 서로 비교하지 않고 자기 자신을 있는 그대로 받아들일 줄 아는 당당한 자존감, 자기와 다른 친구들을 배척하지 않고 개성으로 인정하며 감싸 안는 학급공동체 문화, 학급 다모임과 어린이 대의원회에서 논의된 규칙을 지키려고 노력하는 자율적인 질서의식, 6학년이 되어도 배움의 기쁨이 여전히 살아 있는 눈빛, 6년 동안 배움공책을 사용하면서 길러진 학습 내용을 스스로 정리하는 능력 등 일일이 이야기하기 벅찬 장점들이 있다.

이런 아이들의 모습을 보고 있으면 9년 동안 기존의 것을 혁파하고 새로운 것을 만들어 왔던 선생님들 모습이 떠오른다. 이상을 향해 나아가는 인간 정신의 고매함, 헌신과 열정이 아이들을 통해 열매 맺고 있었다. 여기까지 오기 위해 애쓰셨던 선생님들의 노력에 감사와 존경의 마음을 보낸다.

연구하고 협력하는 교원학습공동체

처음에 혁신학교에 와서 가장 적응하기 힘들었던 것은 주제집중수업이었다. 수업을 어떻게 이끌어 가야 할지 막연하고 혼란스러웠다. 우왕좌왕하는 내 모습이 아이들 배움공책에 고스란히 드러나 있는 것 같아 옆 반 선생님이 보면 어쩌나 걱정하기도 했다. 하지만 선생님들이 지금까지 재구성해 왔던 교육과정을 들여다보고 동학년 선생님들을 따라 하면서 조금씩 편안해졌다. 그러다 3년 차에 5학년 담임을 맡으면서 7명의 동학년 선생님들을 만났다. 성실함과 열정, 본질에 대해 깊이 있게 고민하고 경청하는 진지한 자세, 서로를 통해 배우려는 겸손함, 이렇게 아름다운 사람들을 한꺼번에 만나 본 적이 있었던가 싶었다.

"교육과정 재구성에 대해서 제대로 배우고 실천해 보고 싶어요."
우리 학교 부임한 지 2년 차 선생님.
"말로만 듣고 꿈꾸어 오던 혁신학교에 와서 혁신교육이 어떻게 실현되는지 기존 선생님들로부터 배우고 싶어요."
이웃 학교에서 막 전근해 온 1년 차 선생님들.
우리의 눈을 가리고 짓눌렀던 거짓 껍데기에 근본적인 문제의식을 던져 주던 혁신교육 3년 차 선생님.

"8년간 혁신 교육과정을 만들어 온 앞선 선생님들의 노력 어린 성과를 지키고 그 진정성을 전달해야 한다는 의무감이 무거워요."

혁신교육 8년 차 학년부장 선생님.

"혁신학교에 와서 그동안 내가 해 온 방식을 바꾸려니 많이 힘들어요. 그렇지만 선생님들과 보조를 맞춰 열심히 배우도록 하겠습니다."

혁신교육에 선뜻 동의하기 어려운 부분이 있으나 열린 마음과 엄청난 성실성으로 동학년의 일꾼이 되어 준 2년 차 선생님, 그리고 아직도 배울 것이 한참 많은 별반 담임, 나. 각기 다양한 교사 경력과 나이대의 일곱 교사들이 아름다운 1년의 여정을 함께할 2018년 교원학습공동체의 이름은 '일곱 빛깔 무지개'로 정했다. 각자의 빛깔을 유지하면서도 함께 어울려 조화로운 성과를 이루어 내기를 희망하면서….

이 책의 구성

이 책에서는 2018년과 그 이듬해의 '동학년 교원학습공동체'가 교육과정을 재구성하는 과정을 체계 있게 정리하고자 하였다.

교육과정을 재구성할 때 기본이 되는 것은 이 시기 아이들의 발달 특징과 그들의 발달 과업이 무엇인지에 대한 통찰이다. 2장에서는 내가 어린 시절에 경험했던 내면적 성장 과정을 반추하면서 지금까지 연구해 온 교육학과 언어 습득에 대한 지식, 오랜 세월 교실에서 아이들을 만나 온 경험, 그리고 세 아이를 키우면서 깊이 관계 맺고 관찰하며 깨달았던 것들을 되살려, 아동기의 후반기에 이른 11세 전후, 고학년 아이들의 발달 특징과 과업을 살펴보았다.

3장의 도입부에서는 아동 발달에 대한 이해를 바탕으로 학년 교육과정에서 추구해야 할 가치와 목표를 설정하고 큰 흐름을 잡아 가는 과정을 소개하였다.

우리 학교에서는 학년 초에 일 년 교육과정이 한꺼번에 완성되어 나오지 않는다 큰 뼈대만 지어 놓고 1년의 과정을 지나면서 만들어 가는 교육과정을 추구하고 있다. 학년 교육과정은 주제집중수업을 중심으로 교과목과 체험학습, 행사, 창의적 체험활동에서 생활교육까지 수렴되는 일관된 흐름으로 완성된다. 각각의 주제집중수업은 주제와 교과 통합, 차시 등 큰 틀만 정해 놓은 상태에서 교원학습공동체가 함께 연구하고 실행하며 내용을 채워 간다.

그다음으로는 교원학습공동체가 어떻게 주제집중수업을 준비하고 각각의 수업에서 실현하는지, 그 과정을 소개하였다.

4장에서는 내가 기쁨과 보람을 느끼며 독창적으로 진행했던 주제집중수업을 소개하였다. 이 책의 중심이라고 할 수 있는 '교육과정 재구성의 운영 사례'는 일반 독자들의 혁신교육에 대한 깊이 있는 이해를 돕고, 교사들에게는 수업에 대한 영감을 주거나 실질적 도움이 되었으면 하는 바람으로 자세하게 다루었다. 각 주제집중수업의 마지막에는 선생님들이 쉽게 참고할 수 있도록 차시별 수업 흐름과 배움활동들을 요약한 흐름표를 넣었다.

5장에서는 내가 학생들을 만나고 생활지도를 하면서 겪었던 혼란과 어려움을 부끄러움을 무릅쓰고 고백하였다. 그리고 혁신학교에서 배우게 된 학생들을 바라보는 관점과 생활교육의 원칙들을 현장 경험을 바탕으로 풀어 보았다.

마지막으로 지금까지 혁신학교의 실험이 가져온 변화와 성과는 무엇이며 3기 혁신학교를 맞이한 학교들이 맞닥뜨린 갈등과 어려움, 그 해결 방안에 대한 현장의 목소리를 담은 대담을 정리하여 실었다.

2장

교육과정 재구성의 길잡이,
아동 발달의 이해

1.
아동기의 꽃,
11세 어린이의 발달 특징과 교육적 도움

흔히 만 11세에 도달하는 5학년은 아동기의 꽃이라고들 한다. 이갈이를 시작하는 6, 7세에 초등학교에 입학해서 11세에 이르기까지 아동기의 발달 과업이 완성되기 때문이다. 물론 개인차에 따라서 발달 속도에 차이는 있지만 광역의 평균 범위에 드는 모든 사람은 발달단계의 순서를 뒤바꾸거나 생략하지 않는다.

순조롭게 성장한 아동들은 11세에 이르러서 신체적으로나 정서적으로 매우 안정된 모습을 보이며 자신과의 관계, 가족관계, 그리고 학교생활에서 조화로운 상태에 이른다.

우리가 등산을 할 때 그 산의 최고봉에 이르기 위해서는 여러 개의 작은 산봉우리들을 넘어야 하듯이, 11세의 아동은 이제 두 번째 산봉우리의 정상에 선 것이다. 그 정상은 넓게 펼쳐진 고원이 아니라 좁은 산마루이다. 더 높은 봉우리를 향해서 다시 비탈길을 내려가야 하는 것처럼 조화와 균형은 오래 지속되지 못하고 균열이 생기기 시작하는데, 6학년으로 올라가며 새로운 단계를 맞이하게 된다.

슈타이너 인지학에서는 이때를 꿈꾸듯 잠겨 있던 의식이 깨어나면서 점차로 또렷해지는 시기라고 한다. 개체발생은 계통발생을 반복한다는 말이 있듯이, 인간의 의식 진화 단계로 보자면 자연과 인간, 신의 세계가 분화되지 않았던 선사 시대에서 역사 시대의 여명기로 접어든 시기에 해당한다. 개인적 경험에 비추어 보면 이런 주장에 수긍이 간다. 나의 어린 시절을 돌이켜 보면 4학년까지의 기억은 안갯속에서 사물을 보듯이 희미하고 어렴풋한데, 5학년 이후의 기억은 매우 또렷하고 의식의 흐름과 발전에 대해서도 분명하게 말할 수 있다. 말하자면 이 시기부터 자의식이 뚜렷해지기 시작해서 자신의 의식의 상태와 변화를 잘 인지할 수 있게 된다.

만 11세인 5학년은 아동기의 발달 과업을 완성하여 신체적, 정서적, 인지적, 사회적 영역에서 조화와 균형을 이루는 잠깐의 시기를 거쳐 새로운 발달단계로의 전환기를 맞이할 준비를 한다.

이 시기의 부모와 교사는 아동에게 안정감을 주는 환경을 조성해 주고 각 영역의 발달 특성에 대한 이해를 바탕으로 아동을 세밀히 관찰해야 한다. 다행히 이 시기는 개별 아동이 이루어야 할 발달 과업이 각 영역에서 고루 이루어졌는지, 어떤 부분에서 발달이 지체되고 있는지, 어느 부분이 지나치게 빠르게 성숙했는지 파악하기가 용이하다.

급격한 변화를 맞이하는 사춘기가 도래하기 전에 개별 아동의 발달에서 불균형이 감지된다면 균형을 맞추어 조화롭게 성장할 수 있도록 적절한 도움을 줄 수 있다. 예를 들어, 인지 영역이 지나치게 발달한 아이들 중에는 신체의 균형감각이 더디게 발달하여 자주 넘어지거나 균형감각이 필요한 신체활동을 두려워하며 자신감을 잃을 수도 있다. 또 똑똑하지만 지나치게 자기중심적이어서 다른 사물이나 타인에게 다가가서 관계 맺는 것을 두려워하는 아이들을 종종 볼 수 있다. 그런 경우는 애착관계 형성을 점검하여 정서적 안정감을 주고 사회적 기술을 익힐 수 있도록 도와주어야 한다.

학습적인 면에서도 균형 있는 발달을 염두에 두어야 한다. 국어를 예로 들자면, 말하기와 쓰기는 잘하는데 듣기가 안 되거나, 그 반대인 아이들이 종종 있다. 언어 발달에서 수용적 측면과 발산적 측면이 균형 있게 발달하며 서로를 촉진해 주어야 하는데 그렇지 못한 경우 결국 다른 측면의 발달도 저해하게 된다. 교사와 학부모는 이런 점을 염두에 두고 아동을 관찰하고 진단하여 적절한 도움을 주어야 한다.

심리정서적인 면에서도 문제가 있다면 이때 심리치료를 시작하는 게 좋다. 물론 필요한 경우 언제든지 적절한 시기에 심리치료를 해야 하지만 이 시기를 놓치면 청소년기에 더 큰 대가를 치르고 어렵게 치료를 시작하게 될 수도 있기 때문이다.

'교육은 치유다'라는 말이 있다. 문명이 발달할수록 균형 잡힌 인간 발달을 저해하는 요소들이 늘어나고 있다. 교육은 이러한 불균형의 시대에 균형을 잡아 주어 건강하고 조화롭게 성장할 수 있도록 돕는 역할을 해야 한다. 각 영역별로 이 시기 아동의 발달 특성을 이해하고 아동들을 바라볼 때, 아이에게 지금 꼭 필요한 것이 무엇인지, 균형을 맞추기 위해서는 어떻게 도와야 할지 알아차릴 수 있을 것이다. 따라서 신체 영역을 비롯하여 인지, 언어, 정서, 사회성 발달 특성에 대해 알아보는 것은 이 시기 아이들의 감정과 행동 특성을 이해하고 균형적인 발달을 돕는 데 유용한 도구가 될 수 있다.

2.

영역별 발달 특징과 발달 과업

인지 발달, 감각적 경험의 세계를 넘어서는 아이들

발달심리학자인 장 피아제에 따르면 아동의 인지 발달은 11~12세를 전후해서 구체적 조작기에서 형식적 조작기로 넘어간다고 한다. 즉 아동들은 11세 즈음에 구체적 조작기의 발달 과업을 완수하고 형식적 조작기로 이행할 준비를 하는 시기라고 말할 수 있다. 구체적 조작기의 인지 발달 과업은 자기중심성에서 벗어나 타인의 입장, 감정, 생각 등을 추론하고 공감할 수 있는 능력과 보존 개념, 유목화, 서열화 개념을 획득하는 것이다.

11세 이전의 아동은 감각으로 구체적 사물을 인지하고 분류, 유목화 등을 통해서 개념을 형성한다면 형식적 조작기에 들어선 청소년들은 구체적 사물이 없어도 가설, 연역적 논리, 추론을 통해서 추상적인 개념을 획득할 수 있다.

한편, 슈타이너의 인지학에 따르면 아동기에는 감각적 경험들과 정서적 반응들을 이미지화함으로써 개념이 형성된다고 보았다. 추상적 개념들조차 삶으로부터 비롯된 감성적 이미지로 전달된다면 진실하게 이해될 수 있다.

11세 전후의 어린이는 감각적으로 경험할 수 있는 세계에 발을 딛고 그것을 넘어선 형이상학적 세계를 향해 발돋움할 준비를 한다. 이때, 감각세계와 형이상학적 세계의 단절을 이어주는 다리는 상상력이다.

따라서 초등교육과정에서 어린이가 감각을 통해서 삶을 경험하고 생생하고 풍부한 이미지를 형성할 수 있도록 도와야 한다. 또한 상상력으로 이미지들을 연결하여 감각세계를 넘어선 세계로 인식의 지평을 확대하도록 인도해야 한다. 초등교육과정이 삶의 경험과 상상력을 놓치지 말아야 하는 한 가지 이유가 여기 있다.

언어 발달, 말과 글의 급성장기

언어 발달은 아동의 인지 발달과 밀접한 관련이 있다. 언어 발달은 신체와 인지의 정상적인 발달을 전제로 한다. 그러나 언어는 인지와 신체 발달의 상호관계 속에서만 파악될 수 없는 나름의 고유하고 복잡한 특성이 있다. 음성언어의 발달은 6세 전후를 결정적 시기로 본다. 6세까지 세밀한 사운드의 차이를 감지하고 표현할 수 있다. 그것은 청각기관과 조음기관의 발달과 관계가 있으며 언어 환경에 따라 조음기관이 조금씩 다르게 발달하는 것을 보면 알 수 있다.

문자언어는 음성언어보다 늦게 발달하는데, 요즘은 아주 어릴 때부터 글자를 인식하고 책을 읽는 아이들이 많지만 가장 효과적으로 문자를 습득할 수 있는 나이는 학령기에 접어들면서부터이다. 문자의 습득은 상징과 기호에 대한 이해가 있어야 하기 때문이다. 문자를 습득하고 책을 읽을 수 있게 되면서 아이들의 어휘력은 빠르게 증가한다. 특히 5학년쯤 되면 언어 발달이 급속히 이루어지고 있음을 관찰할 수 있다.

이전에는 일상적인 상황에서 비교적 짧은 문장으로 대화를 주고받는 수준이었는데 5학년 정도 되면 담화 능력이 현저하게 발달하게 된다. 담화 능력이란 한 가지 주제에 관해서 맥락에 맞게 길게 얘기할 수 있는 능력이다.

이전까지 아이들은 학교에서 있었던 일이나 읽은 책의 줄거리를 이야기할 때 논리적인 일관성을 유지하면서 길게 이야기하는 것을 어려워한다. 아이가 길게 이야기를 늘어놓을 때 부모와 교사들은 고도의 집중력이 필요하다. 그렇지 않으면 아이가 이야기하는 동안 잠깐 딴생각이 들어 아이의 이야기를 놓치기 쉽기 때문이다. 그것은 그들이 주의력이 없기 때문이 아니라 아이들의 이야기에 논리적 일관성이 없기 때문일 가능성이 높다.

5학년쯤 되는 아이들은 보통 말수가 많아지는데, 주로 있었던 일이나 읽은 책, 영화, 게임 등에 대해서 길게 이야기하기를 좋아한다.

이것은 담화 능력을 발달시키기 위하여 자연스럽게 일어나는 말하기의 욕구 때문이다. 이 시기에 부모나 교사들은 아이의 담화 능력 발달을 위해서 일단 아이의 이야기를 잘 들어주어야 한다. 그리고 여러 사람 앞에서 어떤 주제를 가지고 길게 이야기할 수 있는 기회를 자주 주어야 한다.

이 시기의 아이들은 추상적 개념과 같은 고급 언어에 대한 감수성이 급격히 증가한다. 그 이전까지는 귀에 들어오지 않던 일상적이지 않은 단어들이 들리거나 눈에 띄고 맥락 속에서의 의미가 쉽게 이해된다. 이때 아이들은 끝말잇기 같은 말로 하는 놀이를 즐기는데, 자신이 새로 알게 된 단어들을 써먹어 보려고 시도한다. 아이들의 욕구에 맞춰 고급 언어를 접할 수 있는 기회를 많이 제공하고 그것들을 사용할 수 있도록 격려하는 것이 필요하다.

글 읽기와 쓰기 영역에서는 다양한 장르의 글에서 다르게 구사되는 화법을 이해하고 장르에 따라 글의 스타일을 다르게 조절하는 훈련을 시작할 수 있다. 예를 들어 설명문과 주장하는 글의 다른 특색들을 감지하고 글의 성격에 맞게 글을 쓸 수 있도록 지도한다.

신체 발달, 영혼의 집, 균형 잡힌 아름다운 몸

학령기의 아이들은 신체의 급격한 변화 없이 꾸준히 성장한다. 특히 지체의 발달이 두드러져 팔, 다리가 길어지며 성장통을 겪기도 한다. 그러다 4, 5학년에 들어서 알맞게 살이 붙어 균형 잡힌 몸매를 갖게 된다(물론 5학년을 지나 2차 성징기에 들어서면서 신체의 균형은 다시 깨지기 시작한다). 신체의 조화로운 성장과 대근육, 소근육의 발달은 운동능력의 지속적인 성장의 밑받침이 되는데, 아이가 조화롭게 자신의 발달 과업을 완수할 수 있도록 진단하고 도와야 한다.

골격의 발달은 유전적 영향이 크지만 환경적 영향, 특히 심리정서 상태가 결정적인 영향을 끼친다. 그래서 이때 척추측만이나 거북목, 골반 불균형, 어깨 움츠림 등이 진행되기 시작하는 경우가 많다. 정서적 안정감, 균형 잡힌 식사와 바른 생활습관, 소근육과 대근육을 섬세하게 발달시킬 수 있는 적절한 노작활동이 필요하다.

이 시기 아이들은 운동능력이 점차로 정교해지는데, 점점 더 자신이 생각하고 의지한 대로 몸을 움직일 수 있게 됨에 따라 자신감이 증가한다. 따라서 운동능력의 개발은 자존감 형성에 중요한 요소로 작용한다. 교사와 부모는 아이의 신체 발달과 운동능력 발달을 잘 관찰해서 어려운 점에 도전하고 극복할 수 있도록 격려해 주어야 한다.

개인차가 많이 있기는 하지만 5학년 말에 다가가면서 2차 성징이 나타나기 시작하는 아이들이 늘어난다. 여학생의 경우에는 첫 생리를 경험하고 남학생의 경우에는 목소리가 변하거나 털의 색이 짙어지고 여드름이 나기 시작한다. 급격한 몸의 변화가 오기 전에 사춘기의 신체 변화와 특징, 대처 방법 등 성교육이 필요한 시기이다.

정서 발달, 폭풍 전야의 고요한 바다에 뜬 조각배

11세의 아동은 신체적으로 균형 잡힌 발달이 이루어지고 인지적으로 크게 성장함으로써 자신과 사회에 대한 이해가 증가한다. 정상적인 발달을 이루어 온 아이들이라면 이를 바탕으로 정서적으로 매우 안정된 모습을 보인다.

아동기의 아이들은 분수를 배우게 되는 9세에서 10세 사이에 세상과 자신의 분리를 의식하는 경험을 하게 된다. 부모의 세계에 속해 있던 아동은 어느 날 갑자기 부모와 자신은 하나가 아니라는 것을 깨닫게 된다. 자신이 안전하게 속해 있던 부모의 세계로부터 분리되었다는 것은 마치 아담과 이브가 낙원으로부터 쫓겨난 것과 같은 사건이다. 자신이 홀로 이 세계와 맞서 있다는 느낌은 불안감으로 나타나 악몽을 꾸기도 하고, 자신이 떠나온 세계와 자신에 대해 깊은 통찰을 얻기도 한다. 때로는 아이답지 않은 현자 같은 말을 불쑥 내뱉기도 하고, 종교적인 문제에 관심이 많아지며 신앙심이 고양되기도 한다.

지금까지 자신을 보호해 주던 세계 안에 여전히 머물지만 세계와 마주한 자신을 인식한 순간부터 자아감을 위한 맞섬과 도전이 시작된다. 그러면서 자신의 능력과 주도권을 시험하고 성장시키며 자아감을 쌓아 간다. 아동기 발달의 최고조에 도달한 5학년에 이르면 신체적, 인지적, 사회적 능력이 발달해 자율성이 증가하고, 자존감이 높아져서 정서적으로도 안정감을 보이게 된다. 세계와 분리된 존재로서 자신의 힘으로 살아갈 수 있다는 자기 효능감이 자라고 있다는 증거이다.

심리적으로는 자기중심성에서 벗어나 다른 사람의 관점, 세상에 중심점으로 존재하는 무수한 타인들이 존재한다는 것을 조금씩 이해하게 되면서 공감능력이 향상된다. 공감능력의 향상은 거울이 되어 자신의 심리상태에 대한 예민한 감수성을 증가시킨다. 그러나 정서적인 안정감을 가지고 조화롭게 생활하는 시기가 오래 지속되지는 않는다. 6학년에 가까워지면서 감수성은 더욱 예민해지고 자율성은 더욱 증가하여 권위에 도전하는 격변의 시기로 이어지는 문턱에 서게 된다.

사회성 발달, 친구 때문에 울고 웃는 아이들

부모 손에 이끌려 놀이터에 나가 또래 친구들과 놀이를 즐기다가도 엄마가 여전히 자신의 뒤에서 지켜보고 있는지 뒤를 돌아보곤 하던 아이는 스스로 친구를 만들게 되고, 학교에서는 놀이뿐만 아니라 학급에서 하는 여러 가지 활동을 함께 하면서 협력과 공동체의 규율을 익혀 나간다. 사회성 발달은 도덕성 발달과 관계가 깊은데, 지시나 권위자의 바람, 칭찬과 힐난과 같이 타율적인 도덕성으로부터 점차로 자율적인 도덕성으로 발전하며 자기 통제 능력이 향상된다. 이를 통해서 공동체의 유지에 적합한 말과 행동, 태도를 학습하고 내면화한다.

어릴 때일수록 자신의 가치를 권위자인 어른과의 관계 속에서 찾으려 하지만 자라면서 또래 사이에서의 인정을 더욱 중요시한다. 또래 사이에서 떨어져 나와 어른의 주위를 맴도는 아이들은 친구와 관계 맺기를 어려워하고 있는지 눈여겨봐야 한다.

5학년쯤 된 아이들은 또래의 의견을 가장 무겁게 여긴다. 그러므로 또래 집단의 합의로 만들어진 공동체의 규율이 잘 지켜진다.

1차 성징이 나타나는 5, 6세 때는 이성에 대한 관심이 높아지고 성 역할 놀이에 열중하였으나, 아동기로 접어들면서는 이성에 대한 관심 이 점차 옅어지면서 한동안 남녀 가리지 않고 섞여 논다. 그러다 나중 에는 무관심을 넘어서 서로 정나미가 떨어졌다는 듯 으르렁거린다. 학 급 안에서 남녀 간에 편을 들어 싸움에 끼어들거나 사소한 다툼이 이 어진다. 그러나 으르렁거리던 다툼은 어느 틈에 웃음기를 가득 머금 은 장난으로 변해 있다. 바야흐로 다시 2차 성징이 시작되면서 이성에 대한 관심이 높아지기 시작한 것이다.

자연스럽게 남녀 간의 특별한 관계를 원하게 되고, 그러한 관계 맺 기의 드라마틱한 파노라마를 경험하면서 관계의 기술을 배워 나가도 록 지켜봐 주고 응원해 주어야 할 것이다.

3.
아동의 발달을 돕는 교육과정 재구성

갓 태어난 아기는 하루에 20시간 이상을 자다가 배가 고프면 깨어나 젖을 찾아 입을 쫑긋거린다. 잠자는 시간이 조금씩 줄어들면서 아기는 깨어 있는 동안 하염없이 팔다리를 팔랑거리며 휘저어 댄다. 뒤집기를 시작한 아기들은 열심히 몸을 뒤집어 힘차게 배밀이를 하며 온 방을 헤집고 다닌다. 드디어 몸을 일으켜 세우게 된 아기들은 연신 엉덩방아를 찧어 대며 일어서기를 반복한다. 그러다 마침내 혼자 힘으로 서서 한 발을 내딛는 감격적인 순간을 맞이한다.

아기들이 걸음마를 배우게 되는 과정을 보고 있노라면 필사적이기까지 하다. 무엇이 아기들을 끊임없이 움직이고 도전하게 하는가? 그것은 자신의 발달단계에 맞는 발달 과업을 이루어 내기 위한 본능적인 욕구 때문이다. 걸음마를 배우는 아이를 넘어지면 다친다고 걷지 못하게 업고만 다닌다면 걷는 방법을 영영 배우지 못하게 될지도 모른다. 반면 이제 겨우 목을 가누고 기대어 앉는 아기에게 걷기 연습을 시킨다고 보행기에 자주 앉혀 둔다면 직립보행을 위한 척추와 두개골의 발달에 큰 장애로 작용할 수도 있다. 부모가 아이의 성장을 도울 수 있는 것은 필요할 때 필요한 것을 필요한 만큼 주는 것이다.

학교의 교육과정도 마찬가지다. 학생의 발달단계를 이해하고 단계에 맞는 발달 과업을 완수할 수 있도록 돕는 것이 교육과정의 본질이고,

교사의 할 일이다. 교육과정이 학생의 발달적 요구에 부합할 때 학생들은 배움과 성장의 욕구를 저절로 느낀다. 사실 학생들은 사탕이나 스티커로 훈련시킬 필요가 없다. 진정한 배움은 그런 보상으로부터 일어나는 것이 아니라 성장에 대한 내적 욕구로부터 시작되기 때문이다.

교육과정을 재구성하면서도 그 학년의 아이들이 어떤 발달적 요구를 가지고 있는지를 상기할 필요가 있다. 인지적, 정서적, 신체적, 사회적 발달 요구에 따라서 교육과정 재구성의 내용과 방법은 달라진다. 예를 들어 어린이는 삶으로부터의 감각 경험과 정서적 경험을 토대로 개념을 형성하는데, 풍성한 개념 형성을 돕기 위해 대부분의 주제집중수업을 학생들 자신의 생활 경험으로부터 시작했다. 또한 주제와 관련된 문학작품을 통해서 개념의 풍부한 정서적 공감과 사실과 사실 사이의 간극을 메워 주는 상상력의 마력을 경험하도록 하였다.

한편으로는 자율성과 자기 주도성이 성장하는 시기의 아이들이므로 스스로 문제를 해결하거나 뭔가를 기획하고 실행해서 결과를 낼 수 있는 과제를 제시하여 배움에 이르도록 하였다.

모든 주제집중수업은 4개 영역의 언어 발달을 촉진한다. 각각의 주제집중수업은 하나의 프로젝트를 장기적으로 수행하는 방식이거나, 집중수업 내 소주제별로 과업을 설정하고 그 과업을 수행한 후 결과 보고를 하는 형식으로 이루어진다. 과업 보고는 당연히 여러 가지 형태의 언어를 매개로 하는데, 활동 과정이나 결과에 대한 다양한 형식의 글쓰기, 조사 발표, 토의와 토론, 대본 쓰기와 상황극 발표, 소책자 발행, 포스터, PPT, 미디어 리터러시 등을 포함한다.

3장

함께 떠나는 모험의 여정, 교육과정 재구성

1.

왜 교육과정 재구성인가?

'교과서는 경험과 지식이 많은 학자와 선생님들이 심혈을 기울여서 만든 것인데, 그 좋은 것을 버리고 왜 힘들게 교육과정을 재구성하려 하는가?'라는 질문을 많이 받는다. 나도 교과서 작업에 참여해 본 적이 있지만 한 과목, 한 단원을 구성하기 위해서 쏟아붓는 에너지는 엄청나고 그만큼 완성도도 높다. 그럼에도 불구하고 현장에서 교과서를 그대로 적용하여 수업하는 데는 여러 가지 어려움이 있다. 가장 큰 어려움은 모든 교과목과 학습단원이 각각 분절되어 진행될 가능성이 높다는 것이다. 40분 단위로 교과목과 학습단원이 나뉘어 따로따로 다루어진다면, 일단 학습량이 감당하지 못할 정도로 많고 수업을 준비하는 교사 입장에서는 교재 연구와 준비에 많은 시간을 할애하거나 아니면 수업의 질을 적당히 포기할 수밖에 없다.

교육과정 재구성은
교사와 학생의 수업 부담을 줄여 준다

주제에 따라 관련된 교과의 여러 단원들을 통합하여 교육과정을 재구성한다면 다루어야 할 학습의 양은 줄이면서 그만큼 학생들의 활동을 많이 넣어 넓고 깊은 배움에 이르도록 도울 수 있다.

이 책에서는 미처 소개하지 못했지만, 식물학 집중수업을 예로 들어 보자. 그것은 과학의 식물 단원을 중심으로 했지만, 식물과 관련된 그림책 읽어 주기부터 시작해서, 식물과 관련한 책 읽기와 자료 조사, 설명문 쓰기가 국어와 관련하여 이루어졌다. 또한 식물학의 특성상, 세밀화, 풍경화, 형태 그리기 등 많은 미술활동이 포함되었다. 주제 시를 읊고 식물과 관련된 노래를 부르거나 리코더를 연주하면서 음악활동도 이루어졌다.

식물에 대해서 배우고 현장체험학습을 가면서는 당연히 체육의 체력 단련, 여가 생활, 안전 등이 다루어졌다. 가기 전에 체험학습 계획을 세우는 단계에서는 국어의 토의 단원이 다루어졌으며, 다녀와서는 경험한 일 이야기하고 쓰기 활동이 이어졌다. 이렇듯 주제 활동을 중심으로 여러 교과목의 단원에서 성취기준을 가져와서 수업을 구성한다면 따로따로 공부할 때보다 학습 부담은 줄면서 유의미하고 풍성한 학습활동을 통한 깊이 있는 배움으로 이끌 수 있다.

교육과정 재구성은
교사가 애정을 가지고 수업할 수 있게 한다

교사라면 누구나 경험했을 터이지만 아무리 좋은 교재, 좋은 수업 안이라도 남이 만들어 둔 것은 어쩐지 어색하다. 참고는 할 수 있지만 그대로 따라 하기에는 무리가 따르고 애정이 생기지 않는 경우가 많다. 화려한 수업 기술이 없고 수업자료도 소박하지만 내 철학을 가지고 내 나름의 방식대로 수업을 할 때, 학생들과의 교감이 더 크고 만족스러운 수업을 할 수가 있다.

수업의 성공에서도 또 한 가지 중요한 조건은 교사가 가르치고자 하는 내용에 얼마나 애정을 가지고 있느냐에 따라 학생들의 배움의 깊이가 달라진다는 것이다. 몇 년 전 담임할 때였다. 교실 창가에 화분이 몇 개 있었는데 당번을 정해 물을 주게 하고 나는 관심을 두지 않았다. 처음에 서로 물 주는 데 열의를 보이던 아이들도 점차로 흥미를 잃었고 어느 틈엔가 화분의 식물이 다 말라 죽었다.

반면에 내가 실과 교과를 할 때, 교실 창가 화분에 열무 씨를 심었는데 주말을 지내고 와 보니 싹들이 머리를 쏙 내밀고 있었다.

"어머, 얘들아, 이것 좀 보렴. 이틀 밤새에 싹이 텄구나."

깜짝 놀란 내 목소리에 아이들이 창가에 모여들었다.

"와! 귀여워요. 선생님!"

우리는 손뼉을 치며 기뻐했고 매일매일 싹이 자라는 것을 경이롭게 관찰했다. 드디어 싹이 시장에서 파는 무순만큼 자랐을 때 우리는 조심스럽게 하나씩 뽑아서 맛을 보았다.

"맛있어요! 더 먹어도 돼요?"

너도나도 더 먹겠다고 손을 내밀었다.

그 순수한 맛은 어릴 때, 찔레 순을 따 먹으며 산등성이를 오르던 그 시절의 추억으로 달려가게 했다.

교사가 사랑하는 수업은 학생들도 사랑하게 된다. 그리고 단지 죽은 지식이 아니라 생생한 체험을 통해 살아 있는 배움으로 인도한다. 교사가 주제에 대해 애정을 가지고 교육과정을 재구성할 때, 가장 효과적인 배움과 성장이 일어난다.

교육과정 재구성은 주제에 몰입하게 한다

우리 학교 교육과정 재구성은 주제집중수업을 뼈대로 각 교과의 성취기준을 풀어서 재배치하는 방식으로 이루어진다. 그해의 동학년 선생님들에 따라서 주제집중수업의 종류와 양이 결정되는데, 보통 한 학기에 2~4개의 주제집중수업을 한다. 한 가지 주제로 여러 교과의 단원들을 통합해 주제집중수업을 구성하기 때문에 많은 차시를 확보할 수 있어서, 하나의 집중수업은 보통 한 주에 3~4블록(80분 수업기준)씩 한 달 이상 지속된다.

새로운 집중수업은 보통 이야기와 함께 시작된다. 아이들은 이야기를 통해서 이번에는 무엇을 배우게 될까 호기심을 보이지만, 새로운 주제에 낯선 반감을 느끼기도 한다. 그러다 대개는 수업이 진행되는 동안 아이들은 점차 그 주제에 깊이 빠져든다.

내가 학생들의 몰입도를 미처 깨닫지 못하고 방해를 했던 적이 있었다. 5학년 2학기에 '소우주, 우리 몸'이라는 주제로 집중수업을 할 때였다. 당시 교원학습공동체에 참여했던 교사들은 제목처럼 우리의 몸을 과학적 분석의 대상이라기보다는 우주적 신비를 간직한 몸으로 접근하기를 원했다.

이야기와 시와 노래를 통해서 인간의 몸에 대한 경외심과 소중함을 일깨우려 했다. 사진이나 모형을 통해 각 신체기관을 배우기보다는 생활 속에서 자신의 몸을 관찰하고 느껴 봄으로써 신체기관의 존재와 기능을 역체험하는 방식으로 접근했다.

매일 아침 호흡과 명상을 통해 자신의 몸을 알아차리고 부드럽게 쓰다듬으며 몸에 대한 고마움과 사랑을 일깨웠다. 아이들은 교사가 의도한 대로 잘 따라 주었고 주제에 깊이 몰입했다. 여기까지는 성공적이었다. 그런데 내가 마지막에 실수를 하고 말았다. 마지막 마무리로 교과서에 나오는 신체기관 조립활동을 했다. 지금까지 신체를 신비롭고 소중한 존재로 여기며 여러 가지 신체 현상에 대해 경이감을 느끼며 배워 왔는데, 갑자기 교사가 조잡한 간이며 허파, 심장, 뼈다귀 등 그림카드를 들이밀며 맞춰 보라고 하니 아이들이 매우 실망하는 눈치였다.

"선생님, 징그러워요." "끔찍해요." "무서워요." "안 만지고 싶어요." 제법 용감한 아이들의 솔직한 반응에 '아, 내가 그동안 아이들에게 심어 주었던 몸에 대한 이미지를 다 망쳐 버렸구나.' 경솔한 나의 실수에 자책과 미안함이 밀려왔다.

이때 나는 깨달았다. 주제집중수업을 어떻게 시작하는지도 중요하지만, 학생들의 주제에 대한 몰입도가 크기 때문에 그 몰입에서 부드럽게 빠져나올 수 있도록 마무리를 잘하는 것도 중요하다는 것을.

2.

학년 교육과정 운영의 맥 잡기

새 학년 담임이 정해지면 동학년끼리 모여서 새 학년을 준비하느라 바쁘다. 이때 가장 중요한 것은 한 해의 교육과정을 어떻게 운영할 것인지 계획을 세우는 일이다.

우리 동학년 교원학습공동체는 먼저 교과서를 그대로 따라 하지 않고 협력하여 학년 교육과정을 재구성해 보자는 데 모두 찬성했다. 그렇다면 교육과정을 재구성하는 기준과 목표는 무엇인가? 이 지점에서 참여하는 사람들의 아동을 바라보는 관점과 교육에 대한 철학의 차이가 드러나기도 하는데, 각자의 생각을 충분히 이야기하며 이해하고 조율하는 과정이 있어야 한다.

이 과정을 충분히 거치지 않으면 이후에 불만과 갈등의 원인이 되기도 한다.

그런데 선생님들이 이런 대화에 그다지 익숙지 않아 난상 토론이 되기 쉽다. 그래도 지속적으로 인간과 교육의 본질로 돌아가 다시 생각해 보고 대화하는 과정이 거듭될수록 각자 교육과정에 대한 이해가 깊어지고 일치를 향해 다가가게 된다.

우리는 대화를 통해서 교육과정이 아동의 발달단계에 기초해서 세

학년 교육과정 얼개 짜기

워져야 하고, 발달 과업 완수를 도울 수 있어야 한다는 점에 의견의
일치를 보았다.

앞 장에서 살펴보았듯이, 7세에 시작된 아동기는 11세 즈음에 완성
되는데 신체적, 인지적, 정서적으로 아동 발달의 최정점에 도달하여
모든 면에서 안정된 균형을 이루고 외부 세계와도 조화로운 관계를 유
지한다.

5학년 교육과정은 아이들이 안정감과 조화로움 속에서 아동기를 완
성하고 성장의 다음 단계로 나아갈 수 있도록 도와야 한다. 그래서 우
리는 5학년 교육과정의 목표를 '조화로운 성장'으로 맥을 잡고, 각각의
주제집중수업이 궁극적으로는 '조화'라는 주제로 수렴되도록 얼개를
엮어 가기로 했다.

교육과정 분석하여 얼개 짜기

1년 교육과정의 큰 목표를 정한 후에 본격적인 교육과정 재구성이

시작되었다. 먼저 모든 교과목의 교과서와 교사용 지도서를 살펴보면서 어떤 주제를 어떤 내용으로 다루고 있는지 알아보고 생각그물의 얼개를 그려 보았다. 전체적인 생각그물이 그려지면, 거기에 각자의 의견을 덧붙인 후 토의를 통해서 1년간 진행할 집중수업의 주제를 선정했다.

그해의 주제집중수업은 1학기에 1) 나를 찾아가는 여행, 2) 소중한 우리 국토, 3) 식물 이야기, 4) 돌고 도는 경제로 정했다. 2학기에는 1) 나와 만나는 역사, 2) 소우주 우리 몸 등을 하기로 했다.

다음에 할 일은 우리가 선정한 집중수업 주제와 관련된 성취기준들을 여러 과목에서 찾아내 분류하는 것이다. 예를 들어 첫 번째 주제집중수업인 '나를 찾아 떠나는 여행'은 국어의 문학 단원과 '인물의 말과 행동', 체육의 '건강활동', 미술의 '마음속 내 모습', 실과의 '나와 가정생활', 도덕의 '감정, 내 안의 소중한 친구' 단원과 관련이 있었다. 이런 식으로 각 주제집중수업별로 여러 과목에서 주제와 관련된 단원의 성취기준들을 모아서 흐름에 맞게 재배치했다.

다음으로는 각각의 주제집중수업에서 얼마만큼의 차시를 확보할 수 있는지를 확인하는 작업에 들어갔다. 각 과목의 해당 단원의 성취기준에 배당된 차시가 얼마나 되는지를 살펴보고, 배당된 차시를 성취기준 옆에 써 놓았다. 그것을 모두 더해서 하나의 주제집중수업에 확보할 수 있는 총 차시를 계산했다.

이렇게 주제집중수업을 중심으로 각 과목의 차시를 재배치해서 만든 표를 교육과정 흐름도라고 부른다. 이 흐름도는 1년 동안 함께할 동학년 교원학습공동체가 같은 목표를 향해 항해할 때, 길을 잃지 않기 위해 옆에 두고 보는 항해지도였다.

교육과정의 물줄기, 주제집중수업

1년 교육과정에는 주제집중수업만 있는 것이 아니다. 주제집중수업에 수렴되지 않는 내용들은 그 나름대로 진행되고, 문화예술수업도 따로 진행되었다. 물론 교육과정에서 이루어지는 모든 과목과 행사가 큰 흐름인 '조화로운 성장'에 유의미하게 꿰어졌다. 여기서는 2018년에 진행된 주제집중수업을 간략히 소개하고, 자세한 내용은 4장에서 살펴보겠다.

3월은 적응 기간으로 '나를 찾아 떠나는 여행'이라고 이름 붙인 집중수업을 진행했다. 기본 줄기는 쉽고도 유의미한 그림책을 선정해서 읽으며 이를 통해 자신에 대해서 알아보고, 공동체 안에서 함께 생활하는 것에 대해서 이야기 나누며 생활규약을 세웠다.

두 번째 집중수업은 '소중한 우리 국토'로 한국 지리에 대해서 배운다. 이 땅 위에 존재하는 자연과 인간이 조화롭게 공존하는 지속가능한 환경을 만들어야 한다는 가치적 당위성에 수업활동이 수렴되도록 설계했다.

세 번째 집중수업은 '식물 이야기'로 식물이 살아가는 환경, 식물이 온전히 자라나기 위해서 필요한 외적 요소들에 대해서 배우며 환경과의 조화를 강조했다. 식물의 내적 요소들, 뿌리와 줄기, 잎, 꽃과 열매의 생김새와 역할에 대해서 중점적으로 배우며 내적 요소들 간의 조화와 일치에 주목한 수업이었다.

네 번째 집중수업은 '돌고 도는 경제'로 경제를 중심으로 자연과 인간, 사회가 조화로운 관계를 맺는 지속가능한 경제를 다루었다.

2학기는 '나와 만나는 역사'라는 주제집중수업으로 시작했다. 문학수업은 어린이용 역사소설 읽기를 통해서 역사적 상상력을 일깨우고

자 했다.

여섯 번째 집중수업은 '소우주 우리 몸'이라는 주제로 진행했는데, 이것은 그해 교원학습공동체의 1년 연구과제였다. 1학기 때부터 이 주제를 다루기 위해 연수도 받고 많은 이야기를 나누었다. 각자 몸에 대해서 어떤 생각을 가지고 있는지부터 신체의 각 기관을 배우는 교과서의 내용에 어떻게 접근할 것인지 등 철학의 문제, 교수법에 대한 문제까지 깊은 이야기를 주고받았다. 우주를 닮은 신비로운 생명으로서 몸을 느끼고 감사하며 건강한 생활습관을 실천할 수 있도록 수업의 방향을 잡고 진행했다.

일곱 번째 집중 수업은 각자 달랐다. 어느 반은 토론 수업을, 다른 반은 한 책 깊이 읽기를, 우리 반은 연극에 집중하였다.

2018년 5학년 주제집중수업

봄학기		여름학기	
나를 찾아가는 여행	소중한 우리 국토	식물과 함께	더불어 사는 경제
가을학기		겨울학기	
나와 만나는 역사(1)	소우주, 우리 몸	한 책 깊이 읽기	연극

2019년 5학년 주제집중수업

봄학기		여름학기	
12살 나의 봄	우리 국토, 우리 삶	함께 사는 법, 인권	
가을학기		겨울학기	
나와 만나는 역사(1)		문학 레시피	나와 만나는 역사(2)

조화로운 성장을 위한 풍성한 상차림

주제집중수업이 메인 요리라면 아침열기, 문예체 수업(수공예, 조소), 교실 야영, 자치동아리, 계절잔치는 5학년 아이들의 조화로운 성장을 돕는 풍성한 식탁에 놓인 사이드 메뉴라고 할 수 있다.

가끔 1교시에 수업이 없어서 중앙홀에 앉아 있으면 아이들의 노랫소리, 리코더 부는 소리, 박수와 발 구르기로 리듬을 맞추는 소리, 시 낭송하는 소리가 들려온다. 반마다 아침열기를 하는 소리들이 어우러져 잔잔하고 아름다운 평화의 분위기에 잠기게 된다.

아침열기는 학급에서 일관되게 이어 가는 활동과 집중수업 기간에 주제에 맞는 활동을 넣어 변화를 주는 식으로 진행된다. 본격적으로 수업을 시작하기 전에 학생들이 배움에 깊이 몰입할 수 있도록 몸과 마음을 깨우고 오늘의 주제로 의식이 향할 수 있게 도와준다.

문예체 수업은 봄학기에 수공예, 겨울학기에 조소가 진행되었다. 수공예는 소근육 발달을 돕고 손과 정신의 협응력을 높여 주어 의지와 사고력 발달에 기여한다. 또한 머릿속에 설계한 것을 몸을 통해 물질에 작용하여 새로운 것을 만들어 내는 창조적 과정을 경험하게 한다. 5학년은 처음으로 대바늘뜨기를 배워서 동물 인형을 완성했다.

수공예에 열중하는 아이들

나를 닮은 조소 작품　　　　　　　　합동 작품, 수원화성

　조소는 동물의 가장 기본적인 감각인 촉각을 통해 부드러운 흙을 느끼고 자아감을 경험하게 한다. 또한 자유자재로 변하는 질료를 손의 작용을 통하여 특정한 형태로 형상화시키는 과정에서 깊은 만족감과 성취감을 느끼게 해 주는 치유적 예술 활동이다.

　교실 야영은 아이들에게 하나의 도전을 의미한다. 아이들은 집을 떠나 친구들과 교실에서 하룻밤을 보낸다는 기대감에 몹시 들떴다. 교실 야영은 단순한 1회성 행사로 넘어가지 않도록 아이들과 함께 일찍부터 긴 논의를 거쳐서 계획을 세우고 준비했다. 프로그램을 기획하고, 모둠을 짜고, 역할을 나누고, 행사를 진행하는 모든 과정이 학생들의 자율성과 협력으로 이루어졌다.

　5학년 자율동아리 활동은 교사의 개입을 최소화하고 아이들이 자

교실 야영, 저녁식사 준비　　　　　　교실 야영 잠자기 전 학급활동

율적으로 진행할 수 있도록 했다. 자신들이 하고 싶은 동아리를 스스로 정하고 회원을 모집해 실행계획을 세워서 자율적으로 활동한다. 교사들은 가르치는 존재가 아니라 옆에서 지켜봐 주고 격려해 주는 역할을 할 뿐이다.

드디어 12월에 학기를 마무리하면서 동아리 발표회를 한다. 학생들이 그동안 활동했던 것을 전시나 공연으로 발표했다. 동아리 발표회는 각자의 소질과 능력을 발견하는 시간이었다.

동아리 발표회 때 지켜보던 이들을 감동시킨 이야기를 소개하겠다. 어느 동아리에서 그동안 자신들이 활동했던 내용을 동영상으로 만들었다. 그런데 발표하는 날 방송사고로 동영상 소리가 들리지 않았다. 준비한 팀원들이 당황했지만 지켜보던 어린 관객들은 손뼉을 치고 입을 모아 '괜찮아, 괜찮아!'를 외치며 격려해 주었다. 다시 용기를 얻은 그 팀은 마지막 순서에 다시 그 동영상을 틀었지만, 지지직거리는 소리만 들릴 뿐 제대로 들리지 않았다. 다행히 자막이 있어 무슨 내용인지는 알 수가 있었다. 누가 먼저 시작했는지 모르게 어린 관객들은 자막을 큰 소리로 읽기 시작했다. 강당에 모인 학생들이 한목소리로 읽어 주는 광경은 그 자리에 있던 모든 이들에게 깊은 울림을 주었다.

동아리 모집 광고   동아리 발표회 포스터

2018년 교육과정 재구성 흐름도(봄, 여름 학기)

월	주	기간	수업일수	수업시수	가람빛체험	주제집중수업	도덕	국어	국어
	1	2	1	4					
	2	5-9	5	24		나를 찾아가는 여행	1. 아름다운 사람이 되는 길(3) 2. 감정, 내 안의 소중한 친구(3) 3. 책임을 다하는 삶(2)	6. 말의 영향(8)	3. 상황에 알맞은 낱말(8) 8. 문장의 구조(8)
3	3	12-16	5	29					
	4	19-23	5	29					
	5	26-30	5	29					
	6	2-6	5	29		소중한 우리국토	4. 모두 함께 지켜요(3) 1. 아름다운 사람이 되는 길 (1) 5. 웃어른을 공경해요(2)	2. 토의의 절차와 방법(8)	
4	7	9-13	5	29					
	8	16-20	5	31	고덕천 에너지마을 현장체험학습				
	9	23-27	5	29					
	10	30-4	0	0					
	11	7-11	4	23		식물과 함께		5. 대상의 특성을 살려(2) 10. 글쓰기의 과정(2)	
5	12	14-18	5	29					
	13	21-25	4	23					
	14	28-1	5	32	국립수목원 체험학습			1. 인물의 말과 행동(8) 4. 작품에 대한 생각(8) 7. 낱말의 뜻(10) 9. 추론하며 읽기(8) 11. 여러 가지 독서방법(10) 12.문학에서 찾는 즐거움(6)	5. 대상의 특성을 살려(6) 10. 글쓰기의 과정(8)
	15	4-8	4	24		더불어 사는 경제			
6	16	11-15	4	26					
	17	18-22	5	29			3. 책임을 다하는 삶(1)		
	18	25-29	5	29					
	19	2-6	5	29			3. 책임을 다하는 삶(2)		
7	20	9-16	5	29			2. 감정, 내 안의 소중한 친구		
	21	16-20	5	27					
	22	23-25	3	12					
1학기 계			72	419			18	100	

사회	과학		체육	음악	미술		실과
	2. 태양계와 별		1. 건강활동 (4) 5. 여가활동 (2)	1-1 숲속을 걸어요	1. 안녕, 우리 학교 (2) 1. 알쏭달쏭 내 마음 (4)		1. 나와 가정생활 (10)
				1-7 산새가 아침을			
				1-3 모두 모두 자란다			
				1-4 에델바이스			
1. 살기 좋은 우리 국토 (10) 2. 환경과 조화를 이루는 국토 (12)	1. 온도와 열 (과학실)		1. 건강활동 (16)	1-5 사계 중 봄 제1악장	2. 알아 가는 미술 탐구실 (4)	2. 조형의 아름다움 (2)	3. 생활 속의 동식물 (2)
				1-6 단소가 재미있어요			
				1-2 고사리 꺾자			
4. 우리 사회의 과제와 문화의 발전 (9)	1. 온도와 열 (과학실)	3. 생활 속의 동식물 (12)	2. 도전활동 (9)	1-8 경복궁타령	5. 자연 속으로 풍덩 (2)	3. 상상 펼치기 (4)	3. 생활 속의 동식물 (10)
				1-9 소리 모아 마음 모아			
				2-1 개고리 개골청			
	4. 용해와 용액 (과학실)			2-2 숲속 풍경			
			3. 경쟁활동 (6)	2-5 친구 생각	12.색이 주는 즐거움(4)		
			4. 표현활동 (8)	2-3 늴리리야	5. 자연속으로 풍덩(4)		5. 나의 균형 잡힌 식생활 (8)
				2-4 악기들이 모였어요			
3. 우리 경제의 성장과 발전 (14) 4. 우리 사회의 과제와 문화의 발전 (4)	1. 온도와 열		5. 여가활동 (6)	2-6 자진배치기	7. 아름다운 우리 궁체 (6)		6. 생활과 정보 (8)
				2-7 나뭇잎 배			
				2-8 즐거운 여행자			
	2. 태양계와 별						
	과학탐구				9. 시장나들이 (2)		
50	51		51	37	34		36

3.
교육과정 재구성의 실제, 주제집중수업 프로세스

주제집중수업의 가닥 잡기

앞에서 언급했듯이 학년 교육과정의 맥이 잡히고 일 년간 진행할 주제집중수업이 정해지면, 각각의 주제집중수업이 시작되기 2~3주 전이나 그 이전부터 준비를 시작한다.

가장 먼저 집중수업의 맥을 어떻게 잡을 것인가에 대해 이야기를 나눈다. 이는 장시간 토론으로 진행되는데, 때로는 진지하게 때로는 엉뚱하게 던진 농담에 깔깔거리다가 어디서 왔는지 어디로 가는지 길을 잃어버리기도 한다. 그러다 가끔은 그 잃어버린 길에서 뜻하지 않게 핵심에 이르는 길을 발견하기도 하고, 때로는 허무하게 길을 되짚어 처음으로 돌아오기도 한다. 그런 과정을 거치다 보면 주제가 한 방향으로 모아지고 안갯속을 헤매는 것 같았던 머릿속이 환하게 밝아지는 것을 느낄 수 있다.

이렇게 공유된 주제의식은 집중수업을 하는 데 매우 중요한 방향키가 된다. 반면에 성취기준만 나열된 상태에서 자기 철학과 주제의식 없이 수업을 진행한다면, 시작한 지 얼마 지나지 않아 방향을 잃고 갈팡질팡하게 될 것이다.

소주제와 순서 정하기

일단 주제집중수업의 주제와 목표가 정해지면 그 목표를 향해 어떻게 나아갈 것인가를 논의한다. 하나의 주제집중수업에 쓸 수 있는 시간 차시를 확인하고 교과서와 교사용 지도서, 전년도 교육과정을 살펴보며 단위수업에서 다룰 소주제를 정한다. 그리고 각 소주제가 집중수업의 목표로 나아갈 수 있도록 논리적 연관성을 고려하여 순서를 정한다.

주제에 몰입할 수 있는 환경 조성

주제집중수업을 진행하는 동안 학생들이 그 주제에 깊이 몰입할 수 있도록 수업 환경을 만들고 다른 활동이나 과목도 집중수업을 지원해 줄 수 있도록 배치한다. 예를 들어 '우리 국토, 우리 삶'을 할 때는 교실 곳곳에 지도를 전시하고 관련 서적을 학급문고에 비치해 놓는다. 아침열기에서 낭송하는 시와 노래도 주제와 관련된 것을 고르고, 둥글게 앉거나 서서 할 수 있는 여러 가지 활동도 계획한다. 또한 주간 학습 안내장을 통해서 주제집중수업의 취지나 진행 상황을 안내하는 글을 보내서 가정에서도 지속적으로 학교활동에 관심을 갖고 도울 수 있는 일들을 부탁한다.

장난기, 영감, 통찰이 있는 수업 구상

일단 소주제가 정해지면 웃음과 장난기로 가득한 수업 아이디어 모으기 과정이 시작된다. 일반적인 브레인스토밍과 같은 방법인데, 그 주제에 관해 생각나는 대로 '아무 말 대잔치'를 벌인다. 엉뚱하고 기발한 생각들 펼쳐 놓기, 관련 없어 보이는 것 연결해서 연결성 찾기, 아이들 입장에서 장난치기, 거꾸로 뒤집어 보기, 본질적인 문제 제기, 과장된 의미 부여…. 수업 협의의 단면, 단면들을 떠올리며 이름을 붙여 보니 무척 대단한 것 같다. 실제로는 그저 유쾌한 수다를 떨었던 것이고, 그런 와중에 '햐! 이런 거 해 보면 재밌겠다!' 하고 마음을 끄는 것을 잡는다. 그리고 선택한 것을 중심으로 다시 생각을 펼쳐 나가며 새롭게 떠오르는 아이디어들을 쏟아 놓는다.

마치 뉴런 신경가지에 불이 켜지듯이 아이디어들이 번져 간다. 허무한 수다로 끝나는 경우도 있지만, 가끔은 의식의 표면 아래 잠겨 있던 영혼에 울림을 주는 아이디어들을 만날 때도 있다. 보통은 아이디어가 사물의 본질에 닿아 있다고 느낄 때, 사회적 가치가 있다고 느낄 때, 순간의 울림이 영감을 불러일으킨다.

장난기와 농담, 때로는 진지한 성찰의 과정을 거치며 생각이 무르익으면 질서 없이 나열된 아이디어 목록에서 몇 가지를 추려서 그중에서 수업 목표를 실현하는 데 가장 효과적일 것 같은 활동 하나를 선택한다. 그리고 그 활동을 메인으로 해서 다른 몇 가지 보조 활동을 고르고, 각 활동들이 학생들에게 어렵지 않은지, 배움에 도움이 되는지 점검한다. 그리고 나서 선택된 활동을 논리적으로 배열해서 각 활동이 수업 목표를 향해서 일치되게 흐르는지 점검한다.

다음으로는 각 활동에 걸리는 시간을 머릿속에서 시뮬레이션을 돌리며 계산해 본다. 보통은 시간이 넘치는 경우가 많다. 그래서 이후 작업은 덜어 내기 작업이다.

내가 영국문화원과 케임브리지 대학에서 운영하는 ICELT(국제영어교사자격증) 코스에서 수업 평가에 대한 하드트레이닝을 받을 때, 나의 수업 평가자가 한 말이 인상 깊었다.

샤넬은 세계적으로 유명한 패션디자이너이면서 스스로 패셔니스타였다. 그녀는 외출할 때 마음에 드는 액세서리들로 한껏 멋을 부리고 외출 준비를 마친다. 그리고 외출하기 직전 현관 앞의 거울을 보며 액세서리 한두 개를 빼서 두고 나왔다고 한다. 원하는 모든 것을 치렁치렁 달고 다니는 것보다 한두 가지를 빼냄으로써 비로소 아름다움이 완성된다는 비밀을 최고의 패션디자이너는 알고 있었던 것이다.

수업에서도 과유불급의 우를 범할 때가 많다. 좋아 보이는 활동과 아이디어를 한 수업에 쏟아붓고 싶은 충동은 억제하기 힘들다. 액세서리 하나하나는 다 예쁘지만 너무 많이 치렁치렁하게 달고 다니면 전체적인 아름다움을 해치듯이, 너무 많은 활동으로 바쁜 수업은 혼란스럽다. 수업 설계의 마지막 단계는 덜어 냄으로써 완성된다.

학생들과 함께 만들어 가는 교육예술

'교육은 예술이다'라는 말을 처음 들었을 땐, 예술 과목을 교육한다는 의미인 줄 알았다. 그만큼 낯설게 느껴졌다. 군부독재 시절 학교를 다녔던 나에게 교육은 절대 예술일 수가 없었다. 내가 잠시 몸담았던 입시학원에서도 교육은 예술과 거리가 멀었다. 입시 경쟁 교육이 기대할 수 있는 배움의 결과물은 성적표이다. 자발성에 입각한 창의적이고 다양한 결과물은 기대하기 어렵다. 아니 기대하고 싶지 않을 것이다.

그렇지만 혁신학교에서 교사가 준비한 수업 설계와 자료는 저마다 개성 있는 학생들의 활동을 통해서 다양하고 창의적인 결과물이 나온다. 예를 들어, 조소 수업에서 교사는 찰흙을 준비하고 교사의 설계에 따라 수업을 진행하며 오늘은 탑을 만들어 보자고 한다. 수업이 시작될 때 교사는 학생들의 작품이 어떤 모습일지 경험을 통해서 짐작은 할 수 있지만 구체적인 모습은 예상할 수 없다. 수업이 끝날 무렵 학생들이 만들어 낸 탑은 하나도 같은 것 없이 각자의 개성이 한껏 드러나 있다. 학생 하나하나가 만들어 낸 탑은 어딘가 자신을 닮았다. 나는 아이들의 작품을 들여다보며 경탄과 연민을 느끼곤 한다. 작품들마다 말로 표현하거나 표정으로 드러내는 것보다 훨씬 더 풍부하게 내면이 비쳐 보이기 때문이다. 비단 예술표현 수업에서만 그런 것이 아니라 대부분의 주지 과목에서도 마찬가지다.

이렇듯 교사와 학교(교육 시스템)가 아이들에게 제공한 것은 그들의 개성과 만나 다양한 산출물을 만들어 낸다. 이 과정은 영감과 모험으로 가득한 예술창작 과정과 흡사하기 때문에 '교육은 예술이다'라는 말이 있는 모양이다.

나도 수업을 시작할 때 내가 준비한 수업에 아이들이 어떻게 반응하고 어떤 결과물을 만들어 낼까, 호기심과 기대감에 떨면서 교실에 들어설 때가 있다. 그리고 아이들이 만들어 내는 기대 이상의 다양한 빛깔의 결과물들을 마주하며 경탄하곤 한다. 수업시간에 만들어 가는 예술은 교사 한 사람만으로 이루어질 수 없다. 담임교사와 수업을 함께 준비한 동료 교사들, 배울 준비가 되어 있는 학생들이 마치 공연으로 완성되는 콘서트처럼 함께 만들어 가는 창조의 과정이다.

수업 공유와 수업 돌아보기

주제집중수업 기간에 '교원학습공동체'는 일주일에 두 번 만나서 회의를 한다. 때때로 나는 흥분을 감추지 못하고 뛰어들어 떠들어 댄다.

"지난번 우리가 얘기한 수업을 오늘 해 봤는데, 애들이 정말 좋아해요."

"이 활동은 별로 기대하지 않았는데 의외로 반응이 좋았어요."

"이 활동은 해 보니 애들이 너무 어려워하더라고요. 어떻게 바꾸면 좋을까요?"

"아, 이번 수업은 준비를 많이 했는데, 망했어요. 교실이 난장판이 되고 말았어요."

이런 수업 수다는 서로의 수업을 개선하는 데 참으로 도움이 되었다. 요즘은 학습지나 PPT, 동영상 등 수업자료가 넘쳐나고 훌륭한 선생님들 덕분에 손쉽게 공유된다. 그러나 우리 학교는 이런 종류의 수업자료를 많이 활용하지 않는 편이다. 대신 아이들이 직접 활동하고 배움공책에 스스로 정리한다. 나에게 최고의 수업자료는 선생님들의 아이디어와 경험이다. 그래서 일상적인 수업 협의회는 혼자서 인터넷을 뒤지며 수업 준비를 하던 때보다 훨씬 재미있고 유익하며 실패할 확률을 낮춰 주었다.

우리 학교는 1년을 봄, 여름, 가을, 겨울 4학기로 나누는데, 각 학기가 끝날 때마다 학기 돌아보기를 한다. 한 학기에 주제집중수업이 한두 가지 진행되는데 주제집중수업을 끝내고 그 수업이 주제에 잘 수렴되었는지, 수업을 진행하면서 어려웠던 점이나 개선해야 할 점은 무엇인지 등에 대해서 이야기 나누어 정리한다. 학년별로 진행된 돌아보기 내용은 학교 전체에 공유된다.

행복한 갈대, 수업이 즐거운 교사

외부에서 흔히들 혁신학교는 힘들다고 생각한다. 하지만 나는 일반 학교에서 교사 생활하는 것도 쉽지 않았다. 하긴 돈 벌기 쉬운 일이 어디 있겠는가? 세상에 하고 많은 직업이 있지만 그 직업의 가치를 '힘들다', '편하다'라는 잣대로만 평가할 수는 없다. 단지 돈을 벌기 위해서 일을 억지로 하는 거라면 아무리 편하고 돈을 많이 번다고 해도 행복하진 않을 것 같다. 교사로서 행복하게 지내기 위해서는 아이들이 즐겁게 배우게 하는 것도 중요하지만 교사도 가르치는 즐거움을 느낄 수 있어야 한다.

나에게 가르치는 즐거움은 장난기와 농담에서 시작되었다. 장난꾸러기 아이들을 보면 끊임없이 새로운 장난거리를 찾아내서 시도해 보고, 그 변화무쌍한 결과에 흥분한다. 나도 수업에서 끊임없이 새로운 장난거리를 찾아 놀이하듯 수업을 즐기고 싶다. 이러한 시도는 나에게 영감을 불러일으키고 새로운 것을 시도할 때 느끼게 되는 실패에 대한 두려움에 맞설 용기와 모험심을 자극한다. 나에게서 완성된 수업은 없다. 누군가가 그대로 따라 할 수 있는 모범답안을 만들지 못했을뿐더러, 설사 그렇게 훌륭한 수업을 한 번이라도 해 보았다 하더라도 그 수업을 그대로 따라 하라고 권하고 싶지는 않다. 수업이란 공장에서 찍어 나오는 기성복이 될 수 없다. 교사와 학생들의 상호작용, 그 현장성만이 수업을 완성하기 때문이다.

다만 내가 제안하고 싶은 것은 수업을 준비하거나 실행할 때 너무 진지하고 심각하게 접근하지 말자는 것이다. 조금은 가볍고 유연하게 때로는 장난스럽게, 실수와 실패도 용인하면서 접근할 때 영감이 떠오르고, 그 영감으로 인해서 열정이 생기고, 그 열정의 에너지가 학생과 동료들에게 긍정적인 영향을 미쳐 두루두루 행복하게 한다.

여기서 소개하는 재구성의 과정이나 내용은 그대로 수업에 투입할 수 있는 인스턴트 컵라면 같은 것이 아니다. 그런데도 내가 경험한 것들을 구구절절 쓰는 이유는 그를 통해서 '아, 이렇게도 하는구나!' 하고 선생님들이 자기 수업을 구성할 때 영감을 떠올릴 수 있는 계기가 됐으면 좋겠다는 바람에서 비롯되었다.

지금까지 교원학습공동체에서 재구성한 수업이 탄생하기까지 필요한 여러 가지 요소와 과정들을 소개했다. 물론 모든 과정이 뜻한 대로 순조롭게 진행된 것은 아니다. 그렇지만 앞에서 소개한 프로세스를 대체로 따랐고, 결과적으론 준비된 교사로서, 수업 전문가로서의 자신감을 지닌 채 아이들 앞에 설 수 있었다. 수업의 한 구성원으로서 아이들과 더불어 신나고 행복했다. 다음 장에서는 초등학교 4, 5, 6학년에 적용해 보았던 주제집중수업의 사례를 자세히 소개하고자 한다.

교육과정 재구성 프로세스

1년 교육과정 재구성 계획하기	
학년 교육과정의 맥 잡기	학년 교육과정의 철학, 방향과 목표 설정
학년 교육과정 얼개 짜기	주제집중수업의 주제 정하기, 집중수업 이름 정하기, 교과 통합과 성취기준 추출, 흐름도 만들기
주제집중수업 준비하기	
주제집중수업 가닥 잡기	주제에 대한 견해, 수업의 방향, 접근 방법에 대해 논의하기
소주제와 순서 정하기	주제집중 수업에서 다룰 소주제를 정하고 순서 정하기
주제 몰입 환경 조성	주제 시, 노래, 수업열기 활동, 관련 서적, 자료 전시, 주간 계획 알림, 주말 과제 내용 등 정하고 준비하기
수업 구상	수업 활동 브레인스토밍, 아이디어 적용해서 활동 개발하기, 수업 준비하기
수업 실연	교사와 학생이 함께 만들어 가는 교육예술, 수업 콘서트
수업 나눔	수업에 관한 수다 떨기, 학기별 수업 돌아보기: 학년 간 수업 나눔

4장

교육과정 재구성 운영 사례

내가 사랑한 주제집중수업

1.
12살 나의 봄-새 학년 적응 수업

새 학년이 시작되면 아이들이 새로운 환경에 잘 적응하는 것을 돕고, 1년간의 학급 운영을 계획하고 토대를 마련하는 등 적응 수업을 하는 것이 일반적이다. 보통은 일주일 정도 잡아 하면서 바로 진도를 나간다. 그런데 우리는 이 적응 수업을 아예 주제집중수업으로 편성해서 한 달 동안 진행했다. 주제는 '나에 대한 탐구'로 시작하여 '나, 가족, 친구, 공동체와의 조화로운 관계 맺기'로 확장된다. 이 집중수업은 3월 한 달 동안 진행되었는데, 긴장하고 어수선하게 시작한 새 학년에 잘 적응하고 차분하게 이후의 과정을 따라갈 수 있는 학급 분위기를 조성하는 데 신기할 만큼 효과가 좋았다.

우리 교원학습공동체는 첫 번째 집중수업을 준비하기 위해 먼저 국어와 도덕, 실과, 체육, 미술, 음악, 창체 등에서 새 학년 적응 수업인 조화로운 관계 맺기라는 주제와 관련된 성취기준을 뽑아 보았다. 그 성취기준들을 재분류하여 소주제를 정하기 위해 마인드맵을 칠판에 함께 그려 나갔다. 우리가 정한 소주제는 1) 자기 탐구, 2) 자기 돌봄(체력 단련, 성교육, 안전교육), 3) 감정과 언어 표현(감정과 욕구 다루기, 공감대화), 4) 관계 맺기(친구 관계, 학급공동체 세우기)였다. 소주제를 다룰 때는 가능하면 그 주제에 접근할 수 있는 문학작품(여기서는 주로 그림책)을 선정해서 매 수업의 도입 때 읽어 주기로 했다.

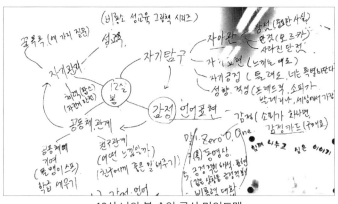
12살 나의 봄 수업 구상 마인드맵

첫 번째 주제집중수업의 주제와 대강의 내용이 정해지면 그 주제를 잘 표현할 수 있는 집중수업의 제목을 정한다. 이 과정은 기발한 아이디어와 기지가 넘치는 생기발랄하고 유쾌한 분위기에서 진행된다.

자기 탐구와 감정을 주로 다루니까 '내 안의 보물찾기?' 내 안의 보물만 찾을 게 아니라 친구의 소중함도 알아야 하니까 '너와 나의 보물찾기'는 어떨까? 아니, 너무 기니까 그냥 '보물찾기'로 합시다. 그보다는 '보석상자'는 어때요? 너무 유치하지 않나? 유치할수록 좋은데…. 새봄에 이루어지고 애들의 인생은 지금이 봄이니까 '봄날은 간다?' 엇! 그거 좋은데… 아니, 그런데, 어디서 듣던 건데? 그러고 보니, 나이든 사람만이 기억하는 오래된 유행가 제목이었네…. 애들이 구식이라고 싫어할 텐데… 그럼, '내 인생의 봄?' 인생이 너무 거창한데….

'12살의 봄은?' '봄'은 너무 한정적이지 않을까? 아니, 봄이란 계절의 뜻도 있지만 응시한다는 뜻도 있으니 중의적이고 낭만적인 느낌이 들어서 좋아. 그럼 '12살 나의 봄'이라고 합시다. 이렇게 해서 장난기난무한 난상토론을 거쳐 우리 각자에게 조금씩 다른 향기를 지닌 노스탤지어와 영감을 주는 제목이 탄생했다.

여기서는 '12살 나의 봄'에서 다루었던 소주제 모두를 소개하지 않고 2015교육과정에 맞추어 새롭게 추가된 내용을 주로 소개하겠다.

나는 나, 자기 긍정하기

12살 나의 봄 집중수업의 첫 번째 시간은 김장성 작가의 『민들레는 민들레』라는 그림책으로 시작했다. 이 그림책은 민들레의 한살이를 보여 주며 모습이 변하고 상황이 달라져도 여전히 민들레이듯이 슬퍼도 기뻐도, 못나도 잘나도 나는 나라는 자기 긍정의 메시지를 주는 책이다. 주요 활동 과제는 자기 존재를 긍정하는 자신에 관한 시 바꿔 쓰기이다. 그냥 바로 바꿔 쓰라고 하면 아이들이 몹시 어려워하며 몇 가지 못 쓰는데, 다음과 같은 활동을 하면 글의 유창성을 확보할 수 있다.

먼저 짝끼리 '김순희는 김순희, 시험을 못 봐도 김순희', '이규찬은 이규찬, 시험을 잘 봐도 이규찬.' 이렇게 번갈아 가며 한 문장씩 말한다. 3분 정도 짝활동을 하고, 다음에는 모둠끼리 돌아가며 말하기 활동을 5분쯤 시킨다. 그러고 나서 각 모둠에서 대표 한 명씩을 뽑아 교실 앞쪽으로 나와 같은 활동을 하는데, 말을 못하거나 앞에서 나온 문장을 반복하면 자리로 돌아간다. 별것 아닌 것 같지만 아이들은 흥분해서 열심히 참여한다. 여기까지 하고 오늘의 과제인 '민들레는 민들레' 시 바꿔 쓰기를 배움공책에 쓰도록 한다. 아이들은 한 쪽이 모자랄 정도로 수업이 끝나는 것을 아쉬워하며 자신에 대해 써 나갔다.

감정 알아차리기와 공감대화

　평소에 '비폭력 대화'에 관심이 많았던 나는 도덕과에서 감정과 욕구 알아차리기와 국어과에서 공감대화가 새롭게 도입된 것을 보고 매우 반가웠다. 우리는 이 수업을 진행하기 위해서 비폭력 대화 강사를 초빙하여 강의를 듣고 수업에 적용할 수 있는 활동을 직접 해 봄으로써 '비폭력 대화'에 대한 이해를 높였다. 그리고 비폭력 대화에서 많이 사용하는 감정카드를 구입하여 수업에 활용했다. 또한 양말로 감정인형을 만들어 역할극을 하거나 자신의 감정을 토로하는 매개물로 사용했다.

　우리는 일상을 살아가면서 자신의 감정을 세밀하게 구분하여 알아차리고 그 감정을 있는 그대로 받아들이기보다는 무시하거나 부정하려는 경향이 있다. 우리는 어릴 때부터 감정은 유치하고 수치스러운 것이어서 드러내선 안 되는 것으로 여기고 억압해 왔다.

　나는 어릴 때부터 눈물이 많았는데 지금 생각해 보면 그것은 억울함과 분노의 표현 방식이었던 것 같다. 수천수만 번 내 인생을 돌아보며 내 분노와 슬픔의 원천은 어디에서 왔는지 찾고 또 찾았다. 처음에는 내 자신에 대한 분노였고 다음으로는 타인에 대한 원망과 자신에 대한 연민으로 이어졌다. 애써 평온한 표정을 짓고 있었지만 마음속으로는 수백 가지 감정의 폭풍이 휘몰아치곤 했다. 분출되지 못한 감정은 쌓이고 쌓이다가 때때로 분노로 폭발했고 걷잡을 수 없었다. 폭발은 나 자신에게 파괴적 카타르시스를 제공했다. 아물어 가던 상처의 딱지를 떼어 버렸을 때의 순간적인 시원함과 곧바로 이어지는 욱신거리는 쓰라림. 그러나 어찌하랴 벌어진 상처를 안고 살아가는 나 자신을 받아들일 수밖에.

나는 때때로 나 자신을 바라보는 그 마음으로 아이들을 바라본다. 울고 있는 아이, 짐짓 센 척하면서 다른 사람을 공격하지만 내면적으로는 두려움에 떨고 있는 아이, 불신과 경계로 돌덩이처럼 굳은 아이, 분노하지만 슬픔으로 가득 찬 아이들을 본다. 내가 그랬던 것처럼 아이들은 자신이 어떤 감정인지 왜 그런 감정을 느끼는지 알아차리지 못하고 감정이 뿜어내는 에너지의 물살에 휩쓸려 떠내려갈 뿐이다.

아이의 내면의 감정을 바라보는 것은 아이를 위해 적극적으로 무언가를 하지 않는 것으로 보일 수도 있다. 그러나 그것은 연민과 공감의 시작이고, 아이를 미워하거나 내치지 않게 됨으로써 아이에 대한 나의 태도를 변화시킨다.

내가 어릴 때도 이런 감정 수업이 있었다면 인생이 좀 더 순탄하지 않았을까. 아이들이 자신의 감정을 세밀하게 알아차리고 다른 친구들이나 교사에게 공감을 받음으로써 자신을 더 잘 이해하고 받아들일 수 있게 되지 않을까 기대하며 '감정' 수업을 진행했다.

감정의 수레바퀴, '세상에 나쁜 감정은 없다'

활동 1. 이야기로 도입하기

이 수업은 두 블록(1, 2교시를 합쳐 80분이 한 블록) 동안 진행되었다. 첫 번째 수업시간에는 존 버닝햄의 『깃털 없는 기러기 보르카』라는 그림책을 읽어 주었다. 등장인물을 떠올려서 적고, 이야기의 흐름에 따라 장소가 이동하는 것을 상기시키고 정리했다. 이어서 각각의 장소에서 일어난 사건들을 시간의 순서에 따라 간추려 썼다.

활동 2. 등장인물들의 감정 알아차리기

이 그림책을 선정한 것은 스토리가 대하소설처럼 매우 복잡하기 때문이다. 깃털이 없다는 일종의 장애를 갖고 태어난 기러기의 파란만장한 일생을 다루고 있어 많은 사건과 다양한 인물들이 등장한다. 그래서 각각의 사건에 연루된 여러 인물들이 자기 입장에서 어떻게 사건을 바라보고 어떻게 느낄지, 다양한 감정을 도출해 낼 수 있었다.

"엄마 기러기가 알을 품고 있을 때, 어떤 감정이었을까요?"

"아기 기러기들이 막 태어났을 때 아빠는 어떤 감정이었을까요?"

"다른 형제들은 보르카를 보고 어떻게 느꼈을까요?"

"다른 형제들이 주인공과 놀아 주지 않을 때 기분은 어땠을까요?"

"주인공을 남겨 두고 가족들이 모두 떠나 버렸을 때 어떤 감정이었을까요?"

"새로운 친구를 사귀게 되었을 때 감정은 어땠을까요?"

이러한 이야기를 통해 감정을 이끌어 내니까 칠판에 가득 쓰고도 모자랄 정도로 많았다. 그러고 나서 아이들에게 자석카드를 나누어 주고 각기 다른 감정을 하나씩 쓰게 했다.

활동 3. 감정의 수레바퀴 그리기

우리가 찾아낸 감정들 중에는 '행복한'이라는 감정처럼 긍정적인 감정도 있고 '슬픈'이라는 감정처럼 부정적인 감정도 있다. 그러나 긍정과 부정으로 구분할 수 없는 감정도 있다. 긍정적이거나 부정적인 감정들도 그 정도가 다를 수 있다.

이런 이야기를 아이들과 나누고 나서 칠판에 커다랗게 동그라미를 그리고 수레바퀴살을 그려 동그라미를 4등분했다. 그리고 '감정의 수레바퀴'라는 제목을 동그라미 위에 적었다. 긍정적인 감정과 부정적인

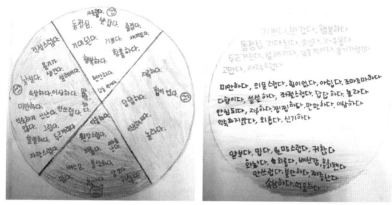
감정의 수레바퀴

감정, 중립적인 감정을 구분해 감정을 적은 자석카드를 수레바퀴 안에 붙이도록 했다.

"긍정적인 감정은 좋고 부정적인 감정은 나쁜 감정이니까 없애야 할 까요?"

감정의 분류가 끝나고 아이들에게 질문을 했다. 아이들은 대답을 망설였다. '그렇다'라는 아이, '아니다'라는 아이 등 의견이 분분했다. 아무튼 이 질문은 아이들에게 멈추어 생각할 기회를 주는 것 같았다. 욕구가 충족되었을 때의 감정이건, 욕구가 충족되지 못했을 때의 감정이건 나에게 필요하기 때문에 감정이 일어난다. 다시 이야기를 이어 갔다.

"여러분의 감정은 항상 같은가요? 아침에 신났으면 밤에 잘 때까지 계속 신이 나나요? 배가 고프면 불만족스러운 감정을 느끼겠지만, 맛있는 밥을 먹고 나면 만족스러울 것입니다. 화장실 가고 싶을 때 여러분 감정은 느긋한가요? 아니면 초조한가요? 만약 화장실에 가야 하는데 마음이 느긋하다면 화장실을 안 가거나 천천히 가다가 바지에 소변을 볼지도 모르죠. 화장실 가고 싶을 때 초조하게 느끼는 것은 생존에 꼭 필요하기 때문이고, 소변을 보고 싶다는 욕구가 해결되면 만족감을 느끼며 여유가 생길 거예요. 이렇듯 감정은 필요에 따라 생겼다 없어졌다 하면서 끊임없이 바뀝니다. 그래서 우리는 이것을 감정의 수레바퀴라고 이름 지었어요."

이렇게 설명하면서 학생들 각자의 배움공책에 감정의 수레바퀴를 그리고 그 안에 감정을 분류하여 긍정적인 감정, 부정적인 감정의 강도에 따라 구분하여 적어 넣도록 했다.

활동 4. 내 감정 알아차리기

'나는 (사건) 때, (감정)다'라고 제목을 달고 배움공책을 반으로 갈라서 한쪽에는 긍정적인 감정을 느낄 때를 쓰고, 다른 한쪽에는 부정적인 감정을 느낄 때를 각각 일곱 가지 이상씩 쓰도록 했다. 예를 들어 '엄마가 안아 줄 때 행복하다', '동생이랑 다투었는데 동생이 엄마에게 일러서 엄마한테 혼났을 때, 억울하다' 등….

활동 5. 칭찬과 격려, 공감과 위로

활동 4에서 설명한 대로 각자가 배움공책에 쓴 것을 모둠에서 돌려가며 읽고 적절한 글을 써 준다. 긍정적인 감정에 대해서는 격려나 칭찬의 말을 써 주고, 부정적인 감정에 대해서는 공감과 위로의 말을 써 준다.

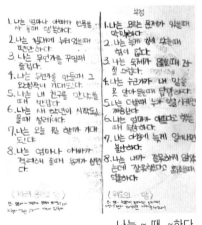

나는 ~ 때, ~하다.

경청과 공감의 미러링 대화

이번 시간에는 감정의 수레바퀴를 상기하면서 지난 시간에 다룬 감정들 중 하나를 칠판에 적고 언제 이런 감정을 느끼는지 생각해 보았다. 그리고 부드러운 공을 준비해서 한 학생에게 던지면서 물어보았다.

"수아야, 너는 언제 행복하니?"

"나는 친구랑 놀 때 행복해요."

"아, 수아는 친구랑 놀 때 행복하구나?"

"네, 그래요."

몇 번 시범을 보이고 이렇게 대화하는 것이 미러링이라고 말해 주었다. 그러고 나서 짝과 함께 대화를 나눠 보고, 모둠의 앞뒤 사람끼리 해 보았다.

활동이 끝난 후 질문을 했다. 미러링하는 데 어려웠던 점, 미러링을 하는 데 필요한 점, 좋은 점을 학생들에게 물었다.

"친구의 말을 그대로 다시 말하려면 잘 들어야 돼요."

"친구가 내 말을 잘 듣고 그대로 다시 말해 주니까 기분이 좋아요."

상대의 말을 마치 거울에 비추듯이 되돌려 주려면 주의 깊게 잘 들어야 하고, 말하는 사람은 상대가 알아들을 수 있도록 분명하게 말해야 한다. 또 상대가 내 말을 반복해 주는 것을 들음으로써 내 마음을 이해해 주었다는 공감의 느낌을 받을 수 있으므로 기분이 좋아진다는 것을 다시 강조해서 말해 주었다. 다음으로는 모든 학생들이 돌아다니며 10명의 친구들과 이와 비슷한 대화를 나누도록 했다. 자신의 감정을 자연스럽게 말하고 상대의 감정을 공감하는 데도 의식적인 노력과 연습이 필요하다.

이런 미러링 활동은 작위적인 상황에서 이루어지는 것이긴 하지만 자신의 감정을 드러내고, 왜 그런 감정이 드는지 자신을 이해하며 이해받는 것이 자연스러운 것임을 일깨우고 연습해 볼 수 있었다.

아이들은 형제관계나 친구관계, 방과후 학원 생활의 힘겨움에 대해 공감하며 이야기꽃을 피웠다. 그렇게 이야기 나누며 아직 서로 잘 모르고 서먹했던 사이가 한층 가까워지는 것처럼 보였다. 나는 아이들 사이를 돌아다니며 무슨 이야기들을 그렇게 재밌게 하나 귀를 쫑긋하고 들었다.

학기 초에 이런 활동을 해 보니 학생들의 사생활(?)에 대해서 꽤 많은 것을 알게 되었다. 그리고 주로 어떤 문제에 스트레스를 받고 있는지 파악할 수 있었다.

감정 알아차리기

자신의 내면에서 일어나는 변화를 민감하게 감지하고 이름 붙일 수 있다면 자신에 대해서 더 잘 이해하고 표현할 수 있을 것이다. 또 타인이 알아들을 수 있는 말로 자신의 감정을 표현할 수 있다면 더 많이 공감을 받고 위로받을 수 있을 것이다. 이번 수업은 다양한 감정을 나타내는 말들을 이해하고 자신의 감정을 민감하게 알아차릴 수 있도록 돕는 수업이었다.

먼저 욕구가 충족되었을 때의 감정과 충족되지 않았을 때의 감정 목록을 나누어 주고 같이 읽어 본다. 아이들은 모르는 낱말을 묻는다. 나는 학생들이 질문한 감정을 상황의 예를 들어 설명하고 그 뜻의 느낌을 알아차리도록 했다. 이러한 대답은 이후에 이어지는 카드 게임 방법에 대한 본보기이기도 하다. 예를 들어 한 학생이 "'위축되는'이 뭐예요?" 하고 물었다. "선생님이 어릴 때, 학교의 교무실에 잘못 들어 갔는데 몸집이 큰 어른들이 심각한 표정을 짓고 여기 왜 왔느냐고 물었어요. 그럴 때 선생님 감정이 어땠을까요?"라고 구체적인 상황을 예로 들어 주었다.

본 활동으로는 감정카드로 감정 알아맞히기 게임을 한다. 모둠별로 진행되는 게임인데, 각자 6장의 카드를 나누어 갖고 나머지 카드는 가운데 엎어 놓는다. 한 명씩 돌아가며 상황을 설명하고 나머지 사람들은 그 상황에 느낄 법한 감정을 알아맞힌다. 알아맞힌 사람에게 카드를 주고 문제를 낸 사람은 카드 한 장을 더 가져온다. 여기서 중요한 것은 '나는 ~할 때 이런 감정을 느껴'라고 자기 얘기를 하도록 한다

게임이 끝나고 게임을 하는 동안 어땠는지 이야기를 나눈다.

"내 이야기를 친구들이 열심히 들어주어서 기분이 좋아요."

"다른 사람의 감정을 맞히는 게 퀴즈게임 같아서 재미있어요."

"나도 그런 일이 있을 때 똑같이 느꼈는데 저랑 똑같이 느낀다는 게 신기했어요."

아이들이 말했듯이 이 게임은 이해와 공감, 연대의 느낌을 줄 수 있

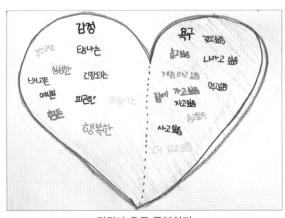

감정과 욕구 구분하기

어서 좋았다.

이 밖에도 감정카드로 할 수 있는 게임이 여러 가지 있다. 한 가지 예를 더 들어 보겠다. 6명이 책상에 감정카드를 보이도록 펼쳐 놓고, 한 사람이 최근에 가장 기억에 남는 일을 이야기한다. 나머지 사람은 그 이야기를 듣고 감정카드 하나를 골라 "네가 ~~했을 때 (감정)했겠구나!"라고 말하며, 해당 카드를 그 사람 앞에 놓는다. 모둠원이 돌아가며 감정카드를 골라 그 사람 앞에 놓는다. 자기 일을 얘기한 사람이 친구들이 놓아 준 감정카드 중 자신의 감정을 가장 잘 나타내는 카드 세 개를 고를 때까지 계속한다. 그리고 자신이 고른 감정카드를 보며 아까 말한 상황에서 왜 그런 감정들을 느꼈는지 스스로 설명하게 한다.

사람은 어떤 일을 겪었을 때 분명히 어떤 감정을 느꼈는데도 그것을 명료하게 인식하지 못하고 무의식적으로 반응할 때가 많다. 이런 활동을 통해서 자신의 감정을 찾아본다면 자신의 반응과 행동을 이해하는 데 도움이 될 것이다.

분노 조절하기

수업에 들어가면서 지난 시간에 했던 미러링을 '화나는'이라는 감정을 가지고 짝끼리, 앞뒤 사람끼리 해 보았다.

그리고 나서 몰리 뱅의 『소피가 화나면, 정말 정말 화나면』이라는 그림책을 읽어 주었다. 언니 때문에 몹시 화가 난 소피가 화를 가라앉히고 일상으로 돌아오는 과정을 그린 그림책이다.

우리는 살아가면서 때때로 화가 날 때가 있다. 화는 자연스러운 감

나의 화풀이 방법

정이고 때로는 필요한 감정이기도 하다. 다만 화를 잘 표현하고 다스리는 나만의 노하우를 여러 개 갖고 있으면 좋다. "여러분은 화가 나면 어떻게 하나요?" 하고 물었다.

"침대에서 베개를 막 때려요."

"종이가 찢어질 때까지 낙서를 해요."

"동생 때문에 화가 나면 동생한테 소리 지르고 때려요."

"밖에 나가서 놀이터에 앉아 있어요."

"내 방이나 화장실 가서 욕해요."

"화가 풀릴 때까지 말을 안 해요."

아이들은 활발하게 자기만의 방법들을 이야기했다.

"자, 그럼 이제 배움공책에 화를 다스리는 자기만의 방법을 적어 봅시다." 하고 '○○의 화풀이 방법'이라는 제목을 칠판에 적어 주었다. 그리고 모둠별로 이야기 나누어서 친구들의 방법도 적어 보게 했다.

칭찬하기

헬메 하이네의 『세상에서 가장 아름다운 달걀』을 읽어 주고 수업을 시작했다. "세상에서 가장 아름다운 달걀을 낳는 닭은 누구인가?"라는 물음에 임금님은 저마다 다르게 생긴 달걀들을 보고 "오, 세상에서 이보다 더 아름다울 수는 없다"고 감탄한다.

"여러분은 세상에서 가장 아름다운 사람이라고 생각하나요?"

"아마도 부모님은 여러분을 세상에서 가장 아름답고 사랑스럽다고 생각하실 거예요."

이렇게 말하면 대부분의 아이들은 그렇다고 고개를 끄덕인다(몇몇 아이들은 고개를 갸웃거리며 대답을 망설이기도 한다).

"여러분은 생긴 것도 다 다르고 성격도 다 다르고 잘하는 것도 다 다르지만 누구나 사랑받고 칭찬받을 가치가 있어요." 하면서 장점 목록을 보여 준다.

장점 찾기 칭찬 목록

감사하는	따뜻한	진취적인	낙관적인	끈기 있는
차분한	도전하는	재치 있는	격려를 잘하는	너그러운
배려하는	사랑하는	열정적인	신중한	유연한
침착한	정직한	깊이 사고하는	약속을 지키는	호감이 가는
애정이 있는	미래지향적인	부드러운	호기심 강한	판단력 빠른
아는 것이 많은	창의적인	공감하는	계획적인	관찰력 있는
자기 표현을 잘하는	유머감각이 있는	사교성이 있는	방향성이 분명한	직관력 강한
자기 확신이 있는	집중력 있는	경청을 잘하는	목표를 달성하는	약속을 지키는
말을 잘하는	분석적인	인내심 있는	적응력이 높은	진정성 있는
친절한	예리한	책임감이 강한	추진력 있는	탐구심이 강한

그다음에는 다음 표를 나누어 주고 친구들 6명에게 각기 세 가지씩 자신에 관해서 칭찬하고 싶은 말을 목록에서 찾아 써 달라는 부탁을 하게 한다. 돌아다니며 친구 6명에게서 받은 칭찬 리스트를 가지고 돌아와 그중에서 공통으로 많이 나온 것이나 자기 마음에 드는 것 세 가지를 골라 다음과 같이 문장을 완성한다.

나는 어떤 사람? 숨겨진 나의 모습을 찾아서

	1	2	3
1			
2			
3			
4			
5			
6			

나 (   )은/는
(   ), (   ), (   )인 사람입니다.

이제 한 명씩 일어나서 그 문장을 반 친구들에게 읽어 준다. 교사는 그것이 마음에 드는지 묻는다. 대부분의 아이들은 친구들이 해 준 칭찬이 마음에 든다고 대답했다.

꿈 이야기로 푸는 감정 나눔

불안과 공포는 인류 역사만큼 오래된 인간의 원초적 감정이 아닌가 싶다. 인간은 포유류 중에서도 가장 약한 신체적 조건을 가진 동물에 속한다. 자신을 압도하는 거대한 자연과 맹수들 앞에서 자주 생존을 위협받았을 인간은 위험을 감지하고 자신을 보호하기 위해 민감한 반응 패턴을 구축해 왔다. 불안과 공포는 생존을 위협하는 적이나 자연현상에 대한 원초적 반응 패턴이다. 현대 심리학의 관점에서 보았을 때 온갖 은유와 상징으로 가득 찬 심리학 교본이라고 하는 성경은 실낙원 사건에서 인간의 근원적인 공포와 불안을 상징적으로 표현했다. 그리고 이 신화는 인류 문화 속에서 끊임없이 반복해서 변주되어 왔다.

아이가 태어난다는 것은 외부로부터 완전하게 보호받았던 어머니 뱃속에서 세상으로 나와 온갖 낯선 환경에 적응해야 하는 과정의 시작이다. 아마도 아이의 최초의 감정은 실낙원에서 쫓겨난 아담과 이브가 겪었을 불안과 공포를 닮았으리라. 부모의 따뜻한 보살핌 속에서 아기가 애착을 형성하고 만족감과 안정감을 느끼면 불안과 공포는 수면 아래로 가라앉는다. 그러나 성장 과정에서 그 불안과 공포는 다양한 모습으로 수면 위로 떠오르곤 한다. 그것은 때로 꿈속에서 괴물이 되어 나타나기도 하는데, 이것은 무의식과 버무려져 수많은 옛이야기와 판타지를 만들어 냈다.

중년이 되어서야 나는 내 안의 두려움에 맞서 자유로운 사람이 되기 위해 용기를 내야 한다는 것을 깨달았다. 그렇게 수많은 옛이야기들이 내게 주었던 메시지를 너무나 늦게 읽어 낼 수 있게 된 것이다. 그것을 깨닫고 내 안의 공포를 겨우 바라볼 수 있게 되었을 때, 내 안에 울부짖고 있는 성인아이의 존재를 알아차리고 달랠 수 있었고, 비로소 어른이 되었다.

내가 중년이 되어서야 깨닫고 극복할 수 있었던 것은 실은 아동기를 지나면서 이루었어야 할 발달 과제이다. 그래서 아이들은 대체로 고학년에 접어드는 시기부터 오싹오싹 공포 이야기를 그토록 좋아하는지도 모른다. 무의식중에 자신의 발달 과업을 완수하려고 애쓰는 모습이 귀엽기도 하다.

활동 1. 그림책 읽어 주기

이번 수업도 아름다운 그림책으로 시작하였다. 프랑스 작가 클로드 퐁티의 그림책『끝없는 나무』는 내가 위에서 거창하게 늘어놓은 이야기를 아름다운 그림 동화로 보여 준다. 할머니의 죽음으로 맞게 된 상실감과 출처를 알 수 없는 공포(오르틱이라는 괴물)를 맞닥뜨리고 그것을 극복해 내는 과정을 마치 꿈을 꾸는 것과 같은 판타지로 그려 냈다.

활동 2. 나의 꿈 이야기

『끝없는 나무』를 읽고 나서 느낌을 간략히 나눈 후 나는 나의 악몽 이야기를 들려주었다.

"선생님이 어렸을 때 몸이 많이 아픈 적이 있었는데 여러 날 제대로 먹지도 못하고 앓아서 몸이 많이 허약해 있었어. 그때 악몽을 꾸었는데 어떤 괴물에게 쫓기는 꿈이었어. 괴물에게 쫓기다 더 이상 도망갈 데가 없어서 공포에 질려 있는데 잠에서 깨었지. 그런데 다음 날 밤에도 똑같은 꿈을 꾸고 그다음 날도 똑같은 괴물이 나를 쫓아와. 나는 어느 방으로 도망쳐서 문을 닫았지. 그런데 괴물이 문짝을 부숴 버릴 것처럼 쾅쾅 두드리는 거야. 나는 너무너무 무서웠지만 아무것도 할 수가 없었어. 다음 날 아빠에게 꿈 이야기를 했더니, '네가 몸이 많이 허해서 그런가 보다. 보약이라도 지어 먹여야겠구나. 그런데 만약 다시 꿈에서 그 괴물이 나타나면 이렇게 외쳐. '이건 꿈이야!'라고.' 아빠가 말씀해 주셨지.

다시 밤이 되어서 잠들기 전에 여러 번 '이건 꿈이야!'를 외치는 연습을 했지. 그리고 잠을 잤는데 진짜 꿈속에서 다시 그 괴물을 만난 거야. 나는 무서워 도망쳤는데 또 그 방에 들어갔어. 문을 막 닫았는데 괴물이 쫓아와 쾅쾅 두드리자 문짝이 반쯤 부서지는 거야. 나는 너무너무 무서웠지만 있는 힘껏 소리쳤지. '이건 꿈이야!'라고. 그 순간 잠이 깨서 아빠를 찾았어. 아빠 품속을 파고들며 무섭다고 울었지. 하지만 그다음 날부터는 그 꿈을 꾸지 않게 되었어. 너희들도 무서운 꿈을 꾸어 본 적 있니?"

아이들은 눈을 반짝이며 자기 얘기를 하고 싶어 입을 오물거리며 내 얘기를 듣더니 봇물 터지듯 자기 꿈 이야기를 쏟아 내기 시작했다. 어느 정도 이야기를 나눈 후 자기 자리로 돌아가서 배움공책에 각자의 꿈 이야기를 적었다.

활동 3. 무서운 꿈 이야기하고 서로 공감해 주기

다음으로는 모둠이 마주 보고 앉아 책상 위에 감정카드를 펼쳐 놓고 서로 돌아가면서 꿈 이야기를 했다. 한 명이 꿈 이야기를 하면 다른 모둠원들이 듣고 감정카드를 골라 내밀며, "네가 꿈속에서 길을 잃었을 때 두려웠겠구나!" "네가 꿈속에서 다시 집으로 돌아왔을 때 안심했겠구나!" 등 감정을 공감해 주

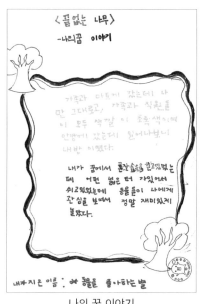

나의 꿈 이야기

는 말을 했다. 일정한 시간이 지나 활동을 멈추라고 했을 때 아이들은 할 이야기가 더 있다며 시간을 더 달라고 졸랐다.

이야기는 끝없는 나무처럼 한없이 이어질 것만 같았다. 이 활동이 끝나고 소감을 간단하게 나누었다.

"아직 할 얘기가 더 있어요. 다음에 또 해요."

"다른 사람도 나처럼 무서운 꿈을 꾸는 걸 알았어요."

"모둠 친구들이 내 꿈 이야기를 듣고 감정을 공감해 주었을 때 기분이 어땠나요?"

"고마웠어요."

"친구들도 나랑 같다는 걸 알고 안심했어요."

활동 4. 나에게 용기를 주는 이름 붙여 주기

"그림책 주인공이 할머니가 돌아가셨을 때 어떻게 느꼈을까요?"

"슬펐을 것 같아요."

"외로웠을 것 같아요."

"할머니가 보고 싶었을 것 같아요."

"죽으면 어떻게 되는지 궁금하고 두려웠을 것 같아요."

"주인공이 괴물을 만났을 때 어땠을 것 같아요?"

"무서웠을 것 같아요."

"도망가고 싶었을 것 같아요."

"하지만 주인공은 도망가지도 못하고 공포에 질려서 그 자리에서 얼어붙고 말았죠. 바위가 되어 마치 수천 년을 꼼짝 못 하고 지나 버린 것 같았죠. 그렇게 많은 시간이 흐른 후에 주인공이 마침내 다시 괴물을 만났을 때 어떻게 했나요?"

"'난 네가 하나도 무섭지 않아'라고 소리쳤어요."

"맞아요. 그렇게 소리치고 나니까 괴물 오르틱이 사라져 버렸죠. 주인공은 집으로 다시 돌아와 자신에게 '발견쟁이 이폴렌'이라는 이름을 지어 주었지요. 여러분도 두려움을 이겨 낼 수 있도록 자신에게 용기를 주는 멋진 이름을 지어 배움공책에 적어 두세요. 그리고 힘들고 두려울 때마다 그 이름을 떠올리며 '나, 이런 사람이야!' 하고 용기를 가지세요."

아이들은 시적인 멋진 이름을 자신에게 붙여 주었다. '생각 깊은 저녁', '바람을 가르는 치타' 등등.

학급공동체 세우기

우리 학교는 2011년에 개교해서 4년씩 운영하는 혁신학교 1기, 2기를 거쳐 3기를 시작했다. 우리는 2019년 새 학년을 시작하기 전, 2월에 혁신학교 3기를 성공으로 이끌기 위한 비전 워크숍을 전 교사가 모여 진행했다. 아침 9시부터 시작해서 저녁 6시까지 꼬박 진행하고도 마무리를 짓지 못하여 구체적인 실행계획을 세우기 위한 전략회의를 몇 차례 더 진행했다. 혁신학교에 대한 다양한 의견을 가지고 있는 교사들이지만 지금까지의 성과는 계승하고 문제점은 개선하고자 하는 의지는 한결같아서 모두가 열의를 가지고 참여했다.

나는 그 워크숍의 방식과 거기에 참여하는 교사들의 태도에 큰 감동을 받았다. 찬반 토론이나 다수결에 의해서 소수의 의견이 묵살되는 것이 아니라 구성원 전체의 총의를 모아 가는 과정이 모두에게 만족감을 주는 것처럼 보였다. 자세한 내용은 나중에 기회가 되면 하기로 하고, 이번에는 우리 학급을 대상으로 비전 워크숍의 방식을 적용했던 과정을 소개하겠다.

'우리가 꿈꾸는 학급', 공동체 세우기

이 수업도 역시 그림책, 마키타 신지의 『틀려도 괜찮아』를 읽어 주면서 시작하였다. 선생님이 꿈꾸는 반은 이 이야기에서처럼 틀려도 괜찮은 곳, 틀리면서 정답을 찾아가는 곳, 잘 못한다고 놀리거나 무시하지 않고 서로를 인정해 주고 감싸 주는 곳이 되었으면 좋겠다고 말하였다.

"자, 여러분이 꿈꾸는 반은 어떤가요?"

"재밌는 반이요."

"신나는 일이 많이 일어나는 반이요."

"우리 반만의 특별한 것이 많은 반이요."

"싸우지 않는 반이요."

"왕따 없는 반이요."

아이들도 4년간의 학교생활에서 겪은 일이 많은가 보다. 자신의 경험을 통해서 아이들도 학급에 대해 바라는 것이 다양하고 구체적이다. 이렇게 다양하고 구체적인 아이들의 의견이 앞에서 말한 비전 워크숍의 방법을 적용하여 '학급공동체 세우기'를 진행하기에 알맞은 토양이 되었다.

"그러면 이제 우리가 꿈꾸는 별반에 대해서 이야기 나누어서 5학년 한 해 동안 별반에서 우리가 함께 행복하게 지내기 위한 약속을 만들어 보아요."라고 말하며 학급공동체 세우기 활동을 시작하였다.

활동 1. 내가 꿈꾸는 우리 반-브레인스토밍

모둠별로 큰 도화지 한 장과 포스트잇 한 묶음을 나누어 준다. 그리고 우리 반이 어땠으면 좋을지 각자의 의견을 포스트잇 한 장에 한 문장씩 써서 원하는 만큼 도화지에 붙인다.

활동 2. 모둠에서 의견 모으기(1차 유목화)

도화지에 붙은 포스트잇을 모둠이 함께 읽으면서 비슷한 것끼리 모아 한 줄씩 분류하여 붙인다. 그리고 각 묶음 줄에 해당하는 내용을 아우를 수 있는 문장을 모둠에서 의논하여 정해서 묶음 줄 위에 쓴다.

활동 3. 모둠 의견 발표하고 기록하기

1모둠부터 7모둠까지 돌아가면서 활동2에서 만든 문장들을 한 가지씩 발표하고, 교사는 그것을 그대로 칠판에 받아 적는다. 이런 식으로 각 모둠이 자신들이 정한 문장을 모두 발표할 때까지 계속한다.

활동 4. 학급 비전 세우기(2차 유목화)

칠판 가득 적힌 문장들을 아이들과 함께 분류한다. 먼저 비슷한 의미의 문장들 옆에 같은 표시를 해 두는데 예를 들어 '싸우지 않고 말로 한다', '친구에게 욕을 하지 않는다', '친구가 어려움에 처할 때 도와준다'라는 문장이 비슷하다고 하면, 그 문장들 옆에 ☆을 표시한다.

또 '공부시간에 떠들지 않는다', '선생님 말을 잘 듣는다', '수업시간에 돌아다니지 않는다' 등이 비슷하다면, 그 문장들 옆에 △를 표시한다. '뭔가 특별한 이벤트를 한다', ' 신나는 일이 많다', '체육을 많이 한다' 등이 비슷하다면, 그 문장들 옆에 ◇를 표시한다.

이런 식으로 비슷한 주제를 담은 문장들에 도형으로 표시를 해서 묶은 후 하나의 주제로 묶인 문장들을 아우를 수 있는 뜻이 담긴 문구를 학생들과 같이 만든다. 그것들이 우리 5학년 별반의 학급 비전이 되었다. 아이들이 만든 학급 비전은 1) 평화로운 반, 2) 건강한 반, 3) 수업 분위기 좋은 반, 4) 물건을 소중히 여기는 반, 5) 세젤빛별(세상에서 제일 빛나는 별반, 특별한 일들이 있고 행복한 추억을 만드는 반이라는 의미인데 아이들이 예쁜 이름을 붙여 주자고 하여 아이디어를 모아 만든 이름이다)로 정해졌다.

활동 5. 비전별 모둠 만들어 실천 약속 만들기

다음 단계는 5개의 학급 비전을 실현하기 위한 실천 약속을 정할 차례이다. 각각의 주제에 관심 있는 아이들이 모여 모둠토의를 진행한다. 모둠토의를 시작하기 전에 모둠에서 기록자, 사회자, 발표자 등을 정한다. 각 모둠이 맡은 주제에 대해서 실천하고 싶은 것을 모둠원들이 돌아가면서 말하고 기록자는 그것을 모둠 화이트보드에 적는다.

활동 6. 학급 비전과 실천 약속 정하기

모둠토의가 끝나면 한 모둠씩 나와서 자신들이 토의하여 정한 실천 약속을 발표한다. 모둠의 발표가 끝나면 질문과 의견을 받아서 자신들이 제시한 실천 약속을 수정한다. 그리고 최종 안이 확정되면 발표자는 이대로 해도 되겠는지 반 전체에게 묻고, 더 이상 이견이 없으면 만장일치로 실천 약속을 통과시킨다. 그렇게 해서 다섯 가지의 별반이 꿈꾸는 학급의 비전과 그에 따른 실천 약속이 정해졌다.

1교시에서 6교시까지 하루 종일 이루어진 길고 복잡한 과정을 거쳤지만, 아이들은 자신들의 한 해 살이를 어떻게 할 것인지를 결정하는 이번 활동에 모두 적극적이고 진지한 자세로 참여했다. 어른들도 하기 힘든 이 과정을 아이들은 용케도 잘 견뎌 냈고, 학급 구성원의 지혜를 모아 모두가 만족하는 결과를 만들어 낼 수 있었다. 물론 이후에 생활하면서 약속들이 잘 지켜지지 않을 때도 있었다. 그러나 자신들이 참여해서 만든 약속이기 때문에 다른 어떤 벌칙이나 제재보다 약속을 실천해야 하는 내적인 책임감과 강제가 작용하는 듯했다.

큰 문제가 아니라면 학급에 전반적인 문제, 예를 들어 수업시간에 집중을 안 한다든지 하는 문제가 생기면 아이들과 함께 실천 약속을 다시 읽고 어떤 약속이 지켜지지 않았는지 스스로 질문하고 반성하게 한다. 그러면 아이들이 다시 한동안 지키려고 노력하는 모습을 보인다. 아이들도 나도 상처를 받지 않고 학급공동체 생활을 이어 갈 수 있는 평화로운 방법인 것 같다.

한때는 교사인 내가 학급규칙이라는 것을 정해서 파워포인트로 띄워 놓고 일방적으로 선포하고 지킬 것을 강요했다. 자신들이 합의하지도 않은 규칙을 지키라고 하니 3월 초에는 교사의 말을 들어주는 듯하다가도 곧 거부감을 보이며 은근히 반발하곤 했다. 이렇게 일방적인 학급 경영은 학생들을 수동적으로 만들고 학급에서 일어나는 모든 문제를 교사 혼자서 떠안아야 했다. 그러나 학생들과 함께 학급의 비전을 세우고 실천 약속을 정하면 학생들 스스로 학급공동체의 주인으로서 책임감과 자존감을 갖게 된다. 이렇게 될 때, 교사의 부담도 훨씬 줄어들고 학급의 여러 문제를 학생들과 의논하며 함께 해결해 갈 수 있다.

수업 후기, 새 학년, 행복한 한 해 살이 준비 완료!

한 학기가 지나고 아이들에게 글쓰기 숙제로 5학년 학교생활 베스트(Best) 5를 적어 오게 했다. 아이들은 교실 야영이나 우리 땅 밟기, 학급 잔치 같은 것들을 꼽으면서도 많은 아이들이 새 학기에 새 친구들과 새 담임선생님을 만났던 때를 꼽았다. 그만큼 새로운 만남과 시작은 기대와 걱정이 교차하는 중요한 사건인가 보다.

한때는 '학년 초에는 절대 학생들 앞에서 웃지 마라'라는 것이 무슨 계명처럼 전해 내려왔다. 학년 초에 엄격한 모습을 보여야 학생들이 담임을 무서워하며 말을 잘 듣는다는 뜻이다. 그런데 나는 이 계명을 잘 지키지 못했다. 미소 짓는 습관이 잘 감춰지질 않았다. 학생들이 내 말을 잘 안 들을 때, 내가 너무 유해서 그런가 하며 자책하곤 했다.

교사인 나도 새 학년이 되면 어떤 아이들을 만날까, 한 해를 어떻게 살아야 하나 걱정하고 긴장하는데 어린 아이들은 오죽하겠는가. 새로운 환경에 적응하느라고 잔뜩 긴장하고 스트레스 받고 있는 아이들의 심정을 먼저 헤아리는 것이 새 학년 준비의 첫 번째 과제가 되어야 한다는 것을 다시금 깨닫는다.

새 학년, 아이들의 적응을 돕고 학급의 1년살이의 기초를 닦는 주제집중수업인 '12살, 나의 봄'을 진행하는 동안 아이들은 긴장했던 마음을 누그러뜨리고 새로운 환경에 적응해 갔고, 새로운 친구를 사귀고 학급의 규칙을 세우고 학급공동체의 일원으로서 자신의 역할과 책임을 인지했다. 이렇게 집중수업을 진행하고 3월 말이 되어서는 편안하고 안정된 학급 분위기가 조성되어 새로운 공부에 돌입할 수 있는 준비가 되었다.

여기에서는 자세히 소개하지는 않았지만 새 학년 적응 집중수업에서는 주로 그림책을 매개로 하여 그 시간의 주제를 열고 다양한 게임과 활동으로 공부한다는 느낌 없이 수업을 진행했다. 아이들의 마음을 열게 유도하고 수업시간에 다루고자 하는 주제로 빠져들게 하는데 다양한 그림책들을 이용하는 것은 고학년에게도 여전히 좋은 방법이다. 아이들은 수업을 시작하면서 오늘은 교사가 어떤 책을 읽어 줄까 궁금해하고 눈을 반짝이며 매우 집중해서 귀를 기울인다. 아이들의 그 예쁜 모습을 보면서 나도 아이들에 대한 애정이 싹트고 새로운 학년을 시작하는 긴장감도 서서히 녹아 갔다.

수업 흐름도

블록	주제	활동 내용(주요 활동, 관련 자료나 과제)	참고
1	나는 나: 자기 긍정하기	1. 열기 　1) 몸 풀기 　2) 1분 명상 　3) 아침 시 　4) 리듬 박수 　5) 반지 찾기 게임 2. 책 읽어 주기: 『민들레는 민들레』 3. 배움공책에 『민들레는 민들레』 베껴 쓰기 4. 짝활동: 번갈아 가며 말하기 　예) 김순희는 김순희. 웃어도 김순희 울어도 김순희 5. 모둠활동: 같은 방법으로 돌아가며 말하기 6. 학급활동: 모둠 대표가 나와서 돌아가며 말하기 7. 배움공책에 자기 이름 넣어서 시 고쳐 쓰기 8. 발표하기	
2	감정의 수레바퀴: 세상에 나쁜 감정은 없다.	1. 열기 2. 이야기 들려주기: 깃털 없는 보르카 3. 이야기의 등장인물, 사건, 배경 정리하기 4. 이야기 간추리기	
3		5. 각 사건에서 등장인물의 감정 알아차리기 6. 감정의 수레바퀴 그리기 7. 내 감정 알아차리기: 나는 ~ 때, ~ 느낀다. 8. 반응하기	8. 친구들이 쓴 '감정 알아차리기' 목록을 보고 칭찬과 격려 또는 위로와 공감 적어 주기
4 40분	경청과 공감의 미러링 대화	1. 열기 2. 공 주고받으며 미러링 대화 보여 주기 　"○○아, 너는 언제 (감정)하니?" 　"나는 ~할 때 (감정)을 느껴요." 　"아, ○○이는 ~할 때 (감정)을 느끼는구나." 3. 짝활동 : 짝과 함께 미러링 대화 주고받기 4. 돌아다니며 미러링 대화 주고받기 5. 느낀 점 나누기	
5 40분	감정카드로 감정 알아차리기	1. 욕구가 충족되었을 때의 감정과 충족되지 않을 때의 감정 목록 읽어 보기 2. 감정 알아맞히기 모델링 　"나는 ~할 때 이런 감정을 느껴."	

5 40 분	감정카드로 감정 알아차리기	3. 모둠활동 감정카드 놀이 - 모둠원 각자가 감정카드 6장을 갖는다. - 감정카드 중 하나를 선택해서 감정이 일어났던 상황을 떠올려서 설명한다. - 다른 모둠원들이 감정을 알아맞히면 그 카드를 맞힌 사람에게 준다. - 카드를 많이 모은 사람이 이긴다. 4. 감정 알아맞히기 게임을 한 후 느낀 점 발표하기	
6	분노 조절하기	1. 열기 2. 미러링 대화하기: '너는 언제 화가 나니?' 3. 그림책 읽어 주기:『소피가 화나면, 정말 정말 화나면』 4. 소피가 화를 푸는 방법에 대해 이야기 나누기 5. 내가 화를 푸는 방법 발표하고 공책에 적기 6. 모둠활동: 화를 푸는 방법 이야기 나누기 7. ○○이의 분노 처방전 적기	
7	감정과 욕구 구분하기	1. 열기 2. 감정과 욕구 목록 읽어 보기 3. 최근에 기억에 남는 일 감정과 욕구 구분하기 - 최근에 있었던 일 이야기하기 - 그때 느꼈던 감정 이야기하기 - 친구의 이야기 듣고 그런 감정이 들었던 까닭 생각해서 욕구 찾아보기 - 친구가 찾아 준 욕구가 맞는지 확인하고 공감 메시지 보내기 4. 있었던 일 적고 감정과 욕구 찾아서 적어 보기	
8	꿈으로 푸는 감정 나눔	1. 열기 2. 그림책 읽어 주기:『끝없는 나무』 3. 선생님의 악몽 이야기 들려주기 4. 기억에 남는 꿈 배움공책에 적기 5. 모둠에서 돌아가며 꿈이야기 하기 6. 친구의 꿈에서 감정 찾아내고 공감해 주기 7. 두려움을 극복할 수 있는 용기 있는 말을 생각하며 자신에게 별명 지어 주기	
9	칭찬하기	1. 열기 2. 그림책 읽어 주기:『세상에서 가장 아름다운 달걀』 3. 옆 사람과 마주 보고 돌아가며 칭찬해 주기 4. 칭찬 목록 읽어 보기 5. 칭찬 학습지 하기 - 칭찬 학습지를 들고 돌아다니면서 6명의 친구들에게 칭찬 목록에 나와 있는 낱말들을 골라 나에게 알맞은 칭찬하는 말을 찾아 써 달라고 부탁한다. - 공통적으로 나온 칭찬하는 말에 동그라미를 친다.	

9	칭찬하기	– 가장 많이 나온 순서대로 칭찬하는 말을 괄호에 넣어 문장을 완성한다. '나는 (　　　)고 (　　　)고 (　　　)한 사람입니다.' 6. 자신의 장점을 적은 문장 발표하기	
10	충고하기	1. 열기 2. 말 알아듣기 게임: 입모양으로 상대가 하는 말 알아맞히기 3. 그림책 읽어 주기: 『내 말 좀 들어주세요, 제발』(하인츠 야니쉬, 상상스쿨) 4. 책 이야기 나누기 질문) 주인공이 답답해했던 까닭은 무엇인가요? 친구를 도와주려면 어떻게 해야 하나요? 5. 자기 고민 배움공책에 적기 6. 고민 털어놓기(전체 활동 → 6인 1조 모둠활동) – 친구들 앞에서 자신의 고민을 말한다. – 친구들이 말하는 충고를 듣고 적절하다고 생각하면 앞으로 한 걸음 옮기고, 적절하지 않다고 생각하면 뒤로 한 발 물러선다. – 친구들의 충고를 듣고 충분히 만족스럽다면 자기 자리로 돌아간다. 7. 정리: 충고를 잘하려면	
11~ 13	학급공동체 세우기: 우리가 꿈꾸는 학급	1. 열기 2. 공동체 놀이 3. 그림책 읽어 주기: 『틀려도 괜찮아』 4. 내가 꿈꾸는 학급 – 모둠별로 도화지 한 장과 포스트잇 한 묶음을 나누어 준다. – 포스트잇 한 장에 자신이 바라는 학급에 대해서 한 문장씩 적어서 도화지에 붙인다. – 생각나는 대로 많은 문장을 써서 붙인다. 5. 모둠이 꿈꾸는 학급 – 비슷한 문장들을 모아서 묶는다. – 묶인 문장을 대표하는 문장을 만든다. 6. 학급 비전 세우기 – 모둠별로 만든 문장을 발표하고 칠판에 적는다. – 비슷한 문장을 모아서 묶는다. – 묶인 문장을 대표하는 문구를 만든다. 7. 실천 약속 정하기 – 학급 비전이 정해지면 각 비전별로 관심 있는 사람들끼리 모여 모둠을 나눈다. – 비전 모둠에서 그 비전을 실현할 수 있는 실천 약속을 정한다. – 모둠별로 실천 약속을 발표하고 전체 학생들에게 의견을 묻고 이견이 있는 경우는 투표한다.	

2.
돌고 도는 경제

경제 집중수업 방향

2016년에 4학년을 맡았을 때 경제 수업을 참 재밌게 했었다. 경제 집중수업을 시작할 때는 교사가 어떤 관점으로 어떻게 접근해야 하는지 막연했다. 당시 동학년 선생님들과 이 문제에 대해서 많은 토론을 했었다. 교과서에 따르면 현명한 소비자 교육이 목표인 것 같았다.

나는 경제에서의 이런 프레임이 싫었다. 요즘 세상은 소비자가 현명해지기 너무 어렵다. 이동통신에 한번 가입하려 매장에 들어가면 그 많은 요금제와 작은 글씨로 빼곡한 약관에 기가 질려 두통이 일어난다. 공기청정기 한 대를 장만하려 해도 몇 날 며칠을 인터넷을 뒤지며 정보를 수집한다, 성능과 가격을 비교한다, 하면서 많은 시간을 보낸다. 무슨 포인트 제도는 왜 그렇게 많은지 관리하기도 어려운 포인트 주지 말고 가격이나 깎아 주지…. 나는 그만 짜증이 나서 현명한 소비자가 되기를 포기하고 만다. 그리고 생각한다. 나는 과연 현명하지 못한 경제생활을 하고 있는 것일까? 현명한 소비자란 사람들을 속이는 자본의 허구적인 프레임인가?

경제 수업을 진행하면서 나의 혼란과 의구심은 조금씩 잦아들었다. 경제 수업을 할 때, 교사가 관점을 가지고 진행하는 것이 특히 중요하다는 생각을 하게 되었다. 그래서 초콜릿이라는 소재를 매개로 노동과 가치, 사람이 중심이 되어 순환하는 경제라는 관점으로 수업을 풀어 나갔다. 구체적으로 어떻게 진행했는지는 5학년 경제 수업을 먼저 소개하고, 그다음에 간단하게 4학년 경제 수업을 소개하겠다.

4학년 때 했던 경제 수업이 너무 재미있어서 잊지 못하고 있던 차에 2018년 5학년 1학기 마지막 주제집중수업으로 다시 경제를 하게 되어 기뻤다. 수업을 시작하기 전 5학년 동학년 선생님들과 교과서를 검토하며 어떤 관점으로 수업을 이끌어 갈 것인가를 두고 많은 이야기를 나누었다. 경제의 핵심은 아무래도 순환이다. 그래서 경제 수업의 제목은 '돌고 도는 경제'라고 정하는 것이 좋겠다고 생각했다.

자연과 인간, 경제를 아우르는 조화로운 순환

경제를 생산-유통-소비라는 틀을 넘어서 더 넓은 시각에서 바라볼 필요가 있다. 인간은 자연 속에서 살며 자연으로부터 자원을 채취하여 생산과정에 투입한다. 인간의 노동과 시스템을 통해서 상품이 생산되고 유통과정을 거쳐 소비자에게 판매된다. 그리고 소비자는 상품을 화폐로 구입하여 소비한다. 그러나 경제의 순환구조는 여기서 끝나지 않는다. 사람들의 삶을 풍요롭게 한다는 산업화로 인한 대량생산은 대량 쓰레기를 양산했고 자연에 무분별하게 버려져 왔다. 그 과정에서 자연은 회복 불능 지경으로 파괴되어 인간의 삶의 질이 떨어지고 생존이 위협받는 지경에 이르렀다. 우리가 마시는 물과 공기, 농작물이 자라는 땅을 깨끗하게 돌려놓기 위해서 이제는 막대한 경제적 대가를 치러야만 한다.

경제가 잘 돌아가려면 생산의 원천인 자연과의 관계를 조화롭게 유지해야 한다. 인간의 삶에서 경제는 따로 떼어 낼 수 있는 무엇이 아니다. 개인과 인간사회의 생존 자체가 경제라고 말해도 지나치지 않다. 따라서 인간사회가 지속가능하려면 자연으로부터 끊임없이 자원을 공급받을 수 있어야 하고 자연이 끊임없이 자원을 공급할 수 있으려면 건강함이 유지되어야 한다. 그래서 자원의 계획적 사용, 자원의 재활용 등 자연과의 조화로운 공존은 경제에서도 떼어 낼 수 없는 중요한 이슈이다.

지속가능한 사회, 지속가능한 경제

생산과 유통의 과정에서 이윤이 발생하고 그 이윤은 거기에 참여한 경제 주체들에게 소득으로 돌아간다. 그리고 소득은 다시 소비로 이어진다. 이 과정에서 선순환의 구조를 가지려면 부의 재분배가 일어나야 하지만, 실제로는 부의 집중이 일어나고 부의 쏠림은 사회를 동맥경화증에 걸리게 하여 순환을 어렵게 한다. 그래서 인공 혈액순환제를 투입해야 하는데 세금과 기부가 부의 양극화에 따른 계급 대립을 완화하는 완충제 역할을 한다. 세금과 기부로 인간다운 삶을 영위하기에 필요한 기본 소득을 보장하고 교육, 의료, 문화 등 복지와 사회 간접시설 확충에 투자한다.

세금과 기부는 경제 공동체의 유지를 위한 내부의 키워드이고, 자원순환은 자연과 인간의 공존을 위한 외부의 키워드이다. 우리는 이 키워드를 5학년 경제 수업에서 길을 잃지 않기 위한 방향키로 설정했다.

경제적 토대와 소유에 대한 근원적 질문

별을 긷지요.

김종상

우물에 가라앉은
하늘 한 자락

저녁 노을 사라지고
별이 뜨지요.

퐁당퐁당
물무늬 속에

영이의 두레박이
별을 긷지요.

종종 걸음 돌아가는
작은 동이에

별들이 찰랑찰랑
담겨 있지요.

경제 주제 시 학생 작품

5학년에서 진행된 모든 주제집중수업에서 우리 동학년은 수업 준비를 시작하면서 수업의 방향, 주제에 대해서 논의를 많이 한다. 주제가 어느 정도 정해지면 그에 맞는 시나, 노래, 수업 열기의 내용들을 정한다. 이번 경제 수업에서는 '별을 긷지요'라는 시를 '여는 시'로 정했다. 수업을 시작할 때마다 우리는 이 시를 암송하고 나는 한 가지씩 비슷한 질문을 던졌다. 첫 질문은 "하늘의 별은 누구 것인가요?"였다. 아이들은 어처구니없는 질문이라는 듯, 심드렁하게 대답했다.

　"그야, 주인이 어딨어요."

　"하느님이 만물을 창조하셨으니까 하느님 것이지요."

　"그 별을 쳐다보는 모든 사람의 것이지요."

　"맞아. 말도 안 되는 질문이지? 그런데 얼마 전에 신문에서 황당한 기사를 보았어. 미국의 데니스 호프라는 사람이 인터넷에 달과 화성의 땅을 1헥타르에 우리 돈 4만 원 정도에 판다는 광고를 낸 거야. 톰 행크스와 톰 크루즈, 니콜 키드먼, 클린트 이스트우드 등 할리우드 스타들에, 카터와 레이건, 부시 등 미국의 전직 대통령들까지 돈을 내고 달과 화성의 소유권 증서를 받았데. 전 세계적으로 600만 명, 우리나라에서는 1만 명 가까이 되는 사람들이 행성의 땅들을 사서 호프는 70억 원 이상을 벌었다는구나. 너희들, 화성의 주인은 그렇게 해서 소유권 증서를 받은 사람들의 것이라고 생각하니?"

　아이들은 믿을 수 없다는 반응이었다. 우습지만 우리 인간사에는 이렇게 말도 안 되는 일이 수도 없이 벌어졌고 시간이 지나면서 움직일 수 없는 기정사실로 받아들여진다.

　수업 열기를 할 때마다 이 시를 암송하고 비슷한 질문을 하나씩 아이들에게 던졌다.

　"그 별들 중에 하나인 태양은 누구의 것일까?"

"그럼 지구는? 저 푸른 하늘은?"

"하늘을 날아다니는 새들은?"

"숲은 누구의 것일까?"

"가을이면 숲에 도토리랑 밤이 잔뜩 떨어져 있지. 도토리는 누구의 것일까? 다람쥐? 아니면 줍는 사람이 임자?"

"바다는 누구 것일까?"

"바다의 물고기들은 누구의 것일까?"

"그런데 사람들은 바다도 우리나라 것, 남의 나라 것 하고 나눠. 그래서 남의 나라 바다에 가서 물고기를 잡으면 잡혀가서 벌을 받아."

국토지리 시간에 영공 영해에 대해 배울 때는 당연한 것으로 받아들이던 아이들이 이렇게 접근을 달리하니까 소유의 본질에 대해 근본적인 의문을 품게 된다.

"그럼 이 지구별에 놓인 이 땅들은 누구 것일까?"라는 질문은 아껴 두었다가 경제 수업이 많이 진행된 후에 했다. 지금까지와 마찬가지로 아이들은 "당연히 이 땅에 사는 사람 모두의 것이죠"라고 대답하다 다시 고개를 갸우뚱한다.

"아니, 하지만 땅은 주인이 있잖아요."

"좀 이상한데…"

아이들의 인식구조 안에서 당연한 진실과 현실이 충돌하며 혼란스러움을 겪는다.

"오늘은 선생님이 유럽인들이 어떻게 아메리칸 인디언들을 몰아내고 아메리카 대륙의 땅을 차지하게 되었는지 이야기해 줄게."

이렇게 이야기하고서 미국의 아메리칸 인디언들의 수난사를 간단히 들려주었다. 딱히 의도한 것은 아니었고 매시간 다른 경제 개념을 다루었지만 그 시간을 통해서 질문을 확장해 나가면서 경제에서 소유의 본질에 대해 다각적이고 깊이 있게 접근할 수 있었다.

돈이 중심이 아니라 사람을 중심으로 경제 바라보기

요즘 아이들에게 나중에 커서 뭘 하고 싶으냐고 물으면, 많은 아이들이 "돈 많이 벌고 싶어요"라고 대답한다.

"돈 많이 벌어서 뭘 할 건데?" 하면, "돈으로 뭐든지 살 수 있으니까 돈만 있으면 돼요"라고 대답한다.

하고 싶은 장래의 직업을 물으면 의사, 변호사, 연예인, 사업가, 운동선수, 프로게이머, 유튜브 크리에이터 등 다양하다. 그런데 왜 그 직업을 갖고 싶으냐고 하면, 다는 아니지만 많은 아이들이 "돈 많이 벌 수 있어서"라고 대답한다.

아이들은 어른들의 세계를 관찰하며 어른들이 가르쳐 주고 싶어 하는 것보다 현실에 대해 더 많은 것을 금세 배운다. 어른들의 사회가 돈이면 다 되는 세상, 돈이 없으면 죄인이 되는 세상이라는 것을 아이들이 모를 리 없다. 보험금을 타기 위해 부모와 배우자를 살해하는 일이 심심치 않게 벌어지고, 아무리 큰 범죄를 저질렀어도 큰돈을 벌면 그 돈으로 면죄부를 받는 세상. 처음에 교사로서 경제를 가르쳐야 했을 때, 이런 현실을 외면하고 아름답게 포장된 헛소리만 해야 하나 고민하고 두려워했었다. 아이들에게 경제 하면 떠오르는 것을 말하라면 이구동성으로 '돈'이라고 먼저 대답한다. 그러나 교과서에 경제란 "인간이 생존을 위해 필요한 재화와 용역을 생산하고 소비하는 전 과정"이라고 되어 있다. 돈이란 이 과정을 진행시키는 매개수단에 불과하다. 여기서 전제는 인간의 생존이다. 그러나 돈을 위해서 인간의 생존을 말살하기도 하고 위협하기도 하는 것이 현실이다.

얼마 전 한 동물구조단체의 대표가 구조한 동물을 임의로 수십, 수백 차례 안락사를 시킨 사건이 밝혀져 지탄을 받았다. 왜 케어도 못하고 안락사시킬 것이면서 동물들을 구조했느냐고 물으니 구조를 해야 후원금이 들어오기 때문이라고 대답했다. 생명의 가치보다 돈의 가치가 우선시되는 극명한 사례이다. 우리 사회에서 이러한 사례는 얼마든지 찾아볼 수 있다. 교과서의 내용을 가르치며 '그건 그렇고. 닥치고 돈!'이라고 가르쳐야 한다면 얼마나 절망적이겠는가. 이번 경제 수업에서는 돈이 인간의 존엄성보다 앞서는 현실을 넘어서 경제의 본질로 돌아가 사람이 중심이 되는 경제 패러다임을 소개함으로써 희망을 심어 주고자 했다.

아이들 눈높이에 맞는 생활 체험과 이야기를 활용한 통찰적 배움

우리 생활은 경제와 뗄 수 없이 밀접하기 때문에 쉽게 접근할 수도 있지만, 경제학이라는 학문은 복잡하기 이를 데 없다. 교과서에도 어려운 경제 용어와 이론이 등장한다. 경제는 생활이면서 학문이다. 어떻게 하면 아이들이 생활 속에서 경험하는 경제 현상들을 경제학적으로 쉽게 받아들이게 도울 수 있는지가 경제 집중수업에서 사실상 가장 어려운 방법적 문제였다. 5학년 선생님들은 고민과 토론 끝에 아이들 눈높이에 맞는 이야기를 통해서 접근하기로 했다. 이야기를 통해서 경제의 핵심 용어와 이론들에 접근하고, 그것들의 이해를 돕기 위해 시뮬레이션 게임, 역할극, 알뜰시장 놀이 등 생활 체험 활동을 개발했다.

여기까지 수업의 큰 주제와 원칙을 잡고 본격적으로 수업 준비에 들어갔다. 참고 도서를 찾고 내가 가장 좋아하는 장난기 어린 브레인스토밍으로 아이디어를 쏟아 냈다. 다행히도 우리의 이런 의도와 딱 맞는 동화책을 발견했는데, 그 책은 『꼬불꼬불 나라의 경제 이야기』였다. 경제 수업 내내 한 장씩 읽어 주었는데, 아이들은 너무 재밌다며 더 읽어 달라고 졸랐다.

돌고 도는 경제, 수업 흐름

집중수업은 매일 하는 것이 좋지만, 다른 교과도 있고 해서 불가능하므로 일주일에 3번 정도씩 한다. 80분 블록 수업은 일정한 패턴으로 이어진다.

1. 수업 열기
   ① 리코더 불기, 노래하기
   ② 여는 시와 질문하기
   ③ 전시 학습 상기

2. 본 수업
   ① 이야기 들려주기
   ② 경제 용어 정리하기
   ③ 오늘의 활동

3. 수업 돌아보기와 정리하기

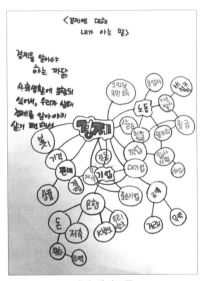

경제 생각그물

생활 속에서 경제 찾기

본격적으로 경제 집중수업을 시작하기 전에 배경지식을 확인하는 생각그물 그리기 활동을 했다. 학생들은 4학년 때 경제를 잘 배워서인지 경제에 관해 기대했던 것보다 많은 것을 알고 있었다. 아이들은 '경제' 하면 연상되는 단어들을 쏟아 냈다. 나는 아이들이 말하는 것들을 무작위로 칠판에 적고 그것들을 분류하여 배움공책에 생각그물을 그리도록 안내했다.

다음 활동으로는 우리 생활에서 경제와 관련된 활동을 찾아보고 돌고 도는 경제의 순환을 예를 들어 설명했다.

"어제저녁에 여러분은 뭘 먹었나요?"

"짜장면을 시켜 먹었어요."

"짜장면을 시켜 먹은 것은 경제활동과 무슨 연관이 있을까요?"

"돈을 주고 사 먹었어요."

"맞아요. 짜장면을 돈을 주고 사 먹은 것은 소비활동이에요. 그러면 그 돈은 어디서 났나요?"

"부모님이 번 돈이에요."

"그렇다면 부모님은 어떻게 돈을 버셨나요?"

"일을 해서 월급을 받았어요."

"그렇다면 그것은 경제활동에서 무엇에 해당하나요?"

"생산활동에서 소득을 얻었어요."

"그럼 짜장면은 어디서 왔나요?"

"배달원이 배달을 해 주고 돈을 받았어요."

"짜장면은 어떻게 만들어졌나요?"

"주방장이 밀가루와 다른 재료들을 요리해서 만들었어요."

"그럼 밀가루는 어디에서 왔나요?"

"농부가 농사를 지어서 밀을 생산하고 공장에 팔면 공장에서 밀가루로 만들어요."

"농부가 밀농사를 지으려면 씨앗도 있어야 하고 씨앗을 심을 땅도 있어야 해요. 그리고 거름도 주어야 하는데, 거름은 어떻게 만들어지나요?"

"똥으로 만들어요."

"똥은 어디서 왔나요?"

"똥은 동물이나 인간이 음식을 먹고 싼 배설물이에요."

이런 식으로 꼬리에 꼬리를 물고 경제활동이 이어지고 결국 자연에서 와서 자연으로 돌아간다는 순환의 개념을 질문을 통해서 그려 나간다.

이제 다음과 같은 질문을 칠판에 적는다.

'어제 한 일이 경제활동과 어떤 관련이 있을까?'

먼저 경제 배움공책에 내가 어제 한 일 중 한 가지를 적고 그것이 어떻게 경제와 관련이 있는지 적어 본다. 그러고는 모둠에서 돌아가며 선택한 행위와 그 경제적 관련성에 대해서 자신의 생각을 말하고 친구들의 이야기도 배움공책에 정리한다. 다음은 학생들이 정리한 내용이다.

① 나: 보람문구에서 공책을 샀다.

☞ 보람문구는 공책을 다른 곳에서 사들인다. 그 다른 곳은 공책을 만들기 위해 종이, 잉크, 노동력이 필요하다. 종이는 나무로 만들고, 나무는 씨앗에서 자라고, 잉크는 화학약품을 이용하여 만들고, 노동력은 사람이 필요하고, 사람의 에너지는 음식에서 나온다. 그리고 음식은 여러 재료로 만든다.

② 친구 1: 야구를 했다.

☞ 야구를 할 때 에너지가 필요한데, 에너지는 음식으로 만들고, 음식에는 여러 가지 재료가 필요하다. 또 야구방망이는 알루미늄으로 만든다. 또 글러브를 만드는 데는 소가죽이 필요하고, 소는 사료와 풀을 먹는다.

③ 친구 2: 피아노를 치고 오빠랑 싸움

피아노는 나무로 만들어지며 화학약품으로 만들어진 물감으로 피아노의 건반에 색깔을 칠한다. 또 오빠랑 싸우려면 에너지가 필요하므로 에너지는 음식에서 나오고 음식은 여러 재료로 만들어진다.

학생의 또 다른 예:

① 나: 어제 저녁으로 짜장면을 먹어서 부모님의 돈이 소비되었고, 짜장면 집 사장님은 소득을 얻었고 짜장면 재료를 사야 하므로 다시 소비를 하였으며, 그 재료를 키운 사람은 소득을 얻었다.

생활 속의 경제활동

② 친구 1: 학원에 가서 부모님의 돈이 소비되고 학원 원장님은 소득을 얻었고 문제집과 학원에 필요한 기구를 사기 위해 소비를 하셨다.

③ 친구 2: 마트에 가서 거기서 산 것들의 가격만큼 소비를 했고, 그것들을 만들거나 생산한 사람들이 소득을 얻었으며, 그것들을 만들기 위한 재료를 만드는 사람이 소득을 얻었다. 주차장 요금 때문에 한 번 더 소비했다.

④ 친구 3: 나는 어제 책을 보았다. 책은 나무와 종이, 잉크가 필요하다. 책을 만들려면 나무를 베는 사람의 노동력과 그 나무를 가지고 운전하는 사람의 노동력 그리고 공장에서 종이를 만드는 사람의 노동력이 필요하다.

원시 시대부터 근대 시민혁명 직전까지의 경제사 개괄하기

"원시 시대 사람들은 어떻게 먹고살았을까?" 아이들은 이 질문에 대한 배경 지식이 많았다. "사냥을 했어요." "낚시를 했어요." "열매를 따 먹었어요." 등등. "사냥을 할 때는 무엇으로 사냥을 했을까?" "집도 없었는데 어디서 살았을까?" "사나운 동물들에 맞서서 어떻게 살았을까?" "혼자였다면 이 모든 일이 가능했을까?" 등 질문을 이어 가면서 '원시 공동체'의 경제생활에 대해서 스스로 답을 찾아가도록 안내하였다.

신석기 시대의 농업혁명과 정착생활에 대해서 잉여생산과 물물교환에 대해서도 질문을 통해서 개념을 쌓아 갔다. 그리고 부족국가 시대의 잉여생산과 노예제와 계급분화에 대해서 이야기를 풀어 나갔다. 봉건제의 성립과 농노, 영주, 기사계급과 왕과 사제에 대해서도 질문과 이야기로 설명을 이어 갔다. 그리고 산업혁명과 시민계급의 성장, 시민혁명을 통한 봉건제의 붕괴까지 개괄했다. 그러고 나서 다시 원시 시대부터 근세 시민사회가 성립할 때까지 화폐가 어떻게 발달했는지 간

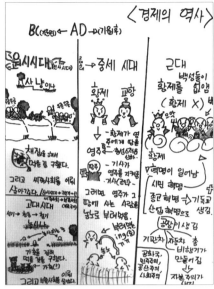
생활 속의 경제활동 학생 작품

단히 표를 그려 설명했다.

교과서의 경제 단원은 자유시장경제로부터 시작하는데, 자본주의가 성립되기까지의 과정을 개괄한 데는 나름의 이유가 있었다. 우리가 텍스트로 삼은 『꼬불꼬불 나라의 경제 이야기』가 시민혁명으로 몰락한 절대왕권 시대의 '수염왕'이 반지 하나를 챙겨서 궁전에서 쫓겨나는 이야기로부터 시작하기 때문이다.

●시뮬레이션 게임: 시즌 1. 자유시장경제

우리의 텍스트에서 수염왕은 궁궐에서 쫓겨나 반지를 팔아 100만 원을 마련한다. 수염왕은 그 돈으로 방과 외투를 마련하는 데 50만 원을 쓴다. 나머지 돈으로 어떻게 먹고살 것인가? 이야기의 첫 장은 여기서 끝나고 재화와 용역, 한계비용과 기회비용에 대한 개념 설명이 나온다. 수염왕의 예를 통해서 이 개념들을 설명하고 학생들은 자신이 이해한 내용을 공책에 정리한다.

그러고 나서 수염왕 시뮬레이션 게임을 하자고 제안했다. 방과 외투, 돈 50만 원을 가진 수염왕이 되어 일주일간 생존할 수 있는 재화를 마련하고, 앞으로 살아가기 위한 종잣돈을 마련하는 것이 오늘의 미션이다.

"생존에 필요한 재화는 어떤 것이 있을까요?"라고 질문하고 아이들이 말하는 것을 칠판에 받아 적었다. 물, 쌀, 고기, 라면, 불, 냄비, 수저 등등. 재밌는 것은 어떤 남자아이는 게임기를 말하기도 하고 어떤 여자아이는 거울과 빗을 말하기도 했다. 아마도 그들에겐 밥보다 더 중요한 물건이었을 텐데, 친구들에게 핀잔을 들어 지워졌다. 그리고 칠판에 가득 적힌 재화들 중 생존에 꼭 필요한 재화 리스트를 만들었다.

게임 방법

- 10만 원, 1만 원, 1천 원으로 인쇄된 작은 종잇조각을 1인당 50만 원씩 나누어 준다.
- A4 색지 반 장이 원자재이고 매직펜이 생산도구이다.
- 원자재 반 장을 5만 원에, 생산도구 매직펜을 2만 원에 사서 각자 자유롭게 칠판에 적힌 리스트에 있는 재화를 골라서 그리고 가격을 매긴다.
- 아이들이 모두 상품 생산이 끝나면 5분간의 시간을 주고 자유롭게 사고팔기를 한다.
- 1라운드가 끝나면 아이들은 자리에 앉고 이제는 원자재와 매직펜을 더 사서 원하는 만큼 재화를 생산하고 팔 수 있다고 말해 준다. 1라운드와 같은 방법으로 2라운드를 진행한다.
- 게임이 끝나고 모둠에서 누가 재화와 돈을 가장 많이 모았는지, 생존을 위한 필수품을 다 갖추었는지 비교해 보고 한 사람씩을 뽑는다.
- 모둠에서 뽑힌 사람들은 나와서 자기의 재화와 돈을 보여 주고 어떻게, 왜 모았는지 발표한다.

마무리

게임이 끝나고 여러분이 한 게임은 자유시장경제를 가상으로 해 본 것이라고 뒤늦게 알려 주었다. 그리고 이 게임을 통해 경험한 자유시장경제의 장단점을 이야기해 보자고 했다. 아이들은 이 활동을 통해서 자유시장경제의 원리와 본질을 즉자적으로 깨닫는 것 같았다. 아이들에게서 나온 이야기를 듣고 나는 웃음과 경탄을 금치 못했다. 다음은 아이들이 말한 자유시장경제의 장단점을 정리한 것이다.

- 자유시장경제의 장점
• 내가 생각하지 못한 좋은 물건을 살 수 있다.
• 경쟁을 통해서 좋은 물건을 싸게 살 수 있다.
• 자유롭게 물건을 만들고 사고팔 수 있다.

- 자유시장경제의 단점
• 통제가 없어서 혼란스럽다.
• 물건 값이 너무 올라가거나 손해를 볼 수 있다.
• 빈부 격차가 많이 생긴다.

- 개선하고 싶은 점
• 원재료 값을 낮춘다.
• 기업을 창설한다.
• 대량생산을 한다.
• 생산품을 제한하지 않는다.
• 기업을 만들어서 협력할 수 있게 한다.
• 은행에서 대출을 받을 수 있게 한다.

- 통장을 만들어서 저축해서 이자소득을 얻을 수 있게 한다.
- 법원을 세워서 사기를 치는 사람들을 처벌한다.
- 공정거래위원회를 두어서 사기 거래를 감시한다.

●시뮬레이션 게임: 시즌 2. 수정자본주의

다음 시간에도 마찬가지로 『꼬불꼬불 나라의 경제 이야기』의 2장을 읽어 주었다. 내용은 수염왕이 남은 자본으로 투자해 국수 장사를 해서 큰 성공을 거두는 이야기이다. 경제 용어는 생산의 3요소와 소득의 종류에 대하여 이야기를 통해서 설명하고 배움공책에 정리했다.

그리고 오늘은 다시 시뮬레이션 게임 시즌 2를 하겠다고 알려 주었다. 지난 시간에 여러분이 자유시장경제의 장단점을 알아보았고 개선할 점에 대해서도 이야기를 나누었다. 개선할 점을 규칙으로 삼아 다시 게임을 하도록 하자고 제안했다.

규칙에 따라서 공정거래위원을 뽑아 감시를 하고 은행원을 뽑아서 대출과 저축을 관리하게 했다. 그리고 게임의 시작은 리셋하지 않고 지난 시간에 모은 자산으로 시작하여 각기 출발을 다르게 했다.

자산이 많은 아이들끼리 뭉쳐 대기업을 만들고, 중소기업을 만들고, 혼자서 자영업을 하는 아이들도 있었다. 지난 시간에 돈을 많이 써서 자금이 부족한 아이들, 돈을 더 벌고 싶은 아이들은 은행에서 통장을 만들어 대출을 받기도 했다. 아이들은 돈을 더 벌 욕심에 부지런히 생산을 하느라 시간이 더 필요했다. 드디어 사고팔기 시간이 되었는데 활발하게 거래가 이루어지지 않았다. 아이들은 주어진 시간이 끝나기도 전에 아우성을 쳤다.

"물건은 많은데 사는 사람이 없어요."

"물건을 사고 싶지만 돈이 없어요."

"친구들이 물건을 사 달라고 졸라서 사 줬더니 돈을 다 썼어요."

"대출을 받았는데 물건이 안 팔려 갚을 수가 없어요."

이 활동의 결과를 예상하고 시작한 활동은 아니었지만 보이는 모습은 현실 세계의 축소판이었다.

마무리

활동이 끝난 후 시즌1에서와 마찬가지로 어려웠던 점에 대해 이야기 나누었다. 그리고 수요와 공급에 대해서 설명하고 물건이 과잉 생산되고 사람들이 돈을 벌지 못하면 공황상태가 온다는 것을 설명하고 느낀 점을 간단히 적도록 했다. 나는 아이들이 경험하는 모의 자본주의가 현실과 너무 비슷해서 웃음이 터져 나왔다. 신기하기도 하고 씁쓸하기도 한 웃음이었다. 아이들은 나의 우습고도 슬픈 연민을 알아차렸을까?

●시뮬레이션 게임 : 시즌 3. 금융자본주의

우리 별반은 시즌 3까지 시뮬레이션 게임을 했다. 다시 수염왕이 국수 대량생산 상품을 개발하여 가격을 올리고 사업을 확장하기 위해 금융기관에서 돈을 빌리는 이야기를 읽어 주었다. 이야기 내용을 바탕으로 가격 결정의 요소들과 금융기관의 역할에 대해서 설명했다. 그리고 시즌 3의 규칙을 아이들과 의논해서 정했다.

- 공정거래를 위해서 벌금을 강화하자.
- 대기업과 중소기업, 개인 간의 경쟁을 자유롭게 허용하자.
- 대기업의 기업 합병을 허용하자.
- 파산한 사람들이 돈을 벌 수 있도록 자유롭게 취직할 수 있게

하자.
- 은행원이나 공정거래위원을 늘리고 월급을 지불해서 물건을 많이 사게 하자.

이번이 마지막 게임이니 오늘은 게임이 끝날 무렵 은행에 빌렸던 돈은 되갚고 저축한 돈은 이자를 쳐서 돌려받을 것이라고 알려 주었다.

아이들은 시즌 2의 재정 상태에서 다시 시작했다. 빈부 격차는 더 심해졌고 점점 물건을 팔아서 돈을 벌기가 힘들어져 자기 장사를 접고 대기업에 취직하려는 사람이 많아졌다. 돈을 빌렸던 아이들은 이자까지 쳐서 빚을 갚아야 했기 때문에 은행은 돈이 넘쳐났고, 아이들의 전체 자산 가치는 줄어들었다. 게임이 끝나고 아이들은 각자 공책에 자신의 재산 목록을 정리했다.

마무리

시간이 지나 시즌 3을 종료하고 마무리했다. 그리고 자유시장경제에서 '경쟁'의 빛과 그림자에 대해서 이야기 나누고 다음과 같이 정리했다.

- 경쟁의 빛
① 자신의 능력과 적성에 따라 자유롭게 직업을 선택할 수 있다.
② 자신이 벌어들인 소득을 자유롭게 소비하고 저축할 수 있다.
③ 소비자가 더 질 좋은 상품을 선택할 수 있다.
④ 더 좋은 서비스를 받을 수 있다.
⑤ 더 싼값에 물건을 살 수 있다.

- 경쟁의 그림자
① 약자나 중소기업에게 불리하다.
② 경쟁에서 이기기 위해 수단과 방법을 가리지 않는다.
③ 경쟁하면서 서로 다투게 된다.
④ 서로 믿지 못하고 협력하지 않는다.

여기 정리한 것은 교과서에 나온 정답이 아니라 아이들이 이야기를 나누는 가운데 각자가 조금씩 다르게 정리한 것 중 일부를 옮겨 놓은 것이다.

수염왕 시장경제 시뮬레이션 게임을 마치고

세 번에 걸친 시뮬레이션 게임을 마치고 나는 학생들에게 그동안 했던 활동을 정리하고 느낀 점을 쓰도록 했다. 다음은 우리 반 학생의 후기이다.

학생 1

사회 시간에 우리 반은 '수염왕 놀이, 일주일 치 생필품과 종잣돈을 마련하라'를 했다. 규칙은 자기가 수염왕이 되어서 먹고살게 하는 건데 나는 잘 벌고 생필품을 잘 사서 버틸 수 있을까 생각을 해 보았다. 일단 모두에게 50만 원이 주어졌다. 생필품을 그릴 수 있는 원자재(종이)와 생산수단(매직펜)을 사고 그린 다음 가격을 정해서 5분이나 10분 안에 물건을 판다. 시즌 1, 2, 3 중에서 시즌 1은 통제도 없는 자유시장경제(국가나 다른 사람으로부터 강요나 간섭을 받지 않고 자신의 의사에 따라 자유롭게 경제활동을 하는 것)라서 통제가 있어야겠다고 하여 시즌 2, 3은 완전한 게 아니었다(공정거래위원회도 있었고, 기업도 생성,

저축, 대출 가능). 그럼 시작해 볼까!

일단 시즌 1. 나는 생필품을 라면 1박스에 20개가 들어 있는 박스를 15만 원으로 만들었다. 그리고 물 2개월 치 120통을 한(몇만 원인지 기억이 안 난다)… 흠흠, 그리고 손전등(판 것 같다)과 그 밖의 것들을 샀다. 그런데 난 정말 운이 없게도 시즌 1, 2, 3에서 한 번도 물건이 팔리질 않았다. 그렇지만 시즌 2, 3에서 기업(엄청난 소기업…)을 만들고 시즌 3에서는 저축으로 10만 원을 벌었다.

수염왕 시장경제 시뮬레이션 게임은 장단점이 있는 것 같다. 장점은 자유시장경제라서 자기가 원하는 가격을 선택할 수 있다. 나도 이 점이 상당히 마음에 들어서 물건을 샀다. 그렇지만 단점이 좀 더 많은 것 같다. 장점 덕분에 판매자가 손해를 보고 많은 아이템의 종류가 거의 겹치고 시즌 1에서 아주 부자가 되고, 안정적인 사람만 모여 기업을 만드니까 빈부 격차도 많이 나온다. 거기다 막 영업 방해도 하고, 자기네 물건을 사 달라고 장사 방해하는데 내 물건을 사 달라고 하면 휙 돌아가서 자기 장사하러 가는 게 서운하고 섭섭했다. 공정거래위원회는 있으면 든든할 것 같지만 실제로는 그렇지 않다. 자유시장경제의 검은 그림자 겨우 한 부분만 빛으로 가렸을 것이라고 생각된다.

마지막으로 남은 재산은 38만 원으로 우리 모둠 중에서 1등!

식료품은 생수 2개월 치 120통, 라면 한 박스에 20개인 거 4박스, 의류는 방한복 1벌, 주방용품은 없었다. 그래서 라면은 부숴 먹는 라면이 될 것 같다. 자유시장경제라서 좋은 점도 있고 나쁜 점도 있다. 그래서 빈부 격차가 나는데, 난 적은 쪽에 속한 것 같다. 자유시장경제의 단점을 고쳐서 게임을 다시 했으면 좋겠다.

학생 2

이 게임의 과정은 3개로 나뉜다. 시즌 1 때는 물건(아이템)이 제한되어 있었다. 또 원재료 값이 5만 원이라 비싸서 별로 많이 못 사서 돈을 잘 못 벌었다. 시즌 2는 원재료 값이 내려갔다. 그래서 대부분이 돈을 벌기 시작했다. 또 아이템을 자유롭게 팔 수 있게 되어서 자신이 팔고 싶은 물건을 팔고 다녔다. 하지만 사기를 칠 수 있으므로 공정거래위원회도 열렸다. 그리고 은행에서 통장을 만들 수 있게 되었다. 또 기업도 만들 수 있게 되었다.

나는 시즌 1에서 원재료가 비싼 것 같아서 조금만 사고 생수병을 사고 라면 봉지들을 팔았다. 처음에는 37만 원이 되었다. 시즌 2에서는 아이템을 마음껏 팔고 다녔다. 또 생수병을 민이한테 3만 원으로 팔아서 40만 원이 되었다. 또 기업을 지희, 나, 은이랑 만들고 민이도 직원이 되었다. 시즌 3에서는 통장에 10만 원을 저축해서 나중에 이자까지 합해서 총 50만 원의 재산이 되었다. 또 나는 채소를 5개월 치를 팔려고 했지만 안 팔렸다.

내가 했던 게임에서 난 장점과 단점을 느꼈다. 장점은 내가 직접 돈을 벌고 필요한 물건만 신중하게 살 수 있게 되어서 좋았다. 또 통장에 돈을 저축하니 이자와 함께 돈을 받았다. 하지만 단점도 있었다. 단점은 사는 사람이 적고 파는 사람이 많아서 돈을 잘 못 벌었다. 게다가 우리 기업 옆에 무척 큰 기업이 있어서 돈을 잘 못 벌었다. 자유시장경제의 장점은 무슨 물건이든 팔 수 있다는 것이다. 그리고 단점은 사기 치는 사람이 많아지는 것이다.

무엇보다 부모님이 돈을 버는 것이 얼마나 힘든지 알 수 있었던 것 같고 돈을 효율적으로 써야 하는 것을 깨달았다. 또 엄청난 수고로 돈을 조금 버는데, 아빠는 돈을 벌어서 무척이나 힘드시니 더 효도해야 할 것 같다.

노동자의 권리와 노동조합 역할극 하기

서울의 변두리, 임대주택이 섞인 중소형 아파트촌의 가운데 자리한 우리 학교의 아이들은 평범한 가정의 아이들이다. 대부분의 부모들이 노동자이거나 자영업자이고 그들의 자녀인 우리 아이들도 나중에 노동자로 살아갈 가능성이 더 많다. 우리나라는 어릴 때부터 노동교육을 받으며 자라는 서구의 나라들과는 달리 노동과 노동자의 권리를 이야기하면 소수의 불순한 세력의 영향이라는 선입관을 가져왔다. 정규직이든 비정규직이든, 블루칼라든 화이트칼라든 존재는 노동자이지만 자신이 노동자라는 사실을 받아들이지 않고 의식이나 정치적 성향은 10%의 상류층에 맞춰져 있는 경우가 많다.

자신은 임대주택이나 대출을 받아 겨우 장만한 아파트에 살면서도 다주택자에게 매겨지는 보유세를 세금폭탄이라고 걱정해 준다. 택시나 버스 운전사들이 파업을 하면 기업의 편을 들며 파업 노동자를 욕한다. 자신의 존재는 노동자, 소시민이면서 의식은 돈 많은 부자와 지배계급에게 맞춰져 있다. 신기한 유체이탈적 사고방식이다. 나는 이런 의식이 어릴 때부터 학교나 사회에서 받아 온 교육의 결과라고 본다.

이 아이들이 자라서 자기 존재와 의식이 분리되는 정신분열적 정체성의 혼란을 겪지 않기를 바라면서 경제 교육의 방향을 조금 돌려 보고자 했다. 미래 사회를 살아갈 우리 학생들이 경제 구성원으로서 자신의 정체성을 객관적으로 인식하고 자신의 권리와 사회적 책무를 잊지 않는 합리적인 구성원으로 성장하기를 바란다.

수업은 다음과 같이 진행되었는데, 다른 수업과 마찬가지로 『꼬불꼬불 나라의 경제 이야기』를 읽어 주는 것으로 시작했다. 수염왕이 사업이 잘돼서 직원을 많이 고용한 기업체의 사장이 되었다. 수염왕은 더 많은 수익을 내기 위해서 노동자들에게 일을 더 시키고 자기 말을 안 듣는 직원은 해고시켰다. 여기까지 읽어 주고 우리는 노동자의 권리에 대해서 이야기 나누었다. 그리고 노동자의 권리를 지키려면 어떻게 해야 할까 아이들의 의견을 물었다.

"경찰에 신고해서 혼내 줘요."

"다 같이 회사를 그만둬 버려요."

"사장이 말을 들을 때까지 잡아 가둬요."

"방송국에 전화해서 뉴스에 나오게 해요."

아이들 의견이 분분한 가운데 사장이 갑질하고 종업원이 부당함에 항의하는 동영상을 보여 주었다. 그리고 노동자의 권리에 관한 역할극을 하자고 제안했다. 다음은 학생들에게 알려 준 활동 방법 및 순서이다.

① 사장의 노동자에 대한 갑질 상황 정하기

② 역할 정하기

③ 즉석에서 역할극 대사 만들기

④ 역할극에는 노동자의 권리를 지키려면 어떻게 해야 할지 해결책 찾아서 보여 주기

⑤ 역할극 연습하고 발표하기

여기까지 80분 한 블록이 끝나고 다음 시간에 모둠별로 대사를 만들어 연습하고 발표하기로 했다.

다음은 학생들이 직접 쓴 역할극 대본이다.

● 모둠 1.

등장인물: 사장, 알바, 손님 1, 손님 2

장소: 편의점

사장 어이, 알바!

알바 네? 사장님?

사장 요즘 10시 이후에 편의점을 찾는 손님들이 많으니깐 한 시간 더 일해!

알바 그럼 월급을 좀 더 올려 주실 건가요? (의기소침하게)

사장 뭔 소리야. 겨우 한 시간 더 일하는데 월급을 어떻게 더 줘? 알바 주제에 말이 많군! 잘리고 싶어?

알바 ㅠㅠ

그때, 손님 1, 손님 2 등장

손님 1 저기요! 사장님 알바생한테 너무 말이 심한 거 아니에요?

손님 2 맞아요. 알바생이라고 학대하면 안 되죠!

사장 네?

손님 1 그리고 사장님? 노동자의 권리 몰라요?

사장 엥? 노동자의 권리? 알바생 주제에 무슨 권리?

손님 2 진짜 모르나 보네. 사장님, 노동자의 권리란 노동자가 자기의 권리와 이익을 지키고 안전한 환경에서 일할 수 있는 권리를 말하는 거예요.

손님 1 그러니깐 알바생한테 그렇게 하지 마세요!

사장 네, 알겠습니다.

● 모둠 2.

등장인물: 직원 1, 직원 2, 사장, 아나운서, 경찰, 특파원, 손님 1, 사운드

장소: 카페

직원 1, 2 어서 오세요. 어디에 앉으시겠어요?

손님 아니요, 저는 포장이요.

직원 1 무엇을 드시겠어요?

손님 아이스티 주세요. 얼마예요?

직원 2 2만 원이요.

손님 왜 이렇게 비싸요? 안 사요!

(나가면서) 왜 이렇게 비싸. 맛도 없으면서….

그때 사장이 들어온다.

사장 손님~! 사셔야죠~! 어딜 가세요?

손님 안 사욧! (나가 버린다.)

사장 야, 네가 어떻게 했는데 손님이 나가? 4시간씩 더 일해.

직원 월급은요?

사장 없어. 손님 쫓아내서 손해가 얼만데….

(직원이 경찰에 신고함)

직원 2 (전화기를 들고 전화한다.) 경찰이죠? 여기 사장이 갑질을 해서요. 잡아가세요.

사장 경찰? 경찰?

경찰 갑질한 죄로 체포합니다.

사운드 빠빠빠, 9시 뉴스.

아나운서 지금 유명 그룹 카페 사장이 갑질죄로 수사 중이라고 합니다. 특파원?

특파원 네, 여기는 사장이 잡혀간 곳입니다. 지금 경찰 수사를 받고 있다고 하네요. 방금 들어온 소식입니다. 사장이 처벌을 받았는데 벌금 100만 원을 내야 한다고 하네요.

해설 그 일이 있은 후 직원 1이 사장이 되어 갑질을 하지 않아 평화로워졌다고 한다.

● 모둠 3.

등장인물: 사장, 손님, 직원 1, 직원 2, 직원 3

장소: 편의점

직원 1, 2, 3이 편의점에 있고 사장이 들어온다.

사장 지금부터 너희들의 근무시간을 정해 주겠다. 준! 너는 아침 근무, 은이, 너는 점심 근무, 그리고 마지막 너는 저녁 근무! 알겠나?

직원 1 ,2, 3 네, 사장님. (머리를 조아리며)

사장 나가고 손님 입장.

(아침)

직원 1 어서 오세요.

손님 여기 담배 얼마예요?

직원 1 1만 3천 원입니다.

손님 그러면 한 갑 주세요. 안녕히 계세요.

계산하고 손님 나감.

(점심)

직원 2 어서 오세요.

손님 여기 사발면 얼마예요?

직원 2 5천 원입니다.

손님 뭐? 이리 비싸! (그냥 감)

(직원 2, 어안이 벙벙함)

(저녁)

직원 3 어서 오세요.

손님 여기 소주 얼마예요?

직원 3 7천 원이에요.

손님 아니, 사발면에 이어서 술까지 이 모양이야. 내가 다시 오나
  봐라. (손님 나감)

사장 들어옴.

사장 너희 얼마나 벌었니?

직원 1 1만 3천 원이요. (밝은 목소리로 의기양양하게)

직원 2, 3 저, 그게⋯. (고개 숙임)

사장 너희 오늘 월급 없어. (화난 목소리로)

(다음 날)

노동자들이 옹기종기 모여 있다.

직원 1 네가 가격을 높여 정했지 않은가? 우리에게 왜 화를 내
  는가!

직원 2 네가 잘못을 인정할 때까지 우린 파업할 것이다. (사발면
  들면서)

사장 (고민 끝에) 알겠다. 네 잘못을 인정하고, 월급을 주고 또 가

격을 낮추겠다. 그러니 돌아와라.

해설 이렇게 해서 ○○편의점은 평화롭게 일하였답니다.

모둠별 역할극을 끝내고 노동자의 권리를 지키기 위해서 학생들이 제시한 해결책이 단결권, 단체교섭권, 단체행동권에 해당한다는 것을 이해시키고, 이 세 가지 권리를 행사하기 위해서 노동조합을 만들어 활동한다고 설명해 주었다.

다음으로는 노동조합이 왜 필요한지 잘 설명된 유튜브 동영상을 같이 보며 노동조합이 노동자들에게 어떤 도움을 주는지 각자 생각하는 것을 공책에 간단히 적었다.

노동조합의 필요성 애니메이션: https://www.youtube.com/watch?v=wYHkDad9yiQ

사회적 경제와 협동조합

자유시장경제 시뮬레이션 게임은 아이들에게 너무나 신나는 시간이었지만, 우리 사회가 겪고 있는 문제점과 개인의 고단함이 고스란히 드러나 절망적인 현실을 각인시켜 준 것은 아닐까? 20세기 공산주의 실험이 실패한 이후로 전 세계는 자본주의의 영향하에 놓이게 되었고, 다국적 기업과 거대 금융자본은 국경을 허물고 한 사회뿐만 아니라 전 세계를 부자와 가난한 자, 도시와 농촌, 산과 바다까지 갈가리 찢어 놓았다. 앞서서 세상에 태어났고 작지만 이 세상을 이 모양으로 만드는 데 일조한 어른으로서, 교사로서 아이들에게 절망이 아닌 희망의 비전을 보여 주어야 하지 않을까?

그래도 세상의 구석구석에서는 희망을 잃지 않고 미래를 만들어 가는 사람들이 있다. 그들 중에는 돈이 모든 것을 지배하며 극도로 비인간화되어 가는 사회에 심각한 문제의식을 가지고 사람이 중심이 되고 모든 인간이 최소한의 인간다운 삶을 누릴 수 있는 대안적 경제 시스템을 다양한 방식으로 실험하는 이들도 있다. 나는 그 실험의 모델을 사회적 경제라는 개념으로 포괄해서 이해하고 있다. 그래서 이번 경제 수업의 마지막을 사회적 경제에 대한 소개와 체험적 이해로 잡았다.

사회적 경제라는 개념을 도입하기 위해서 경제의 두 대립 주체인 기업과 소비자에 대해서 먼저 다루었다. 물론 이것 또한 『꼬불꼬불 나라의 경제 이야기』에서 소비자의 권리에 대한 이야기를 들려주면서 시작했다. 소비자는 기업이 제공하는 상품을 무조건 소비하는 무책임하고 수동적인 존재가 아니라 적극적으로 자신들의 이해와 요구를 관철시키는 주체이며 더불어 소비자로서의 사회적, 환경적 책무도 부여받은 존재라는 인식이 필요하다.

소비자의 이해와 요구를 관철시키는 적극적인 행동으로 불매운동이나 집단 소송 같은 것을 예로 들었다. 한편 소비자의 사회적, 환경적 책무에 대해서는 윤리적 소비, 공정무역, 생산자와 소비자가 결합한 한살림이나 생활협동조합 등의 사례를 소개했다.

사회적 경제를 이해하기 위해서는 기업이란 무엇인지, 기업이 갖는 긍정적인 효과와 사회적 책무에 대한 이해가 먼저 있어야 한다. 아이들은 수염왕의 이야기를 통해서 기업이 어떻게 만들어지고 이윤을 창출하는가, 사람들이 기업이라는 조직에서 어떻게 협력하여 가치를 실현하는가를 배울 수 있었다.

그리고 기업의 주인은 누구인가라는 질문을 아이들에게 했다. 아이들은 기업의 주인은 사장만이 아니라 기업에 참여하는 모든 사람, 직원들, 노동자들도 주인이라고 할 수 있다는 것을 당연하게 받아들였다. 그뿐 아니라 기업은 그 기업이 속한 사회로부터 따로 존재할 수 없기 때문에, 또한 기업이 이윤을 창출할 수 있도록 국민의 세금으로 사회간접시설을 마련해 주고 법과 제도를 통해서 사업 활동을 보장하고 있기 때문에 사회의 것이기도 하다는 점을 질문과 설명을 통해서 이해시켰다.

다음은 학생들이 수업 중 정리한 내용이다.

- 소비자의 권리: 정당한 대가를 지불하고 산 물건에 대해 가격에 맞는 좋은 물건을 받을 권리.
- 소비자의 책임: 자신이 산 물건이 잘못되었을 때, 항의하고 다른 사람들에게 알릴 책임.
- 불매운동: 잘못된 물건을 만들어 파는 회사의 물건을 사지 말라고 캠페인하는 것.
- 집단 소송: 소비자들이 손해를 보았을 때, 손해를 배상하도록 요구하는 소송을 집단으로 할 수 있다.
- 기업이란?: 어떤 목적이나 이윤을 얻기 위하여 여러 사람이 모여서 조직을 만들고 공동의 목적을 이루기 위하여 협력하여 일을 실행하는 집단.
- 기업의 주인은 누구?: 노동자(직원), 사장, 주주, 회사를 위해서 일하는 모든 사람.
- 기업이 어려움에 처했을 때 어떻게 해야 할까요?

이 부분에 대해서는 사회 교과서에서 IMF와 그 극복 사례를 소개한 것을 활용하여 토론 수업을 진행해도 좋을 것이다.

사회적 경제란 아직 완성된 개념이 아니다. 인간의 장구한 역사에서 자본주의가 언제나 지배적인 경제 시스템이 아니었고 조금씩 변화하고 성장해 왔듯이 '사회적 경제'도 미래에 어떻게 진화해 갈지 누구도 정확히 알지 못한다. 다만 많은 사람들이 참여해서 경제의 패러다임을 바꿔 보고 새로운 모델을 실험해 보는 가운데 조금씩 그 구체적인 모습을 갖춰 갈 것이다. 나는 사회적 경제를 쉽게 이해할 수 있도록 사회적 경제를 소개하는 동영상을 보여 주고, 아이들 각자가 배움공책에 사람이 중심이 되는 사회적 경제에 대해서 동영상을 보고 이해한 바를 적고 발표하게 했다.

그리고 사회적 경제에는 사회적 기업, 사회적 협동조합, 대안화폐, 공정 소비, 마을공동체, 마을기업 등이 있다고 예를 들어 설명했다.

아이들은 지난해에 사회적 경제에 대해 소개하는 수업을 듣고 견학도 갔다 왔기 때문에 쉽게 받아들이고 돈보다 인권이 먼저인 경제, 사회적으로 도움이 되는 좋은 일을 하면서 경제활동을 하는 것이라고 이해했다.

용돈 벌기 대작전

경제 집중수업의 마지막 피날레는 알뜰시장이었다. 3주 전부터 알뜰시장을 할 것이라고 예고하고 용돈 벌기 대작전을 펼치기로 했다. 비록 집안일이지만 아이들은 노동을 하고 그 대가를 받아서 스스로 돈을 벌어 보는 경험을 할 수 있었다. 또한 왜 자신이 용돈을 받아야 하는지 부모님을 설득해야 했기 때문에 학교에서 진행하고 있는 집중수업에 대해서 관심을 가지고 이야기 나눌 수 있는 기회가 되었다.

용돈 벌기 대작전은 다음과 같은 방법으로 진행했다.

• 용돈 벌기 대작전 용돈 기입장을 만든다.
• 집안에서 내가 할 수 있는 목록을 적는다.

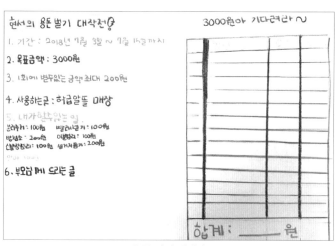

용돈 벌기 대작전

• 한 가지 일에 200원씩 용돈을 받고 용돈 기입장에 적는다.
• 목표액은 3,000원

협동조합 알뜰시장 놀이

앞서 말한 대로 사회적 경제에 대해서 수업시간에 다루면서 그 한 가지 예로 협동조합에 대해서 자세한 설명을 덧붙였다. 협동조합이란 기업과 비슷한 것인데 공동의 요구와 이익을 실현하기 위해 사람들이 공동으로 돈을 내고 협력하여 사업을 하는 공동체라고 설명했다. 이익이 발생하거나 손해가 발생했을 때 협동조합에 참여한 조합원은 공평하게 이윤을 나누어 갖거나 공동으로 손해에 대한 책임을 진다고 설명하고 다음과 같이 활동의 지침을 알려 주었다.

"자, 이번에 할 알뜰시장은 우리가 배운 대로 협동조합 방식으로 해 보려고 해요. 여러분은 원하는 사람들끼리 모여서 협동조합을 만들 수 있어요. 여러분이 속한 협동조합은 가게를 차려서 장사를 할 거예요. 어떤 가게를 만들어서 어떤 물건을 팔 것인지는 각자 자기 모둠에서 의논해서 정하도록 하세요. 협동조합은 거기 참여하는 조합원이 책임도 공동으로 지고 이익도 공동으로 나누어 가집니다. 그러니 여러분도 나중에 장사를 해서 돈을 벌면 그 수익금을 똑같이 나누어 가져야 합니다."

그랬더니 몇몇 아이들이 불만을 터뜨렸다. 자기는 좋은 물건을 가져오고 열심히 일해서 돈을 벌 것이고 어떤 친구들은 물건도 안 가져오고 열심히 참여하지 않아도 이익을 똑같이 나누어 갖는 건 부당하지 않으냐고. 자기가 가지고 온 물건을 자기가 팔아서 다 가져가게 하자고 주장했다.

아이들의 반응이 어른들과 똑같아 신기하기도 하고 재밌기도 했다. 나는 다음과 같이 설명하면서 아이들을 설득했다.

첫째, 너희들이 가지고 오는 물건은 엄밀히 따지면 너희 것이 아니다. 그 물건을 사 주신 건 부모님들이다. 그리고 그 물건은 여러 사람의 노력으로 만들어진 것이다. 마찬가지로 겉보기에는 개인의 소유로 보이는 재화도 따지고 보면 여러 사람의 노력이 들어간 사회적인 것이다. 그래서 너희들이 가지고 온 물건을 100% 너희 것이라고 주장할수 없다.

둘째, 공동체가 유지되어야 그 안에 살고 있는 개인도 살 수 있다. 자기가 아무리 잘났다고 하더라도 무인도에서 혼자 산다면 그 사람이 얼마나 잘났는지 알아주는 사람도 없고 잘난 능력을 발휘할 수도 없다. 그래서 사회는 기본적으로 공동체를 유지하기 위해 그 안의 약자를 보호하고 각자는 자기가 할 수 있는 만큼 공동체에 기여한다.

셋째, 자유시장경제 시뮬레이션 게임에서 경험했듯이 아무런 규칙없이 개인끼리 경쟁하게 하면 빈익빈 부익부가 갈수록 심해진다. 그래서 그것을 고쳐 보자는 의미에서 협동조합이 나온 것이다. 그리고 여러분은 협동조합에 대해서 알뜰시장 놀이를 통해서 배우게 될 것이다.

"너희들도 집에서는 경제적으로 도움이 되지 않고 오히려 부모님이 벌어 오시는 돈을 쓰기만 하지만 부모님들은 아무런 불평 없이 기꺼이 너희들을 돌보아 주고 계시지. 그것은 사랑이라는 이름으로 가정공동체를 유지하고 싶기 때문이야. 사회적 경제, 협동조합도 마찬가지야."

여기까지 말하면 아이들은 불만을 거두고 다시 열심히 참여하기 시작한다.

알뜰시장을 하는 날 나는 학급비로 준비한 아이스티와 과자, 초콜릿을 모둠에 각기 다른 종류로 나누어 주었다. 그리고 아이들에게 이렇게 설명했다. 선생님이 지금 나누어 준 것은 국가가 여러분의 복지를 위해서 혹은 장사를 더 잘할 수 있도록 나누어 준 것이다. 그러니 그것도 판매를 해서 수익을 얻을 수 있는데, 장사를 다 하고 나면 세금을 내야 한다. 세금은 각 협동조합의 수익금에서 10%씩을 걷겠다고.

또 몇몇 아이들은 왜 우리가 열심히 번 돈을 세금으로 내느냐고 항의했다. 나는 다시 아이들을 설득했다. 선생님이 장사를 더 잘할 수 있도록 학급비로 팔 물건들을 나누어 주었는데, 그것은 국가가 세금으로 도로와 철도를 깔고 항구를 만들고 전기나 가스를 싼값에 공급해 주는 것과 같다. 그리고 국민들의 복지를 위해서도 세금을 쓴다. 국가가 그런 일을 계속하려면 국민들이 세금을 잘 내야 한다. 그러니 너희들도 혜택을 받았으니 세금을 내도록 하라고 했더니, 또 아이들은 잘 받아들였다.

이렇게 기나긴 논의와 복잡한 규칙 속에 알뜰시장이 다음과 같이 진행되었다.

- 규칙 및 활동 방법 설명하기
- 장사 준비하기(상점 이름을 붙이고 팔 물건들을 진열하고 가격을 붙인다)
- 각 모둠들은 모둠원을 두 팀으로 나누어서 1라운드에 1팀이 판매자가 되고 2팀이 구매자가 되어 돌아다니면서 원하는 물건을 자기가 가지고 온 돈으로 산다.
- 2라운드에는 판매자와 구매자의 역할을 바꾼다. 이런 식으로 번갈아 가며 주어진 시간만큼 라운드를 계속한다.
- 돈을 가져오지 못한 몇몇 아이들에게는 대안화폐를 제공한다. 대안화폐는 클립인데 클립 하나가 100원에 해당한다. 이 아이들은 그 클립으로 물건을 사고 활동이 끝난 후 협동조합에서 배당받은 수익금으로 갚아야 한다.
- 활동이 모두 끝난 후 협동조합끼리 모여서 수익금을 계산하고 칠판에 적어 모두에게 소득신고를 한다.
- 세금을 계산해서 세금을 낸다.
- 팔다 남은 물건 중에서 기부를 받는다.
- 느낀 점을 간단히 나누고 각자 돌아보기를 쓴다.

협동조합 가게

다음은 활동을 끝내고 아이들이 쓴 돌아보기이다.

학생 1

협동조합 알뜰시장 놀이를 마치고

오늘은 협동조합 알뜰시장 놀이를 했다. 오늘 알뜰시장 놀이를 하기까지 많은 시간을 보낸 것들이 떠올랐다. 먼저 알뜰시장을 하기 위해서는 돈이 필요했다. 그래서 돈을 벌어야 했는데 그것은 '용돈 벌기 대작전'이었다. 우리가 벌어야 하는 돈은 3,000원! 그 돈을 벌기 위해서 부모님을 도와 드려야 했다. 1회당 200원을 버니까 15번을 해서 벌어야 했다. 그리고 오랜 시간 동안 안마하기, 분리수거 등을 하여 3,000원을 벌었다.

3,000원을 벌었지만 명색이 협동조합 알뜰시장 놀이인데 협동조합을 모르면? 그래서 우리는 협동조합과 사회적 경제에 대해 배웠다. 내가 생각하는 사회적 경제란 돈보다 인권이 먼저인 것 같았다. 또 협동조합이란 사장이 따로 없는 회사라고 생각된다. 그때 사회적 경제와 협동조합에 대해 배웠으니 협동조합 알뜰시장 놀이를 잘했던 것 같다.

협동조합 알뜰시장이니 협동조합을 만들었다. 오랜 시간 토론해서 현이, 나, 진이, 은이로 모둠이 이루어졌다. 팀명은 '장사꾼 협동조합'이었다. 물건이 잘 팔리길!!! 사업계획은 인형, 필통, 학용품, 액세서리 등을 파는 것이었다.

드디어 시장 놀이를 했다. 여러 물건을 팔고, 물건을 샀는데 아쉽게도 물건은 별로 못 샀다. 그렇게 시끌시끌하게 판 물건 값은 10,700원! 그래서 세금으로 1,070원을 내고, 수익금은 2,400원씩 나누어 가졌고 남은 돈은 기부도 했다.

신났고 즐거웠다. 나는 이 놀이를 한 후에 배운 점과 느낀 점이 있었다. 돈은 벌기 힘들었지만 이윤을 나누어서 받을 때 뿌듯했다. 그리고 내가 필요 없는 물건은 다른 사람이 필요해서 쓰니까 환경을 덜 오염시킨다는 생각이 들었다. 무엇보다 좋았던 것은 비싼 물건을 싼값으로 받을 수 있었다는 것이다. 다음에도 이런 일이 있을 땐 돈을 더 벌 수 있을 것 같다.

학생 2

나는 오늘 협동조합 알뜰시장 놀이를 소개할 것이다. 우리 반은 알뜰시장 놀이를 하기 위해서 용돈 벌기 대작전을 실행했다. 용돈 벌기 대작전은 부모님을 도와 드려서 3,000원을 벌어야 한다. 나는 부모님 이불 개기, 이불 펴기, 수저와 반찬 놓기, 빨래 널기, 청소하기 등을 했다. 그래서 3,200원을 벌었고 학교에 3,000원을 가지고 왔다. 돈을 가져오기 전에 사회적 경제와 협동조합에 대해서 공부를 했다. 사회적 경제란 인권을 추구하는 경제라고 할 수 있고, 협동조합이란 일반 시민이 돈을 모아서 만든 회사를 말한다. 그 회사에서는 평등해야 한다는 것에 대해 배웠다.

그리고 협동조합을 만들어 사업계획을 세웠다. 나와 같은 모둠원은 솔이, 승이, 섭이, 석이, 찬이, 민이였다. 우리 가게 이름은 잡화 협동조합이었다.

사업계획을 세우고 각자 집에서 안 쓰는 물건을 가지고 오기로 하였다. 5개 이상 가져오기로 했다. 나는 미니카와 새

알뜰시장 놀이

총을 가지고 왔다. 모든 준비가 끝나고 시장 놀이를 했다. 라운드를 바꿔 가면서 소비자와 판매자가 되었다. 우리 가게가 돈을 극도로 아껴서 1등을 할 수 있었던 것 같다.

　나는 생각보다 조금 산 것 같다. 협동조합 알뜰시장 놀이를 마치고 얼마나 돈을 힘들게 버시는지 알았고 돈이 얼마나 귀한지 알 수 있었다. 우리 팀이 번 돈은 15,600원, 세금 1,560원을 내고 각자 돈은 2,800원을 나누어 가졌다. 친구 한 명이 못 와서 아쉬웠지만, 알뜰시장 놀이는 실감 나고 신나고 재미있었다.

세금과 자연, 인간, 사회의 조화로운 순환

　지난 시간에 한 협동조합 알뜰시장 놀이를 상기하며 마지막에 냈던 세금에 대해서 『꼬불꼬불 나라의 경제 이야기』를 통해서 조금 더 깊이 다루었다. 세금의 종류와 세금을 내야 하는 이유, 세금은 어디에 쓰이는지에 대해서 이야기 나누었다. 세금 이야기를 통해서 아이들은 부가 재분배되고 국가의 간접자본에 투자되고 교육, 의료. 복지 등 국민 모두의 인간다운 삶을 보장하고 자연과 인간사회의 지속가능한 선순환을 유지시키는 데 세금이 중요한 역할을 한다는 것을 배운다.

마지막으로 이번 주제집중수업의 제목인 '돌고 도는 세상'으로 돌아가서 경제에 대한 큰 그림을 그리며 마무리했다. 인간을 중심으로 자연과 관계 맺고 순환하는 경제의 흐름을 다음과 같이 이야기 나누었다. 인간은 자연으로부터 자원을 얻고 생산과정에 투입하여 상품을 생산, 유통, 소비하며 생존하고 수익을 얻는다. 소비하고 남은 쓰레기와 배설물은 리사이클을 통해 다시 자연으로 돌려보낸다. 경제활동을 통해 얻은 수익은 저축하여 투자하고 세금을 내며 기부를 통해서 사회를 건강하게 유지시킨다. 경제를 통한 세계의 조화와 공존의 가치를 다시 한 번 상기시키며 경제 수업을 끝맺었다.

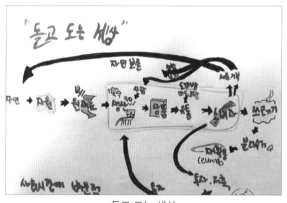

돌고 도는 세상

수업 후기, 절망적인 현실에 희망의 씨앗을 심다

경제 집중수업을 준비하면서 처음엔 어떻게 수업을 이끌어 갈지 막연하기만 했었다. 동학년 선생님들과 나눈 많은 대화와 토론을 통해서 이번 수업의 철학과 주제를 조금씩 선명하게 잡을 수 있었다. 이번 경제 집중수업은 아이들에게는 놀이하듯 신나는 체험이었고 교사인 나도 함께 배우고 성장했던 의미 있고 보람 있는 경험이었다.

아이들과 함께 채워 나가는 열린 교육과정

주제집중수업을 시작하며 철학과 기본 틀은 잡았으나 구체적으로 수업을 어떻게 이끌어 가야 할지에 대한 생각은 매우 막연했다. 하지만 매시간 아이들이 보이는 반응이 너무 재미있고 놀라워 계속해서 새로운 아이디어가 떠올랐다. 예를 들어 처음에는 시뮬레이션 게임을 치밀한 계획이나 기대 없이 실험해 보았다. 그런데 아이들의 반응은 매우 현실적이고 놀라웠다. 오히려 이런 간단하고 어설픈 게임을 통해서 시장경제에 대한 본질을 꿰뚫는 아이들의 본능에 가까운 통찰력이 나를 놀라게 했다. 시즌 2와 시즌 3의 규칙은 아이들이 제안한 것이었는데 놀랍게도 현실 세계에서 진행되는 것과 너무나 닮아 있었다.

5학년 교육과정의 다른 주제집중수업과 조화를 이룬 수업

5학년 1년 교육과정의 큰 주제는 '조화'였다. 우리 5학년 교사들은 모든 주제집중수업의 흐름이 조화라는 큰 주제로 흘러들 수 있도록 신경을 썼다. '경제'도 자연과 사람, 사회와의 지속가능한 조화라는 큰 틀을 보여 주고자 했다.

경제를 배우기 전에 우리는 '아름다운 우리 국토'라는 주제의 한국 지리를 다루었고 '식물 이야기'라는 식물학을 다루었다. 이 두 주제는 자연스럽게 경제와 이어졌다.

'아름다운 우리 국토'에서는 우리 땅과 바다의 아름다움에 대해서, 이 땅에 살고 있는 사람들에 대해서, 우리 후손이 살아갈 이 땅의 지속가능한 환경에 대해서 공부하고 의식을 발전시켰다. 이 수업의 키워드 또한 땅과 인간의 조화였다.

'식물 이야기'에서는 식물이 살아가는 환경과의 외적 조화, 식물의 구조와 기능을 배우면서 식물을 분석적으로 이해하기보다는 각 기관의 유기적 관계, 내적 조화를 인식하는 데 초점을 맞추어 진행했다.

'돌고 도는 경제'는 앞서 배운 것들의 연장선에서 자연, 환경과 인간 사회의 조화로운 공존에 대해 다루면서 큰 흐름을 이어 갈 수 있었다.

박제된 지식의 주입이 아니라 체험을 통한 배움

경제를 지식으로 배우려면 너무나 막연하고 어렵다. 우리가 사는 일상이 모두 경제와 연관되어 있지만 어른들도 경제, 경제학 하면 어렵다는 생각이 먼저 든다. 그렇게 추상적이고 어려운 개념을 초등학생들이 어떻게 배우느냐고 한다. 그러나 경제 용어가 어렵게 들리는 것이지 현실의 삶을 반영한 개념들이라서 이야기와 생활 체험으로 풀어서 전달한다면 아이들도 본능적으로 이해하고 즉각적으로 본질을 꿰뚫어 본다는 것을 이번 집중수업을 통해서 알게 되었다. 나는 이번 경제 수업을 하면서 아이들의 통찰력에 감탄하지 않을 수 없었다.

과업 중심의 프로젝트 수업

우리는 경제 집중수업을 몇 가지 소주제로 나누고 각 소주제에 걸맞은 과업을 설정했다. 각 소주제의 과정은 과업을 수행하기 위한 기초 지식을 배우고 과업을 완수하기 위해 학생들 스스로 계획을 세우고 실행한 후 보고하는 과업 중심 학습법의 모형을 따랐다. 예를 들어 시뮬레이션 게임, 역할극, 협동조합 알뜰시장이 그것이다.

학생들은 과업을 수행하는 동안 공부한다는 느낌보다는 재밌게 놀이에 참여한다고 느꼈지만, 결국 각 과업을 수행한 후 글쓰기를 통한 보고와 발표 등을 통해 자연스럽게 배운 내용을 정리하였다.

절망적인 현실에서 희망의 씨앗을 심는 교육

러시아의 대부호의 아들이 세계를 돌아다니며 돈 자랑을 하며 엽기 행각을 벌였다. 그는 거리에서 만난 여자에게 돈을 줄 테니 땅바닥에 엎드려 개처럼 기어 보라고 시키고 동영상을 찍어 유튜브에 올렸다. 반면에 얼마 전 상영한 〈가버나움〉이라는 영화에서는 찢어지게 가난한 가정에서 태어난 팔레스타인 꼬마가 왜 이런 지옥 같은 세상에 자기를 낳았느냐고 법정에 고발했다.

경제 민주화를 시대적 과제로 부르짖지만 좀처럼 빈부 격차는 줄어들지 않고 있다. 현실을 돌아보면 슬프고 절망적이다. 그러나 아이들에게 그것만을 보여 줄 수는 없다.

현실을 왜곡하지 않고 진실을 가르치되 절망하고 부정하기보다는 긍정적인 면과 미래의 대안을 보여 주고 생각해 보게 함으로써 현실을 개선할 수 있는 희망의 씨앗을 심어 주고 싶었다. 그래서 교육과정에는 없는 '사회적 경제'와 '협동조합'에 대해 소개했다. 어른들도 겪어 보지 않아서 이해하기 어렵다고 하는 것이지만 아이들은 오히려 쉽고 단순하게 받아들였다. 나중에 아이들이 자라서 이 개념을 다시 접한다면 그것들이 갖는 보다 깊은 함의들을 이해할 수 있으리라 희망한다.

블록	주제	활동 내용(주요 활동, 관련 자료나 과제)	참고
1	생활 속에서 경제 찾기	• 경제에 관한 배경지식 브레인스토밍 • 마인드맵으로 정리하기 • 우리 생활에서 경제활동을 예로 들어 돌고 도는 경제의 순환 살펴보기 • 모둠활동: 　- '어제 한 일이 경제활동과 어떤 관련이 있을까?' 　- 모둠에서 돌아가며 어제 한 일을 얘기하고 그것이 어떻게 경제와 관련이 있는지 모둠원들이 찾아서 말하게 한다. • 배움공책 정리하기: 나와 모둠원의 에피소드 정리	
2	원시 시대부터 근대 시민 혁명까지 경제사 개괄	• 원시 시대 사람들은 어떻게 살았을까? 　- '원시 공동체'의 경제생활 • 농사를 짓게 되면서 무슨 일이 벌어졌을까? 　- 농업혁명과 잉여생산, 고대국가와 노예제 • 왕은 어떻게 나라를 다스렸을까? 봉건군주와 귀족, 농노 • 신민과 시민의 차이는? 봉건제의 몰락과 시민사회의 등장 • 경제사 간단히 만화로 정리하기	
3	자유 시장 경제	• 『꼬불꼬불 나라의 경제 이야기』 책 읽어 주기(1장 ~31쪽) • 시민혁명으로 쫓겨난 봉건군주인 왕이 새로운 사회에서 어떻게 살아남을까? • 경제 용어 정리하기: 경제/재화/용역/물물교환/화폐	과제: 내가 수염 왕 이 라 면 100만 원으로 무엇을 할까?
4	자유 시장 경제	시뮬레이션 게임, 시즌 1. 자유시장경제 • 『꼬불꼬불 나라의 경제 이야기』 책 읽어 주기(2장 ~46쪽) • 경제 용어 정리하기: 선택과 기회비용 • 게임 방법 　- 10만 원 1만 원 1천 원으로 인쇄된 작은 종잇조각을 1인당 50만 원씩 나누어 준다. 　- A4 색지 반 장이 원자재이고 매직펜이 생산도구이다. 　- 원자재인 반 장을 5만 원에 생산도구인 매직펜을 2만 원에 사서 칠판에 적힌 리스트에 있는 재화를 골라 상품을 만들고 가격을 매긴다. 　- 아이들이 모두 상품 생산이 끝나면 5분간의 시간을 주고 자유롭게 사고팔기를 한다.	아이들이 말하는 자유시장경제의 장단점 〈장점〉 • 내가 생각하지 못한 좋은 물건을 살 수 있다. • 경쟁을 통해서 좋은 물건을 싸게 살 수 있다. • 자유롭게 물건을 만들고 사고 팔 수 있다.

4	자유 시장 경제	– 1라운드가 끝나면 아이들은 자리에 앉고 이제는 원자재와 매직펜을 더 사서 원하는 만큼 재화를 생산하고 팔 수 있다고 말해 준다. 1라운드와 같은 방법으로 2라운드를 진행한다. – 게임이 끝나고 모둠에서 누가 재화와 돈을 가장 많이 모았는지 재화는 생존을 위한 필수품을 다 갖추었는지 비교해 보고 한 사람씩 뽑는다. – 모둠에서 뽑힌 사람들은 나와서 자기의 재화와 돈을 보여 주고 어떻게, 왜 모았는지 발표한다. • 자유시장경제 장단점 말하기	〈단점〉 • 통제가 없어서 혼란스럽다. • 물건 값이 너무 올라가거나 손해를 볼 수 있다. • 빈부 격차가 많이 생긴다.
5	자유 시장 경제	시뮬레이션 게임, 시즌 2. 수정자본주의 • 『꼬불꼬불 나라의 경제 이야기』 책 읽어 주기(3장 ~84쪽) • 경제 용어 정리하기: 생산요소, 비용, 이윤 • 게임에서 개선하고 싶은 점 말하고 규칙 다시 정하기 1) 원재료 값을 낮춘다. 2) 기업을 창설한다. 3) 대량생산을 한다. 4) 생산품을 제한하지 않는다. 5) 기업을 만들어서 협력할 수 있게 한다. 6) 은행에서 대출을 받을 수 있게 한다. 7) 통장을 만들어서 저축해서 이자소득을 얻을 수 있게 한다. 8) 법원을 세워서 사기를 치는 사람들을 처벌한다. 9) 공정거래위원회를 두어서 사기 거래를 감시한다. • 게임하기 • 마무리: 수요와 공급, 과잉생산과 경제 공황	
6	자유 시장 경제	시뮬레이션 게임, 시즌 3. 금융 자본주의 • 『꼬불꼬불 나라의 경제 이야기』 책 읽어 주기(4장 ~80쪽) • 경제 용어 정리하기: 근로소득, 사업소득, 재산소득 • 게임 규칙 수정하기 – 공정거래를 위해서 벌금을 강화하자. – 대기업과 중소기업, 개인 간의 경쟁을 자유롭게 허용하자. – 대기업의 기업 합병을 허용하자. – 파산한 사람들이 돈을 벌 수 있도록 자유롭게 취직할 수 있게 하자. – 은행원이나 공정거래위원을 늘리고 월급을 지불해서 물건을 많이 사게 하자. • 게임하기 • 소득 정리하고 재산 목록 적고 느낀 점 발표하기	

7	자유
	시장
	경제
		• 『꼬불꼬불 나라의 경제 이야기』책 읽어 주기(5장
		  ~81쪽)
		• 경제 용어 정리하기: 금융기관이 하는 일
		• 자유시장경제에서의 경쟁의 빛과 그림자에 대해 생
		  각 나누기
		• 시뮬레이션 게임 시즌 1, 2, 3 진행과정과 느낀 점
		  글쓰기	

8	노동자의
	권리와
	노동조합
		• 『꼬불꼬불 나라의 경제 이야기』책 읽어 주기(6장
		  ~112쪽)
		• 경제 용어 정리하기: 노동자의 권리(노동 3권)
		• 우리 주변에 누가 노동자인가요?
		• 노동자의 권리에 대해서 이야기 나누기
		• 노동자가 부당한 대우를 받았을 때 어떻게 해야 하
		  나요?
		• 노동자가 갑질을 당하는 상황 동영상 보기
		• 갑질 상황과 그 해결책 역할극 하기
		• 활동 방법 안내
		  1) 사장의 노동자에 대한 갑질 상황 정하기
		  2) 역할 정하기
		  3) 즉석에서 역할극 대사 만들기
		  4) 역할극에서는 노동자의 권리를 지키려면 어떻게
		     해야 할지 해결책 찾아서 보여 주기
		  5) 역할극 연습하기	

9	노동자의 권리와 노동조합	• 역할극 하기 • 모둠별로 역할극 하고 느낀 점 발표하기 • 노동조합의 필요성 동영상 보기	https:// www.youtube. com/watch? v=wYHkDad 9yiQ

10	소비자의
	권리와 의무
		• 『꼬불꼬불 나라의 경제 이야기』책 읽어 주기(7장
		  ~135쪽)
		• 경제 용어 정리하기: 상품의 가치와 가격 결정, 소비
		  자의 권리와 의무
		• 용돈 벌기 대작전 계획 세우기
		  – 3주간 집안일 도와주고 부모님께 용돈 받기 계획
		    세우기
		  – 용돈 기입장 만들기	

11	기업이 하는
	일과 종류
		• 『꼬불꼬불 나라의 경제 이야기』책 읽어 주기(8장
		  ~140쪽)
		• 경제 용어 정리하기: 기업의 기능과 사회적 책임
		• 기업은 무슨 일을 하나요?
		• 기업의 주인은 누구인가요?
		• 기업이 위기에 처했을 때 무엇을 해야 할까요?
		• 기업의 여러 가지 종류: 사기업, 공기업, 주식회사,
		  사회적 기업, 협동조합	

12	사회적 경제와 협동조합	• 『꼬불꼬불 나라의 경제 이야기』 책 읽어 주기(9장 ~152쪽) • 경제 용어 정리하기: 납세의 의무 • 세금은 왜 내야 할까요? • 세금은 어디에 쓰일까요?	• 사회적 약자를 도와 불평등을 해소하고 사회간접자본에 투자하여 국가의 경제가 잘 돌아갈 수 있게 함. • 복지를 늘려 사회 구성원 모두가 인간다운 삶을 누릴 수 있어야 사회가 유지됨을 이해시킴.
13	사회적 경제와 협동조합	• 『꼬불꼬불 나라의 경제 이야기』 책 읽어 주기(10장 ~152쪽) • 경제 용어 정리하기: 독과점, 공정한 경쟁 • 사람이 중심이 되는 사회적 경제 – 사회적 경제 소개 동영상 보기 • 사회적 경제의 예: 사회적 기업, 재활용 센터, 로컬 푸드 마켓, 벼룩시장, 아름다운가게, 한살림, 지역화폐, 유기농업, 공정무역, 협동조합 등	https://www.youtube.com/watch?v=xehY47a7xxM
14	사회적 경제와 협동조합	• 협동조합이란 무엇인가요? – 동영상 보기 • 협동조합 알뜰시장 계획하기	
15	사회적 경제와 협동조합	협동조합 알뜰시장 놀이 • 놀이 방법 – 뜻 맞는 친구들끼리 모여 협동조합을 만든다. – 알뜰시장 사업계획을 세운다(팔 물건, 협동조합 상점 이름, 각자 역할 분담 등). – 알뜰시장에서 번 돈은 세금을 뗀 후 조합원끼리 똑같이 나누어 갖는다. – 교사는 알뜰시장이 시작되기 전에 준비한 주스나 과자, 초콜릿 같은 것을 각 협동조합에게 가치는 비슷하지만 각기 다른 종류의 먹을거리를 판매용으로 나누어 준다. – 각 협동조합은 주어진 시간에 가격표를 붙이고 상점 이름과 판매광고를 만들어 상점을 꾸민다. – 각 협동소합에서 팀을 둘로 나누어서 1라운드에 한 팀은 판매를 하고 다른 팀은 다른 협동조합에 가서 구매를 한다. 한 라운드는 5분 정도의 시간을 주는데 5분이 지나면 2라운드가 시작된다. 2라운드에는 판매는 구매, 구매는 판매의 역할을 바꾸어 진행한다.	

| 15 | 사회적 경제와 협동조합 | – 판매와 구매가 충분히 이루어지고 난 다음 각 협동조합에서는 수익금을 계산해서 칠판에 적는다.
– 수익금의 1/10을 세금으로 교사에게 낸다.
– 세금을 뺀 수익금을 조합원들이 공평하게 나누어 갖고 남은 돈과 물건은 학급에 기부한다. | |
| 16 (1/2) | 주제 마무리 | • 협동조합 알뜰시장을 하고 알게 된 점과 느낀 점 돌아가며 말하기
• 용돈 벌기 대작전~알뜰시장까지 활동과정 정리하고 느낀 점 글쓰기
• 지속가능한 사회를 위한 자연과 경제의 순환 다이어그램 그리기 | • 자연-자원-생산(토지, 자본, 노동)-유통-소득-소비/저축과 투자/세금/기부-쓰레기/재활용-자연
• 자연에서 인간과 사회를 거쳐 다시 자연으로 돌아가는 건강한 순환구조에 대한 큰 그림을 이미지화 한다. |

3.
초콜릿 프로젝트와 사회적 경제

경제 수업의 방향

2018년부터 도입된 3, 4학년 새 교육과정에서 다뤄지는 경제 관련 단원의 내용은 좀 달라졌지만 2016년에 진행했던 경제 집중수업은 학생들뿐만 아니라 교사인 나도 즐겁게 배우며 몰입할 수 있었던 의미 있는 과정이었다. 교육과정이 달라졌어도 활용할 수 있는 아이디어들이 많다고 여겨져 소개하고자 한다. 여기서 소개하는 수업 활동 중 '바나나 가격 결정' 수업은 아이디어를 기존 수업 활동에서 가져왔고 나머지는 그해에 새롭게 시도해 본 활동들이었다.

현명한 소비자가 되어야 하는가?
집중수업을 준비하며 당시의 교원학습공동체 동학년 선생님들과 경제를 보는 관점과 이번 집중수업에서 이루어야 할 성취 목표에 대해서 긴 이야기를 나누었다. 우리는 먼저 교과서를 살펴보았는데 생산 요소와 생산과정, 그리고 현명한 소비자의 선택을 다루고 있었다. 학생들이 경험하는 첫 번째 경제활동은 소비이기 때문에 필요한 물건을 꼼꼼히 따져서 낭비 없이 돈을 쓰는 태도를 가르치는 것은 필요하고도 중요한 일이라는 점에 우리 모두는 동의했다. 그러나 그것이 유일하고 최종적인 목표가 된다는 것은 뭔가 흡족하지 못했다. 현명한 소비란 무엇인가? 질 좋은 물건을 싸게 사는 것? 상품의 설명서나 이용약관을 꼼꼼히 따져 보고 각종 포인트제를 활용하는 것? 이런 식의 접근에는 모든 경제활동의 중심에 인간이 있다는 것이 간과되고 경제주체로서의 인간이 단지 상품을 소비하는 수동적 존재로만 여겨질 위험성이 있어 보였다.

비인격화, 만남 상실의 경제

경제적이라는 미명하에 거기에 참여하는 인간은 상품처럼 대상화되고 소외된다. 얼마 전 오랜만에 영화를 보러 극장에 갔다. 전에 갔을 때만 해도 영화표만 기계로 사야 했었는데, 이제는 팝콘이랑 콜라도 주문받는 아르바이트생들이 싹 사라지고 기계가 그 역할을 대신하고 있었다. 비용 절감 차원에서 인건비를 줄이고자 값비싼 기계가 그 자리를 대신 차지했다. 그리고 여섯 명이 일하던 계산대에는 두 명만이 남아 그 많은 주문을 소화해 내느라 동동거리고 있었다. 시간이 되어서 극장 안에 들어가려는데 검표원이 없었다. 이 한 극장에서만 일자리가 몇 개나 사라졌을까를 생각하니 가슴이 먹먹했다. 나는 흐릿한 조명 아래서 영화표의 상영관과 좌석을 확인하여 더듬더듬 자리를 찾아갔다.

소비자가 왕인 시대는 지나갔나 보다. 내 돈 내고 영화 보면서 홀대받는 느낌이었다. 이제 혼자 영화를 보러 간다면 사람을 한 번도 대면하지 않고도 팝콘을 씹으며 스크린에 가상으로 존재하는 세계를 바라보며 시간을 보낼 수 있게 되었다. 사람을 대하는 것이 가끔은 짜증스러울 때도 있다. 사람으로 인한 짜증과 사람을 만나지 못해 생기는 소외와 외로움 중 어느 것이 더 나쁠까?

희망의 씨앗, 사람이 중심이 되는 경제

어릴 때부터 들어오던 말이 생각난다. '사람 나고 돈 났지, 돈 나고 사람 났나?' 그런데 요즘 이 말을 잘 들어 볼 수가 없다. 사람보다 돈이 먼저인 세상이 되었으니 이런 말을 쓰는 게 머쓱하게 되었는지 모른다. 그러나 아직도 돈보다 사람이 먼저인 세상을 꿈꾸는 사람들이 있고 우리 미래의 희망인 아이들에게도 그 꿈의 씨앗을 심어 주고 싶다는 소망으로 이 집중수업을 시작했다.

이 집중수업은 경제란 무엇인가, 화폐의 역사, 경제의 요소, 생산의 요소, 생산과정, 생산활동의 종류, 일하는 사람들, 초콜릿 프로젝트(이 프로젝트를 통해서 학생들은 생산, 유통, 가치와 가격 결정, 판매와 소비의 과정을 체험하였다), 착한 소비와 공정무역, 우리 마을 사회적 경제 체험학습 등의 소주제로 진행하였다. 나는 여기서 초콜릿 프로젝트, 공정무역, 사회적 경제 체험학습을 소개하고자 한다.

경제 수업 흐름

초콜릿 프로젝트

활동 1. 초콜릿이 우리 입으로 들어오기까지 생산과 유통 과정 알아보고 관련 직업 찾기

공정무역과 관련하여 초콜릿 생산과 소비 과정에 대한 동영상이 유튜브에 검색해 보면 많이 나온다. 중앙아프리카의 농장에서 일하는 어린 소년이 카카오를 따는 것에서부터 초콜릿이 상품이 되어 나

오는 과정과 그 소년이 받는 임금이 우리가 먹는 초콜릿 가격의 30분의 1밖에 되지 않는다는 것을 소개하는 동영상을 보고 생산과정을 되짚으며 이야기 나누었다.

농장에서 카카오를 생산하고 열매를 따서 포대에 담아 항구로 운반하는 과정, 화물선에 옮겨 싣는 과정, 공장에 도착한 카카오를 여러 가지 기계를 사용해서 가공하는 과정, 제품을 디자인하고 포장하는 과정, 상품을 광고하고 판촉하는 과정, 공장에서 대형 물류창고를 거쳐 마트로 옮기는 과정, 마트 진열대에서 소비자가 초콜릿을 골라 돈을 지불하고 맛있게 먹는 과정까지 함께 이야기 나누며 칠판에 각 과정을 적고 화살표로 연결하였다.

"자, 지금까지 우리는 멀고 먼 아프리카 카카오 농장에서 초콜릿이 내 입속으로 들어오기까지의 과정을 알아보았어요. 이 과정은 저절로 이루어졌을까요?"

"아니요."

"그럼, 어떻게 이루어졌을까요? 카카오 농장의 카카오나무 열매가 저절로 떨어져서 포대에 들어갔을까요?"

"농장에서 일하는 사람들이 손으로 따서 담았어요."

"맞아요. 초콜릿이 우리 입속으로 들어오기까지 많은 직업의 사람들이 일을 해서 자기 역할을 하였어요. 어떤 직업의 사람들이 도움을 주었는지 알아봅시다."

이런 식으로 각각의 생산과정에 참여하는 다양한 직업의 사람들에 대해서 이야기 나누었는데, 트럭 운전사, 선장, 부두 하역일꾼, 포장지 디자이너까지 꼬리에 꼬리를 물고 정말 다양한 직업들이 나왔다.

활동 2. 수제 초콜릿 만드는 법 알아보기

모둠별로 초콜릿을 직접 만들어서 판매해 볼 예정이라고 알려 주고 수제 초콜릿 만드는 법을 조사해서 자기가 만들고 싶은 초콜릿 레시피 적어 오기를 숙제로 내주었다. 다음 시간에 아이들이 조사해 온 초콜릿 만드는 법을 모둠원들과 비교해 보고 각 모둠에서 만들고 싶은 초콜릿을 정하도록 하였다.

활동 3. 초콜릿 재료 구매하기

나는 학급에 배당된 학습 재료비로 초콜릿 재료를 구매하기로 했다. 학생들에게 안내하기 전에 사전 조사를 해 보니 1만 원이면 수제 초콜릿을 만들기 위한 여러 재료들을 살 수 있을 것 같았다. 먼저 모둠에서 정한 초콜릿을 만들기 위한 재료 목록을 만들게 하고 컴퓨터실에 가서 각 모둠별로 1만 원을 쓸 수 있으니 예산 범위 내에서 인터넷으로 필요한 재료를 골라 장바구니에 담아 놓으라고 안내했다. 아이들은 초콜릿 커버춰, 딸기 분말가루, 코코아 가루, 분쇄 너트, 포장지, 과자, 몰드 등을 구매했다. 얼마나 알뜰하게 주어진 돈을 쓰는지 모두 알뜰 소비자 점수, 100점!

활동 4. 초콜릿 만들기

우리는 매일같이 초콜릿 재료가 오기를 기다렸다. 아이들이 구매한 재료가 각양각색이라서 모든 재료가 도착하기까지는 일주일이 더 걸렸다. 드디어 재료가 도착했다. 내가 따로 준비한 중탕기를 모둠별로 나누어 주고 모둠별로 초콜릿을 만들기 시작했다. 달콤한 초콜릿 향기가 교실 밖까지 퍼져 나갔다. 아이들은 코를 쿵쿵거리고 입맛을 다셨지만 판매를 해야 했기 때문에 침만 삼키고 먹지 않았다.

활동 5. 제품명 정하고 포장지, 광고지 제작하기

이것은 초콜릿 재료가 늦게 왔기 때문에 배달을 기다리며 했던 활동이다. 미술 시간에 모둠별로 자신들의 초콜릿 제품명을 정하고 포장지를 디자인했다. 그리고 8절 도화지에는 모둠별로 광고지를 만들었다.

활동 6. 가격 결정

자신들이 만든 초콜릿을 판매하려면 상품의 가격을 결정해야 한다고 알려 주었다. 가격을 결정하기 전에 가치와 가격에 대해서 먼저 이야기 나누었다. 상품이란 살아가는 데 필요한 또는 생활을 편리하고 즐겁게 해 주는 것으로 대가를 주고 살 수 있는 것이라고 먼저 알려 주었다. 시장에서 상품의 가치에 대한 대가를 가격이라고 하는데 가치와 가격이 항상 일치하는 것은 아니다. 엄마가 차려 주시는 따뜻한 저녁밥상은 나에게 커다란 만족감을 주지만 돈으로 사고파는 것이 아니기 때문에 가격을 매길 수 없다. 또 어떤 물건은 10시간의 노동력이 들어가야 만들 수 있는데 어떤 물건은 1시간에 하나씩 만들어 낼 수 있다. 그 물건들에는 각각 10시간의 노동력의 가치와 1시간의 노동력의 가치가 들어간 것이지만 가격은 그 노동력의 가치를 그대로 반영하지 않을 때가 많다. 이것은 사실 매우 어려운 문제인데 아이들은 쉽게 이해했다. 가족의 사랑은 가격을 매길 수 없지만 커다란 가치를 가지고 있다는 것을 누구나 쉽게 이해하듯이….

"그렇다면 상품의 가치란 어떻게 따질 수 있을까요?" 하고 아이들에게 물어보았다.

"얼마나 필요한지, 얼마나 귀한지, 얼마나 소중한지, 원자재를 구하는 데 얼마나 들었는지, 얼마나 기술과 노력이 들어갔는지"가 가치를 결정한다는 대답들이 나왔다.

그 대답이 아이들다웠다. 그러나 본질을 꿰뚫는 통찰이 아이들에게 있다는 것이 놀라웠다.

"그렇다면 가격이란 무엇일까요? 엄마가 만들어 준 쿠키는 사고팔지 않으니 가격을 매길 수 없어요. 그렇지만 우리가 마트에서 쿠키를 살 때는 돈을 주고 사야 해요. 이렇게 시장에서 돈을 주고 물건을 사면 그 물건 값이 가격이 돼요. 또 집에서 머리를 염색하면 돈을 지불하지 않지만 미용실에서 염색을 하면 돈을 지불해야 해요. 미용사의 기술과 서비스에 대해서 돈을 내는 것도 상품의 가격이라고 할 수 있어요."

"그렇다면 가격을 결정하는 것은 무엇일까? 여러분이 만든 초콜릿의 가격은 어떻게 결정하면 좋을까요?"라고 학생들에게 물어보았다.

"원재료 값이요."

"초콜릿을 만든 우리 노동력이요."

학생들이 대답했다.

"만들 때 우리는 만드는 방법을 조사하였어요. 이것은 지식과 기술력이라고 할 수 있어요. 또 없을까요?"

"포장 디자인과 광고에 드는 비용도 계산에 넣어야 해요."

"그렇죠. 그렇다면 여러분이 원재료를 사기 위해서 1만 원씩을 썼으니까 상품의 가격은 최소한 1만 원보다는 비싸야겠네요. 그런데 가격을 터무니없이 매기면 어떻게 될까요?"

"비싸다고 아무도 사는 사람이 없어요."

"맞아요. 그래서 가격은 생산 비용에 이윤을 더해서 사람들이 쉽게 살 수 있는 적당한 수준에서 결정해야 해요."

아이들은 모둠별로 자신들이 만든 초콜릿의 가격을 결정하기 위해

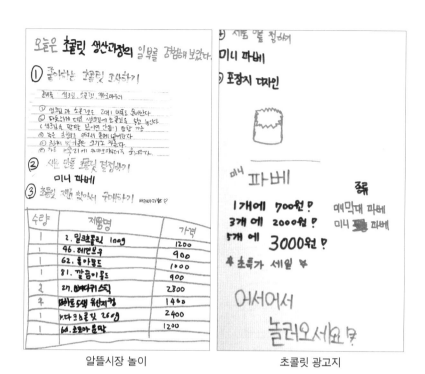

알뜰시장 놀이   초콜릿 광고지

서 토론을 하고 가격표를 만들어 붙였다.

한 학생의 배움공책에는 자기 모둠의 초콜릿 가격이 이렇게 계산되어 있었다.

     초콜릿 가격 = 10,000원(원재료비) + 1,000원(도구사용료)

               + 3,000원(인력비) + 1,000원(디자인비)

               + 1,000원(광고비) + 2,000원(이윤) = 18,000원

     초콜릿 10개 = 18,000원

     초콜릿 1개 = 1,800원

활동 7. 판매자와 소비자 되어 보기

먼저 판매를 시작하기 전에 아이들은 모둠별로 진열대를 꾸미고 광고지를 붙이고 상품을 진열했다. 소비자를 유혹하기 위해 한껏 기교를 부렸다. 나는 아이들에게 가짜 돈을 모둠별로 1만 6,000원씩 나누어 주었다. 원재료 구입에 들어간 1만 원보다 전체 통화량이 커야 생산활동에서 이윤이 발생하는 것을 경험할 수 있기 때문이다. 아무튼 아이들은 다시 그 1만 6,000원을 모둠끼리 공평하게 나누어 가졌다. 활동 방법은 말로 설명하면 좀 복잡한데 실제로 해 보면 그렇게 복잡하지 않고 조직적으로 활동을 진행할 수 있다.

① 4인 1조인 모둠을 다시 2명이 한 팀이 되도록 두 팀으로 나눈다.
② 1라운드에 한 팀은 판매자가 되고 한 팀은 소비자가 된다.
③ 첫 라운드에는 아이들이 활동에 익숙하지 않기 때문에 5분 시간을 준다.
④ 교사가 신호를 하면 소비자가 다른 모둠의 진열대를 구경하면서 자기가 받은 가짜 돈으로 초콜릿 상품을 사고 판매자는 호객 행위를 하며 물건을 판매한다.
⑤ 초콜릿을 팔아서 번 돈은 모둠 공동 수익이 된다.
⑥ 5분이 지나면 교사가 신호를 하고 모둠 안에서 역할을 바꾸어 2라운드를 진행한다.

이런 식으로 한 라운드의 시간을 30초씩 줄여 가며 아이들이 만족할 때까지 계속한다. 판매와 구매가 끝나고 각 모둠별로 모여서 벌어들인 돈을 계산한다. 모둠별로 벌어들인 돈이 다르다. 왜 이렇게 차이가 날까? 각자 원인을 분석해서 발표했다.

"손님이 많아서 다 팔았어요."

"가격을 너무 싸게 불러서 물건은 잘 팔렸지만 남는 게 별로 없었어요."

"잘 팔리지 않아서 바겐세일을 했더니 손해를 보았어요."

다양한 의견들이 나왔다. 그리고 마지막은 역시 시식회! 초콜릿 파티! 자신들이 구매한 초콜릿을 맛있게 먹고 어떤 모둠 아이들은 팔지 않고 꿍쳐 두었던 자기들 초콜릿을 그제야 꺼내 먹었다. 몇몇 효성 지극한 아이들은 조금만 먹고 부모님을 드리려고 싸 가는 아이도 있었다.

활동 8. 과정 돌아보고 글쓰기

먼저 어떤 과정을 거쳤는지 이야기 나누고 배운 점, 느낀 점을 서로 이야기했다. 그리고 전체 과정을 돌아보며 배움공책에 글쓰기로 정리했다.

초콜릿이라는 것을 매개로 해서 원자재를 구매하고 상품을 디자인해서 생산하고 광고, 판매, 구매까지 실제로 해 봄으로써 경제의 기본 순환구조를 이론이나 가상 체험이 아니라 실질적인 경험을 통해서 배울 수 있었던 신나고 의미 있는 시간이었다. 학생들은 이 프로젝트를 통해서 경제의 딱딱한 개념들을 생활의 문제로 쉽게 이해하는 것 같았다.

아름다운 소비와 공정무역

나 어릴 적에는 절약이 미덕이었다. 내가 배웠던 교과서의 경제 관련 단원에서는 근검, 절약, 저축이 유난히 강조되었다. 아마도 내가 자라던 시기가 산업화와 자본축적이 중요했던 시기이기 때문이었을 것이다. 그러다 절약과 저축이 미덕이 되던 시기가 지나고 빚을 내서라도 소비를 하라고 부추겼다. 과잉생산과 자본의 팽창이 일어나던 시기였나 보다. 국가도 개인도 빚잔치를 벌였다. 그러다 아이엠에프가 터지고 자본시장의 개방과 세계화가 급격히 진행되면서 외국의 값싼 물건들이 물밀듯 들이닥쳤다.

환율차의 단맛은 너무도 유혹적이었다. 무슨 특별한 날에만 겨우하나 얻어먹을 수 있었던 그 귀했던 바나나가 이제는 커피 한 잔 값으로 한 송이를 사서 식탁에서 썩어 가도 신경이 쓰이지 않는다. 너도나도 해외여행을 가서 싼값에 먹고 마시고 마사지를 즐긴다. 국내에서는 어림도 없는 가격으로… 우리가 싼값에 향유하는 상품의 더미 뒤에 숨은 사람들의 수고를 돌아보기에는 세계화가 주는 빨대의 단맛은 너무도 강렬하다.

생산과정과 유통을 배운 아이들에게 우리는 각 과정에 참여하고 있는 사람들을 다시 상기시킬 필요가 있다. 세계화의 시대에 지구촌의 한 경제 주체로서 공존하고 있는 나, 그리고 나의 삶을 유지시켜 주는 타인들의 노고를 기억하며 소비의 문제를 바라보도록 안내하는 것이 교육의 역할이라는 생각이 들었다.

활동 1. 한 주간 우리 집의 소비생활에 대해 조사하기

과제로 한 주간 자신의 집에서 생활비를 어디에 얼마나 썼는지 조사해서 글쓰기를 하는 과제를 내주었다. 이 조사 후 아이들의 반응은 부모님이 생활을 위해서 얼마나 많은 돈을 쓰고 있는지 알고 놀랐다는 것이었다. 지금까지 생각 없이 뭘 사 달라고 조르거나 물건을 낭비했는데, 앞으로는 부모님의 부담을 덜어 드리기 위해서 돈을 아껴 써

야겠다고 이구동성으로 말했다.

"가정에서는 수입에 맞추어 소비도 하고 저축도 해야 합니다. 돈을 함부로 쓰지 않고 똑똑하게 쓰려면 어떻게 해야 할까요?"

아이들의 의견을 물었다. 아이들은 참으로 똑똑하게 대답은 잘했다. 다음은 한 아이가 정리한 똑똑한 소비를 위한 방법이다.

① 계획을 세워 꼭 필요한 곳에만 돈을 써야 한다.
② 상품의 가격이나 정보를 확인해야 한다.
③ 돈을 어디에 썼는지 적어 두어야 한다.
④ 나에게 꼭 필요한지 생각해 본다.
⑤ 한 번 산 물건은 잘 간수해서 똑같은 물건을 다시 사지 않는다.
⑥ 친환경적인 물건인지, 신체에 해롭지는 않은지 따져 보아야 한다.

정말 똑똑한 소비 지침이 아닌가?

활동 2. 바나나 가격 정하기

이 수업은 공정무역과 관련하여 많이 하는 수업이다. 우리도 인터넷에 있는 자료를 활용하여 이 수업을 진행했다.

간단히 활동 방법을 안내하고 학생이 쓴 후기를 통해 교육적 효과를 가늠해 보겠다.

① 바나나가 우리 입으로 들어오기까지의 과정 개괄하기

초콜릿 프로젝트에서 이미 생산과 유통 과정을 경험하였기 때문에 바나나가 어디에서 생산되어서 어떻게 수입되고 우리가 마트에서 구입할 수 있게 되는지를 물었을 때 아이들은 쉽게 대답했다.

② 생산과정에 참여한 사람 역할 정하기

농부, 농장주, 운송회사 사장, 가공회사 사장, 가게 주인 등의 역할과 설명이 쓰인 쪽지를 각 모둠에 하나씩 주었다. 즉, 1모둠에는 농부, 2모둠에는 농장주, 3모둠에는 운송회사 사장, 4모둠에는 가공회사 사장, 5모둠에는 가게 주인 등을 각각 나누어 주었다.

③ 바나나 300원 중 각 역할의 몫

바나나 한 개의 가격은 300원이다. 생산과 유통 과정에서 각 역할을 맡은 사람들은 300원 중에서 얼마의 몫을 받아야 할까? 각 모둠에서 자신들이 바나나 한 개를 시장에 내놓는 데 기여한 역할의 중요도를 생각해서 300원 중에 얼마를 가져가야 할지 정해 보았다. 첫 번째 단계에서는 다른 모둠과 이야기 나누지 않고 자신의 모둠이 맡은 역할의 입장에서만 몫을 정하라고 했다. 얼마 후 각 모둠이 자신들이 배당받아야 하는 몫을 발표하고 그 이유를 설명했다.

저마다 자신들이 가장 중요한 역할을 하기 때문에 가장 많은 몫을 받아야 한다고 주장했다. 각 모둠에서 받기를 원하는 몫을 다 칠판에 적어서 더해 보았더니 300원이 훨씬 넘었다. 그러나 바나나는 300원 이상을 받을 수 없다. 그러니 각 역할의 몫을 다시 정해야 한다.

두 번째 단계는 각 모둠에서 모둠원들에게 번호를 주고 같은 번호끼리 모이도록 했다. 이렇게 하니 5개 역할을 가진 학생들이 한자리에 모이게 되었다. 서로 다른 5개의 역할이 바나나 300원 중 얼마의 몫을 받아야 하는지 서로 조정하게 하였다. 합을 300원에 딱 맞춰야 했다.

모둠토의가 끝나 각 모둠의 결정을 칠판에 적어서 비교했다. 그리고 실제로 바나나 가격에서 각각의 몫이 얼마인지를 알려 주었다. 아이들은 깜짝 놀라며 어떻게 그럴 수가 있느냐며 분개했다.

다음은 한 학생이 이 활동을 하고 쓴 후기이다.

바나나 하나의 가격이 매겨지는 과정을 경험하고 느낀 점

바나나 하나의 가격이 300원이어서 모둠끼리 모여서 가격
을 정했는데 60원씩 정해졌고 실제 가격을 봤는데 깜짝 놀
랐다. 왜냐하면 농부 가격이 10원이었고 농장 주인이 50원,
운송회사가 40원, 가공회사가 70원, 가게가 130원이다. 가게
의 가격이 130원이나 되어서 깜짝 놀랐다. 정말 화가 난다.

어떻게 가게 주인들은 손가락 하나 까딱 안 하고 많은 돈
을 가져갈 수가 있나? 그건 정말 있을 수 없는 일이다. 자기
네들이 서민층이 되어서 가난하게 살아봐야지 농부의 억울
함을 알 거다.

활동 3. 착한 소비, 공정무역

다시 메인 소재인 초콜릿으로 돌아와서 카카오 농장에서 일하
는 어린 소년의 이야기를 동영상으로 보여 주었다. 〈카카오 이야기〉
(https://www.youtube.com/watch?v=CNugx2EU8pQ) 그리고 동영상
에 나온 코트디부아르의 친구에게서 온 편지를 나누어 주고 답장을
쓰게 했다.

대한민국 친구들에게

안녕? 내 이름은 로랑 그라그 보야. 나이는 12살이고 코트
디부아르라는 나라에서 살고 있어. 코트디부아르를 처음 들
어 봤다고? 맞아. 우리나라는 아프리카에 있는 나라이기 때

문에 대한민국과는 멀리 떨어져 있어. 하지만 2010년 월드컵에서 북한과 같은 조로 열심히 시합을 펼친 나라를 기억하니? 우리나라도 대한민국만큼 축구를 좋아하고 잘하거든.

사실 우리나라가 유명한 건 초콜릿의 원료인 카카오 때문이지. 세계에서 가장 많은 양의 카카오가 우리나라에서 생산되거든. 전 세계 카카오 생산량의 40%를 만들어. 나도 우리 집과 마을을 위해서 카카오 농사를 짓고 있어. 카카오 농사를 짓는 것은 좋은데 집안 형편 때문에 농사만 짓고 학교에 다니지 못해서 속상해. 학교에 다니면서 공부도 하고 친구들이랑 마음껏 뛰어놀고도 싶은데 말이지.

무엇보다 궁금한 게 있어. 초콜릿은 어떤 맛이니? 난 초콜릿을 먹어 본 적이 없거든. 온종일 카카오 농사를 짓는데도 초콜릿 값이 워낙 비싸서 살 수가 없어. 사실 우리 형과 누나들도 우리 부모님도 우리 마을 사람들도 모두 먹어 본 적이 없어. 우리가 1년 내내 이렇게 열심히 카카오 농사를 짓는 걸 보면 초콜릿은 참 맛있는 음식일 것 같은데 말이야. 친구들아, 그 맛이 어떤지 알려 줄래?

– 코트디부아르에서 친구, 로랑 그라그 보, 출처 미상

로랑 그라그 보에게

안녕? 나는 너의 편지를 받은 박서범이야. 지금까지 학교를 못 다녀서 속상하지? 이제부턴 네가 학교를 다닐 수 있도록 돈을 기부할게. 약속을 못 지킬 수도 있지만 지키도록 노력할게. 네가 직접 딴 카카오로 만든 초콜릿을 먹어 본 적이 없다는 걸 알고 깜짝 놀랐어. 초콜릿은 아주 달콤하고 부드

럽단다. 언젠가 너도 먹어 보길 바란다.

불공정한 무역으로 인하여 저임금 노동으로 고통받고 있는 사람들을 생각하며 도울 수 있는 방법을 알아보자고 이야기면서, 공정무역을 소개하는 동영상, 〈루시 이야기〉(https://w w w.you tube.com/watch?v=OHWQYsdnw CQ)를 보여 주었다. 또한 우리가 초콜릿이나 바나나, 커피 등을 소비할 때, 사람과 환경이 훼손되지 않을지 생각하는 착한 소비 운동을 소개했다(https://www .youtube.com/watch?v=L8gNDGouWWA).

우리 마을 사회적 경제 현장체험학습

공정무역과 착한 소비에 대해서 소개한 후 경제 주제집중수업의 마무리로 돈이 중심이 되는 경제가 아니라 사람을 중심으로 생각하는 사회적 경제에 대해서 소개하고 우리 마을에서 사회적 경제가 이루어지고 있는 현장을 방문하는 체험학습을 마련했다.

우리는 학교에서 가까운 거리에 있는 한살림 매장, 도시 농부 공동체 텃밭, 로컬푸드 매장인 싱싱드림, 푸드마켓(음식이나 생필품을 기부받아서 지역의 어려운 사람들에게 나누어 주는 가게), 아름다운가게, 재활용 센터, 사회적 기업들이 모여 있는 사회적 기업 센터 등을 방문하였다.

활동 1. 사회적 경제 소개하기

생산과 유통, 소비가 순환하는 경제활동에서 그 활동의 주체인 사람을 생각하고 환경을 생각하는 지속가능한 경제를 실험하는 일이 곳곳에서 벌어지고 있다는 것을 학생들에게 소개했다.

생산자들이 그들의 노고에 정당한 대가를 받을 수 있도록 하는 것, 생산과 유통의 과정에서 환경 파괴를 최소화하는 것, 소비자들의 건강을 생각한 먹거리와 의류, 각종 생필품과 주거환경을 생각하는 것, 소비 과정에서 쓰레기를 줄이고 자원을 재활용함으로써 환경을 보호하는 것, 경제적 불평등을 해소하고 인간다운 삶을 보장하기 위하여 부를 재분배하는 세금과 기부에 대해서 이야기했다.

또 이렇게 돈보다 사람과 환경을 먼저 생각하는 사회적 경제를 실험하는 일이 우리 마을에서도 이루어지고 있다고 하면서 앞에서 말한 현장체험학습 방문처를 소개했다.

한살림은 농업생산자와 도시의 소비자가 함께 만든 협동조합으로서 친환경적인 건강한 먹거리와 생필품을 생산해서 정당한 대가를 주고 소비자가 안심하고 구입할 수 있도록 하고 있다고 소개했다.

우리는 비록 서울이라는 대도시에 살지만 곳곳에 숨은 땅을 이용하여 도시 사람들이 직접 농사를 지어 안심하고 먹을 수 있는 먹거리들을 가까운 우리 지역에 공급하는 로컬푸드 운동이 진행되고 있다고 소개했다. 도시 농업이 진행되는 도시 생태 텃밭이 곳곳에 있는데 그 중 하나가 상일동 공동체 텃밭이고 우리 학교에서 멀지 않은 곳에 있으니 가 보자고 했다.

이렇게 우리 마을에서 도시 농부들이 생산한 야채와 달걀 등을 파는 가게가 있는데 그곳이 싱싱드림이라는 로컬푸드 마켓이라고 알려 주었다.

그 옆에는 푸드마켓이라는 곳이 있는데 그곳은 일반 사람들이나 기업, 가게 등에서 쓰지 않고 남겨 둔 생필품이나 먹거리를 기부하면 그것을 마을에서 도움이 필요한 사람들에게 나누어 주는 곳이라고 소개했다.

그 옆에는 아름다운가게가 있다. 그곳에서는 사람들이 쓰던 옷이나 여러 가지 물건들을 기부하면 그것을 모아 정리해서 싼값에 판다. 또 기부받은 재활용품뿐만 아니라 공정무역을 통해서 들어온 수입품들도 파는데 유기농 설탕이나, 초콜릿, 커피 등을 살 수 있다.

학생들은 자기 용돈을 3,000원씩 가져와서 그곳에서 공정무역 초콜릿이나 원하는 물건을 사는 착한 소비를 하기로 했다. 그리고 집에서 안 쓰는 물건들을 가져오기로 했다. 옷은 아름다운가게에 기부하고 라면이나 햇반, 치약, 비누 같은 것은 푸드마켓에 기부하기로 했다.

아직 쓸 만하지만 집안에서 필요 없는 가구나, 가전제품들은 리사이클 센터에 팔 수 있는데 거기서 또 필요한 사람들이 새것보다 싼 가격에 재활용품들을 살 수 있다. 아름다운가게 옆에는 이런 리사이클 센터가 있으니 그곳도 방문하기로 했다. 리사이클 센터 위층에는 구청이 지원하는 사회적 기업들의 작은 공방들이 모여 있다. 예를 들어 가죽공예 공방, 가구 DIY, 친환경 페인트 전문점, 업사이클 공방, 비즈 공예점 등이 있다. 우리는 마지막으로 그곳을 방문하기로 했다.

활동 2. 방문 계획 세우기

방문하기 전 모둠을 6모둠으로 나누어 가는 곳 한 곳씩을 맡아서 인터뷰를 준비하기로 했다. 인터뷰 질문은 아이들과 의논해서 정했다.

1. 무엇을 하는 곳인가요?
2. 누가 이곳에서 일하나요?
3. 이곳의 좋은 점은 무엇인가요?

이 세 가지 질문을 공통으로 하고 그 밖에 궁금한 것들을 물어보도록 했다.

공정무역 상품이나 재활용품, 로컬푸드 등을 살 수 있으니 용돈을 가져오기로 했다. 용돈은 지난번에 알뜰시장을 하면서 번 돈으로 하기로 했다. 그때 아이들은 자기 집에서 안 쓰는 장난감이나 인형, 책 등을 가져와서 팔았다. 아이들이 3,000원씩 가져왔으니 평균을 내면 3,000원씩 벌었다.

도움이 필요한 이웃을 돕기 위하여 기부도 하기로 했다. 아이들은 체험학습 가기 며칠 전부터 자신들이 기부할 물건들을 가져와서 교실에 보관했다가 체험학습을 하는 날 에코백을 가져와서 담아 갔다.

활동 3. 체험학습

아침에 출발해서 점심 먹기 전에 돌아오는 이번 체험학습은 가까운 곳에서 일어나고 있는 다양한 사회적 경제활동을 체험할 수 있어서 아이들에게 깊은 인상을 심어 주었다.

아이들이 방문하는 곳마다 그곳의 매니저가 나와서 친절히 설명해 주고 아이들의 질문에 성의껏 답변해 주고 매장을 둘러볼 수 있게 안내해 주었다.

아이들은 자신의 용돈을 가져와서 착하고 현명한 소비를 했다. 어떤 아이들은 공정무역 초콜릿을 사고 어떤 아이들은 한살림 과자, 어떤 아이들은 로컬푸드를 취급하는 '싱싱드림'이라는 매장에서 부모님께 선물할 화분이나 푸성귀를 사기도 했다.

한편으로 직접적인 기부도 경험했는데, 아이들은 작아진 옷이나 신발들을 가져와서 아름다운가게에 기부하고 부모님의 연말정산 소득공제를 위해서 기부 영수증을 받았다. 또 많은 아이들이 집에서 쓰다 남은 생필품을 가져와 푸드마켓에 기부했다.

이렇게 우리 지역에서 벌어지고 있는 생산과 유통, 소비, 재활용, 기부의 사회적 경제를 직접 보고 참여함으로써 사회적 경제가 교실에서만 배우는 얼어붙은 지식이 아니라 우리 삶 안에서 역동적으로 이루어지고 있다는 것을 생생하게 체험할 수 있었다.

주제집중수업 마무리, 돌고 도는 경제

마지막 시간에 우리는 경제 집중수업 동안 무엇을 배웠는지 배움공책을 앞 장부터 펼쳐보며 돌아보았다. 경제의 역사부터 생산, 유통, 소비, 사회적 경제까지를 개괄했다.

그리고 "경제는 누구를 위한 것일까?"라고 질문했다. 대답은 당연히, 사람. 사람의 생존과 행복을 위한 것이라고. 경제활동의 시작은 자연으로부터 자원을 채취하여 원재료로 삼고 생산과 유통 과정을 거치면서 상품이 되고 시장에 나와 사람들에 의해서 소비된다. 사람들은 이러한 경제활동의 과정에서 이익을 취하게 되고 돈을 번다.

사람들이 경제활동에 참여하면서 번 돈은 소비하는 데 쓰이고 나머지 돈은 저축을 통해 다시 투자되거나 세금을 내고 기부를 한다. 투자와 세금, 기부는 부를 재분배해서 경제가 계속 순환할 수 있도록 해 준다. "만약 여기서 끝난다면 우리 인간의 경제활동이 영원히 지속될 수 있을까?" 이렇게 마지막 질문을 했다. 어떤 똑똑한 학생이 대답했다.

"아니요. 경제활동의 시작은 자연에서 자원을 채취하는 것인데 우리가 자원을 무한정 갖다 쓰기만 할 수는 없어요."

또 다른 학생은 쓰레기 문제를 지적했다. 소비하고 남은 것들을 자꾸 버리기만 하면 지구가 온통 쓰레기 더미가 될 것이다.

"맞아요. 우리 경제가 지속적으로 돌아가려면 그 원천인 자연에 대해서도 생각해야 해요. 자원을 낭비하지 않고 쓰레기를 줄이고 쓰다 버린 물건을 재활용하는 것은 우리의 경제가 계속 돌아가게 하는 데 매우 중요한 문제예요."

이렇게 마무리하며 영원히 순환하는 경제의 고리를 그림으로 그렸다.

수업 후기, 삶 속에서 체험을 통해 배우다

여기서 다루는 경제 용어와 원리들은 이론으로 가르친다면 정말 어려운 것들일 것이다. 이렇게 어려운 개념들을 어떻게 초등학교 4학년 어린이들에게 가르친다는 말인가? 특히 사회적 경제라는 개념 자체는 아마 어른들도 생소한 것이라 몹시 어렵게 느껴질 것이다. 그러나 여기서 다룬 경제 용어와 원리들을 아이들의 생활 속에서 끌어내고 체험을 통해서 몸으로 배웠기 때문에 아이들은 그저 신나 했을 뿐 어렵다고 느끼지 않는 듯했다

'학교에서 먹는 점심밥을 급식이라고 해'라는 말을 처음 듣고 학교에서 밥을 먹었다면 '아, 이것이 급식이구나.' 하며 급식이라는 개념을 알게 되듯이 우리가 다룬 경제 용어들을 아이들은 자연스럽게 받아들였다.

'사회적 경제'라는 개념에 대해서도 아이들은 어려움이나 거부감 없이 받아들였다. 왜냐하면 그 이론을 복잡하게 설명하지 않고 마을 안에서 이루어지고 있는 현장에 가서 직접 눈으로 보고 이야기 나누고 참여해 보았기 때문이다.

이번 집중수업을 하는 동안 가끔은 시끄럽기도 했고 때로는 교실이 잔뜩 어질러지기도 했다. 하지만 순간순간 재미와 생생한 감동, 배움이 있었던 잊지 못할 수업이었다.

수업 흐름도

블록	주제	활동 내용(주요 활동, 관련 자료나 과제)	참고
1	초콜릿 프로젝트 1	1. 초콜릿 생산과정 동영상 보기 2. 초콜릿 생산과정 정리하기 3. 각 생산과정에 참여하는 사람들 브레인스토밍 4. 햇반이나 오렌지 주스 등 상품을 정해서 생산과정 상상해서 적어 보기	과제: 수제 초콜릿 만드는 법 조사하기
2	초콜릿 프로젝트 2	1. 내가 만들고 싶은 수제 초콜릿 모둠에서 발표하기 2. 모둠에서 만들 초콜릿 정하기 3. 모둠 수제 초콜릿 레시피(필요한 재료와 양 정하기) 4. 모둠별로 수제 초콜릿 재료 구매 계획 세우기(1만 원 범위 내에서) 5. 인터넷 오픈 마켓에서 상품 구매하는 방법 배우기 6. 수제 초콜릿 재료 오픈 마켓에서 찾아서 장바구니에 담기	
3	초콜릿 프로젝트 3	1. 상품명 정하기 2. 포장지 디자인하기 3. 광고지 만들기	
4	초콜릿 프로젝트 4	1. 초콜릿 만들기 2. 포장하기 3. 가치란 무엇일까? 4. 가격은 어떻게 정할까? 5. 모둠 초콜릿 판매가격 정하기	
5	초콜릿 프로젝트 5	1. 판매대 꾸미기 2. 가짜 돈 나누어 주기 3. 4인 모둠을 2인 1팀으로 나누기 4. 모둠에서 한 팀은 판매자, 한 팀은 구매자 역할로 초콜릿 팔고 사기 5. 팀의 역할을 바꾸어 하기 6. 초콜릿 파티하기 7. 초콜릿 판매와 구매 놀이 끝난 후 모둠별로 번 돈 계산해서 발표하기	
6	초콜릿 프로젝트 6	1. 초콜릿 생산 유통 과정 경험 돌아보기 2. 초콜릿 체험과정 글쓰기	과제: 한 주간 우리 집 소비 생활 조사해서 글쓰기
7	아름다운 소비와 공정무역 1 -우리 집의 소비생활	1. 우리 집 소비생활의 패턴 찾아보기 - 식비는 얼마나? - 생필품 구입비? - 주거비? - 문화생활비 등 2. 똑똑한 소비를 하기 위한 실천 방법 찾아보기	

8	아름다운 소비와 공정무역 2 –바나나 가격에 숨은 진실	1. 바나나가 우리 입으로 들어오기까지의 과정 개괄하기 2. 경제활동 과정에 참여한 사람들(역할) 소개하기 　–바나나 농장 노동자, 농장 주인, 운송회사 사장, 가공회사 사장, 가게 주인 3. 모둠에 역할 주기 4. 각 모둠별로 바나나 한 개 가격에 포함된 자신들의 몫 정하기 5. 각 모둠별 몫 발표하고 모두 더해 보기 6. 각 모둠원들에게 번호 정해 주기 7. 모둠의 같은 번호끼리 모여서 각 역할을 고루 섞어서 다시 자기 몫 정하기 8. 각 모둠이 정한 몫 발표하고 실제 몫 알려 주고 비교하기 9. 활동 과정 글 쓰기	
9	아름다운 소비와 공정무역 3 –바나나 가격에 숨은 진실	1. 〈카카오 이야기〉 동영상 보기(농장에서 일하는 가난한 소년 이야기) 2. 농장에서 일하는 어린이 가상 편지 나눠 주기(학습지) 3. 답장 쓰기 4. 공정무역 소개하기 5. 착한 소비란 무엇인지 이야기 나누기	1. 카카오 이야기 2. 루시 이야기 3. 착한 소비
10	사회적 경제 현장 체험학습 1	1. 사회적 경제 소개하기 2. 사회적 경제를 실천하고 있는 우리 마을 사업장 소개하기 　1) 한살림 　2) 도시 농부 텃밭 　3) 로컬푸드 매장 　4) 푸드 마켓: 생필품 기부 매장 　5) 아름다운가게 　6) 재활용 센터 　7) 사회적 기업 공방 3. 인터뷰 준비	
11	사회적 경제 현장 체험학습 2	1. 사회적 경제 실천 사업장 방문 2. 인터뷰하기 3. 기부하기 4. 착한 소비해 보기	
12	사회적 경제 현장 체험학습 3	1. 체험학습 돌아보며 돌아가며 이야기하기 2. 체험학습 과정 글쓰기 3. 돌고 도는 경제 정리하기 　–자연–자원–원재료 생산–가공생산–유통–판매–소득–소비–쓰레기–재활용– 자연 　– 저축/투자 　– 세금–소득 재분배 　–기부	

4.
상상력과 열정의 공명, 문학에서 연극까지

나의 첫 번째 연극 수업, 호기심과 모험으로 설레다

2017년에는 6학년을 맡았다. 우리 학교에서는 거의 모든 학년에서 문학 수업을 하는데 주로 문학작품 읽기로 새 학기를 시작한다. 문학 작품으로 시작하는 것은 여러 가지 장점이 있는데 스토리가 주는 흡입력으로 인해 쉽게 학생들의 마음에 다가가 교사와 학생 사이의 공감의 연대를 가능하게 한다.

2017년 2학기에는 『옹고집전』이라는 고전으로 문학 수업을 시작했다. 그 작품을 고른 것은 내용이 해학적이고 고전의 향기를 느낄 수 있는 문체의 아름다움 때문이었다. 추상적인 사고와 언어능력이 급격하게 발달하는 6학년 아이들에게 우리말의 아름다움을 느끼게 해 주고 싶었고 이후의 언어생활에서 두고두고 꺼내 쓸 수 있는 보물창고가 되었으면 좋겠다고 바랐다. 『옹고집전』은 문장 하나하나의 재미가 쏠쏠하여 아이들은 금세 빠져들었다.

어느 날, 재미있게 읽어 나가는데 한 학생이 이거 역할극으로 하면 재미있을 것 같으니 해 보자고 제안했다. 이야기의 한 대목을 모둠별로 각기 다른 분위기로 각색을 해서 즉흥적으로 역할극을 공연했다. 역할극을 즐기는 아이들을 보고 불현듯 정식으로 연극으로 꾸미면 재

있겠다는 생각이 들었다. 그때부터 본격적으로 연극 준비에 들어갔다. 교육연극에 관련된 책을 사서 읽고 우리 학교 수석 선생님께 자문을 구해 보았다. 연극이라곤 한 번도 해 본 적 없었지만 타고나길 새로운 것을 실험하기 좋아하는 성격이다 보니 무모하게 도전하기로 했다.

마침 학교에 '무모한 도전'이라는 강동교육혁신지구 사업비를 받아 놓은 것의 일부를 쓸 수 있게 되어 의상 대여비도 마련했다. 처음 하는 연극 지도라 주먹구구식으로 진행되었지만 과정은 재미있었다. 아이들도 각자 자신이 맡은 역할을 충실히 해 주었고 그 가운데는 자신도 미처 깨닫지 못한 재능을 발휘하기도 했다. 준비하는 과정은 쉽지 않았고 지지부진할 때도 있어 학생들이 불만을 토로하며 반발하기도 했다.

9월부터 『옹고집전』 작품을 읽기 시작해서 11월에 대본 작업을 끝내고 한 달 이상 본격적으로 연극 연습을 했다. 그러나 마지막 리허설을 할 땐 미흡한 점이 많았다. 음향과 조명, 무대가 따로따로 삐그덕거리며 엉성하게 진행되었다. 게다가 배우들이 오랫동안 연습을 하다 보니 대부분 학생들이 대본을 달달 외우게 되었는데 막상 무대에서는 숨넘어갈 듯 대사를 속사포같이 쏘아 댔다. 천천히! 천천히! 감정을 실어서 말하라고 수도 없이 잔소리를 했다.

공연 며칠 전부터는 걱정이 돼서 꿈에서도 연극 걱정을 했다. 아마도 아이들도 공연을 앞두곤 지긋지긋하다고 생각하는 아이들, 걱정하는 아이들, 긴장하는 아이들, 왜 이런 걸 시키느냐고 원망하는 마음들 등 여러 가지 생각과 감정들이 폭포수처럼 소용돌이쳤으리라.

막상 공연 당일이 되어서는 8시 30분까지 모이기로 했는데 8시도 되기 전에 아이들이 다 모여 분장하고 의상 갈아입고 무대 장치며 조명, 음향 등을 점검하며 분주하게 돌아다녔다. 드디어 관객들이 시청각실에 들어서자 나를 포함한 25명이 초긴장 상태가 되었다. 불이 꺼지고 웅성거리던 객석이 조용해지는 순간, 팽팽히 긴장된 25명의 에너지가 짜릿하게 온몸을 타고 흘렀다. 무대에 불이 켜지고 드디어 연극이 시작되었다. 공연은 대성공이었다.

삐그덕거리고 투덜대던 부정적인 감정은 연극의 성공을 알리는 마지막 피날레가 울려 퍼질 때 싹 사라졌다. 인사를 하러 무대로 올라오는 어린 배우들의 얼굴은 고된 준비 기간을 함께 이겨 내고 나도 이 성공에 한몫했다는 자부심과 성취의 기쁨으로 빛났다. 공연 날, 우리 반 모두가 하나의 긴장된 에너지로 묶이는 그 짜릿한 느낌은 내 길고도 파란만장했던 인생에도 불구하고 처음 겪어 보는 놀라운 경험이었다.

연극이 끝난 후 우리는 다시 일상으로 돌아왔지만 그 생경하고도 경이로운 느낌은 학생들의 의식 깊은 곳에, 또 교사인 내 안에 불씨로 남아 있으리라. 그 불씨는 언제 어떤 빛깔로 다시 타오를지 모를 일이지만 말이다. 그러나 나의 경우는 불씨가 다시 지펴지는 데 오랜 세월이 걸리지 않았다.

연극 수업 재도전, 상상력과 열정의 공명을 기억하다

2018년 올해 강동교육지혁신구 사업 중 '반이 하나 되는 학급'이라는 프로젝트가 있다. 나는 이 프로젝트를 공모한다는 소식을 접하고 잠시 망설이다가 사업비를 신청했다. 제안서의 제목은 '반이 하나 되는 연극 수업', 망설임의 이유는 그 과정이 쉽지 않은 고된 과정일 거라, 왜 또 사서 고생을 하려는가 하는 두려움 때문이었다. 그러나 그 모든 귀찮은 작업들과 고생스러움을 날려 버릴 만큼, 아이들 하나하나가 저마다의 재능을 발견하고 성장하는 모습을 지켜보는 보람과 기쁨은 뿌리치기 힘든 유혹이었나 보다.

이번에는 좀 더 여유 있는 자금(70만 원)으로 일찍부터 준비에 들어갔다. 먼저, 나도 그렇지만 아이들도 연극을 많이 접하지 못했을 거라는 생각으로 대학로에서 공연하는 연극을 아이들과 함께 보러 갔다. 선생님과 함께 주말에 만나서 전철을 타고 연극을 보러 간다는 사실 때문에 아이들은 들떴다.

갔다 와서는 연극을 본 소감을 간단히 나누었다. 아이들의 반응은 '너무 재미있다', '대사가 웃기고 배우들이 연기를 너무 잘한다', '주인공이 잘생겼다' 등등…. 특히 많은 아이들이 인상 깊게 본 것은 그 연극에서 조연을 맡은 배우가 1인 4역을 하는데 한 사람이 완전히 다른 역할을 마치 여러 사람이 연기하듯이 하는 게 놀라웠다고 하였다. 연극을 보지 않은 아이들에게 수업시간에 연극을 설명하는 것보다 이렇

연극 포스터

게 한번 연극을 본 것이 훨씬 더 연극에 대해서 많은 것을 이해하게 해 주었던 체험이었다.

다음으로는 작품을 선정하는 일이 중요했다. 이번에는 5학년의 아이들에게 인생에서 오래 남을 가치 있는 것으로 고르고 싶었다. 그리고 기왕이면 다른 수업과 연결 지어 한 학기의 흐름이 맥락 있게 이어질 수 있는 작품으로 고르고 싶었다. 마침 5학년 2학기 첫 번째 집중수업은 '나와 만

나는 '역사'로 선사 시대부터 삼국 시대까지를 다룰 예정이었다. 역사 수업과 맥락이 닿을 수 있는 역사 소설이 좋을 듯했다.

문학작품 고르기

슈타이너 인지학에서는 5학년(만 11세)은 잠자듯 꿈속에 잠겨 있던 의식이 점차로 깨어나는 시기라고 한다. 피아제의 인지발달이론에 따르더라도 구체적 조작기에서 형식적 조작기로의 변환이 일어나는 시기이다. 나 자신에 관해서 말하자면 11세 이전의 기억은 단편적 경험이나 그 경험에 대한 감정이다. 각각의 기억에 대한 인과관계가 분명히 이어지지 않은 점들의 집합이라고나 할까. 그러나 11세 이후에 대한 기억은 나의 의식의 흐름, 혹은 의식의 진화과정에 대한 맥락을 소상히 기억할 수 있다. 의식의 대변환기에 놓인 아이들에게 필요한 것은 무엇일까?

초등학교를 발도르프 학교를 나온 나의 딸은 5학년 때 고대 이집트를 배우고 6학년 때는 그리스 로마사를 배웠다. 왜 그 시기에 그리스 로마사를 배우는가? 그것은 그리스 로마 시대가 인간의 발달에 있어서 의식이 깨어나는 시기, 세계와 연결되어 꿈꾸듯 혼연한 상태를 벗어나 이성이 싹트기 시작하는 시기와 비슷하기 때문이라고 한다. 딸의 학교에서는 로마사를 배우고 그 시대정신을 표상하는 인물인 율리우스 시저의 이야기를 연극으로 꾸며 겨울잔치에서 발표했다. 딸은 연극을 준비하고 연습하는 동안 로마 시대의 문화와 정서를 깊이 체험했다. 그 시대의 영웅들의 삶을 연극을 통해서 경험하는 것은 아이의 영혼에 깊은 울림을 주는 것 같았다. 그리고 거의 10년이 지나서 딸아이는 유럽 여행 중 로마의 원형극장에 갔을 때 초등학교 시절에 배웠던 로마사와 율리시스 연극이 되살아나며 또다시 영혼이 뒤흔들리는 경험을 했다고 한다.

5학년 아이들은 인생의 단계마다 반추되는 인간의 원형으로서의 영웅을 만날 필요가 있다. 더 어릴 때는 인류 역사의 여명기에 나타나는 신화적 영웅이 필요하지만 5학년쯤 된 아이들에게는 인간의 의식이 깨어나기 시작하는 고대의 영웅이 더 큰 울림을 준다. 이 영웅들은 길가메쉬나 일리아드, 율리우스처럼 영웅적인 힘과 용기, 지혜를 지녀 난세의 영웅으로 많은 성취를 이루었으나 동시에 어리석음, 욕망, 교만, 질투, 등과 같은 인간적인 약점들도 지니고 있어 추락하기도 한다. 이 유명한 영웅들은 오랜 세월 사람들의 사랑을 받으며 인생에 대한 영감과 통찰을 주고 끝없이 재해석되고 변주된다.

나는 아이들에게 오래도록 기억되며 인생의 단계 단계마다 되살려져 새롭게 만날 수도 있을지 모를 그런 영웅의 모습, 혹은 인간의 원형을 그들의 기억 속에 넣어 주고 싶다는 생각을 했다. 그것도 서양의 영웅이 아닌 우리 한국사의 인물들 중에서 고르고 싶었다. 그러다 이현주 작가가 새롭게 쓴 『바보 온달』을 만나게 되었다. 『바보 온달』은 나의 기준을 여러 가지로 충족시켜 주는 작품이었다.

신화의 시대에서 인간의 시대로 접어든 고대,
삼국 시대를 배경으로 하는 작품

5학년들은 2학기부터 우리 역사를 배우기 시작한다. 지구의 탄생부터 인류 역사의 여명기, 원시 시대를 거쳐 신화의 시대인 청동기 시대, 그리고 보다 인간적인 문명의 발달과 고대국가의 성립을 2학기 초에 배우게 된다. 소설 『바보 온달』은 바로 그 시기, 인간의 의식이 깨어나기 시작한다는 삼국 시대, 고구려를 보다 생생하게 느낄 수 있게 해 주는 작품이다(신과 인간이 분리되어 있지 않았던 제정일치 시대에서 종교와 정치가 분화하기 시작하는).

인간의 원형으로서의 영웅, 온달

온달의 실제 삶이 어땠을지는 모른다. 천대받던 미천한 백성이 난세의 영웅으로 급상승한 시대의 '풍운아' 이야기는 어디까지가 진실이고 어디까지가 허구인지 누가 알겠는가. 역사의 많은 영웅이 그렇듯이 온달 역시 백성들 사이에서 회자되며 수많은 사람들이 자신의 모습을 투사하고 그들의 바람을 천착하며 만들어 온 각색된 영웅이었을지 모른다. 그렇기 때문에 온달은 오랜 세월이 흘러도 잊히지 않고 인간의 원형을 간직한 영웅으로 남아 있을 수 있었으리라.

가부장제 사회에서 주어진 운명을 거부하고
스스로 자신의 삶을 개척해 가는 여성

공주, 평강은 가부장제의 토대 위에 성립한 고대 중앙집권국가인 고구려의 여인이라는 운명을 타고난다. 그러나 아버지가 정해 준 배필을 거부하고 온달을 찾아 나선다. 온달을 만나고도 평강은 한 남자의 아내로 살지 않았다. 오히려 주도적으로 온달과의 관계를 이끌어 갔으며 자신의 뜻대로 온달을 변화시켰다. 『바보 온달』에서는 평강을 둘러싼 시대 상황을 살펴볼 수 있다. 고구려 시

평강공주 실루엣

대의 신분 제도, 가부장제와 남성중심주의, 고대국가의 중앙집권제 속에서 약자인 여성, 그러나 체제에 순응하기보다는 자신의 운명을 스스로 개척해 나가는 당찬 여성의 모습이 그려진다.

자연과 교감하는 인간, 자연을 정복하고 지배하는 인간,
그리고 내면적 갈등

소설 『바보 온달』의 또 하나의 모티프는 자연과 교감하는 온달과 자연을 정복하고 지배하려는 온달의 대조와 갈등이다. 온달은 자신이 홍수에서 구해 준 '바우'라는 곰과 친구가 된다. 그러나 두 친구는 운명의 물살 속에서 헤어지게 되고 다시 적으로 만난다.

> 이제 때가 됐다. 오늘이야말로 바보 온달이라는 이름에서 바보란 말을 지워 버릴 때가 온 거야. 여기 이 물을 내려다봐요. 꼼짝 말고 그 물만 내려다보고 있어요. 그 사람 얼굴을 자세히 들여다보면서 내 말을 들어요. 거기 있는 사람은 고구려 제일가는 바보예요. 사람들이 놀려도 화낼 줄 모르고, 때려도 도망칠 줄 모르고, 말을 타고 달리면서 활로 솔방울을 맞히는 솜씨로 토끼 한 마리 맞히질 못하고… 사냥을 나왔다가 겨우 늑대 한 마리 잡고는 무서워서 벌벌 떨며 눈물을 흘리는 고구려 제일가는 바보가 거기 물속에 있어요. 그런 바보는 차라리 죽어 버리는 게 나아요. 괜히 살아봐야 사람들의 놀림이나 받고…. 평강은 돌멩이를 주워 온달의 어깨 너머로 연못에 던진다. 이제 바보 온달은 죽었어요. 남은 건 고구려에서 제일가는 장군님뿐.

이 대목을 읽어 줄 때 아이들은 아쉬움의 탄성을 지르기도 하고 마음의 갈등으로 얼굴을 찡그리기도 했다.

"그래, 너희들 생각엔 온달이 예전 모습 그대로 남아 있는 게 좋겠니? 아니면 평강이 원하는 대로 용맹한 장군으로 바뀌었으면 좋겠니?"

아이들의 의견은 분분했다. 우리는 바로 이 문제에 대해서 이야기를 나누고 자신의 의견을 정리하도록 했다. 정답은 없고 토론에서 이기고 지는 것도 없다. 인생의 화두처럼 가끔씩 그 질문을 꺼내 보며 인간에 대해서 숙고하기를 바랄 뿐이다.

땅과 국가, 민족에 대한 근본적인 질문

온달 (화가 아직 덜 풀린 목소리로 실감 나게 말한다.) 어르신, 여기가 고구려 땅이오, 신라 땅이오?

노인 그게 뭣이 중요혀! 걍 감자 농사만 잘되면 되는 거~ㅎㅎ 그리고 이 땅은 신라의 땅도, 고구려의 땅도 아니여~

온달 (약간 짜증 난다는 말투로) 그럼 도대체 누구 땅이오?

노인 어떤 때는 신라군이 몰려와서 금을 긋고 여기까지가 자기네 땅이라 하고, 또 어떨 때는 고구려 장수들이 와서 신라 사람들이 그어 놓은 금을 지우고 고구려 땅이라고 하지. 암~ 그렇고말고~.

삼국은 한강 유역을 중심으로 치열한 경쟁을 벌여 왔다. 장군이 되어 승승장구하던 온달은 어느 날 한강 유역까지 사냥을 나갔다가 신라의 화랑을 만나 모욕을 당한다. 그리고 돌아오는 길에 그곳에서 농사를 짓고 사는 한 노인을 만나 이 땅이 어느 나라 것인지 묻는다. 치열하게 땅따먹기를 하던 삼국의 지배계급과는 달리 그 노인은 대대로 농사짓고 사는 자신의 땅이며 국가가 누구인지 상관도 관심도 없다고 대답한다. 그러나 온달은 그 노인의 대답에는 아랑곳하지 않고 한강 유역에서 고구려의 패권을 되찾기 위해 전쟁을 벌이고 그 전쟁에서 전사하고 만다. 소설 『바보 온달』의 이 모티프는 땅과 그곳에 터전을 잡고 사는 민중과 국가의 폭력적 지배와 패권 다툼에 대한 근본적 의문을 제기한다.

우주적 존재로서의 인간

5학년 2학기의 두 번째 주제집중수업은 '소우주 우리 몸'이라고 이름 붙인 과학 수업이었다. 몸은 소우주의 원리를 닮았을 뿐 아니라 우리 몸을 구성하는 모든 성분은 별들과 마찬가지로 우주를 구성하는 성분과 같다는 인식하에서 시작했다. 그래서 우리 몸 집중수업을 '별에서 온 아이'라는 이야기를 들려주며 시작했다.

이와 마찬가지로 소설 『바보 온달』에서도 이야기의 시작과 끝은 아기별과 어린 영혼이 주고받는 대화로 시작한다. 어린 영혼이 고쳐 주려던 별은 온달의 영혼이었다. 또한 이야기의 첫 장면은 온달이 별을 따려고 돌을 던지는 장면으로 시작하며 그 순간 떨어진 별은 평강이라고 암시한다.

이 소설 속에서 별과 인간의 관계는 고대로부터 이어져 온 인간의 인식을 반영하고 있다. 예부터 사람들은 별과 인간의 영혼을 연관 지어 생각해 왔다. 그리고 별의 기운이 인간의 운명에 영향을 미친다고 생각해 왔다. 이 소설의 처음과 끝을 관통하는 모티프는 우주적 존재로서의 인간에 대한 인식이다.

소설 『바보 온달』은 여러 가지 화소들이 많은 생각할 거리를 던져 주는 결코 단순하지 않은 이야기이다. 교사가 단조로운 톤으로 책을 읽어 주는 동안 아이들은 상상력이 활성화되고 장면, 장면을 머릿속에 그리며 이야기를 쫓아왔다. 때로는 긴장과 탄성, 때로는 안도의 한숨과 웃음, 주인공들과 사건에 대한 공감과 반감을 느끼며 이야기에 흠뻑 빠져들었다.

긴 호흡으로 문학작품 읽기

작품을 선정하고 9월부터 책 읽기를 시작했다. 하루에 한 장이나 두 장씩 일주일에 두세 번 읽어 주었다(매일 한 챕터씩 읽어 주면 좋은데 그렇게까지 시간을 확보하기가 어려웠다). 책을 읽는 동안 연극을 염두에 두고 여러 가지 작품 분석 활동을 했다. 다음은 수업시간에 했던 여러 가지 작품 분석 활동을 소개하고자 한다.

활동 1. 등장인물/성격 리스트 만들기

작품을 읽기 전에 학생들에게 우리는 이 작품으로 연극을 할 것이라고 말해 주었다. 그러니 우리는 이 작품에 대해서 디테일한 것까지도 잘 알아야 하고 우리가 이 장면을 무대에서 연출하려면 어떻게 될지 상상하며 이야기를 들으라고 주문했다. 그리고 연극을 할 때 등장인물로 누가 나오는지 알아야 하니 새로운 등장인물이 나올 때마다 기록하여 리스트를 만들기로 했다. 배움공책에 등장인물 리스트 페이지를 따로 마련해 기록해 나갔다. 새로운 등장인물이 나올 때마다 이름을 적고 그 인물의 성격과 특징을 적었다.

활동 2. 사건 정리하기

배움공책의 또 다른 페이지를 마련해 사건을 정리했다. 한 챕터의 이야기를 읽을 때마다 아이들과 어떤 사건이 있었는지 이야기를 간단하게 나누고 각자 자신의 말로 사건을 정리해서 한두 문장으로 간단하게 쓰도록 했다. 이야기 간추리기는 길고 자세하게 쓰지 않도록 했다. 매번 해야 하기 때문에 아이들이 힘들어할 수도 있고 길게 요약하는 것보다 한 줄로 짧게 요약하는 훈련이 아이들에게는 더 필요하다고 생각했기 때문이기도 했다.

활동 3. 인물 실루엣 그리기-사건과 감정 반응

주요 등장인물의 실루엣을 한 페이지에 크게 그려 넣는다. 실루엣을 그릴 때는 자세하게 그려 넣지 않도록 예를 칠판에 그려 주고 용도를 알려 준다. 예를 들어 온달의 윤곽만 크게 그리고 안은 텅 빈 공간을 남겨 둔다. 그리고 중요 장면에서 온달에게 일어난 사건을 윤곽선의 바깥에 쓰고 화살표로 연결하여 안쪽에는 그 사건에 대한 온달의 내적 반응, 감정을 쓴다. 또 한 명의 중요 인물로 고승 장군이 나오는데, 고승 장군과 온달이 함께 나오는 장면에서 어떤 사건이 일어났다면 온달과 고승 장군의 실루엣 바깥쪽에 같은 사건을 간단하게 쓰고 화살표로 연결하여 안쪽에는 그 사건에 대한 온달의 내적 반응, 감정을 쓴다. 한 번만 하는 것이 아니라 이야기를 읽어 가면서 필요할 때마다 계속 이어 간다.

활동 4. 배경 탐구하기

배경에 대해서는 크게 시간적 배경, 공간적 배경으로 나누어서 정리했다. 시간적 배경은 다시 시대적 배경과 각 주요 사건의 시간적 배

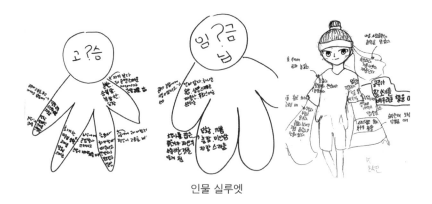

인물 실루엣

경으로 세분했다. 특히 시대적 배경은 삼국 시대의 시대상을 이야기를 통해서 유추해서 점점 쌓아 가는 방식을 택했다. 예를 들어 평강이 태어나서 왕자가 아닌 공주를 낳았다고 왕비가 미안해하는 장면에서는 가부장제가 확립된 당시의 사회상을 언급하며 학생들과 이야기를 나누었다. 고구려 북쪽의 북방민족인 후주와의 전쟁 장면에서는 고구려의 대외 관계에 대해서, 한강 유역을 사이에 두고 신라와 영토 분쟁을 벌이는 장면에서는 삼국의 경쟁과 삼국 통일 전쟁 과정에 대해서 역사 수업과 연계하여 다루었다.

공간적 배경에 대해서는 삼국 시대 중 고구려의 위치와 수도인 평양성의 위치, 한강 유역과 아차산에 대해서 역사 시간에 배운 내용을 상기하며 이야기 나누고 배움공책에 정리했다. 연극을 한다면 이 장면의 무대 배경을 어떻게 하면 좋을지 상상해서 꾸며 보는 활동도 했다.

활동 5. 인물 관계망 그리기

소설 『바보 온달』을 반쯤 읽었을 때부터 인물 관계망 그리기를 했다. 주요한 삼각관계인 온달과 평강, 고승을 삼각형의 각 정점에 놓고 화살표로 각 인물이 상대를 어떻게 생각하는지 적는다. 다시 이야기를 읽으면서 상대에 대해 변화하는 감정과 생각을 누적해서 적어 나간다. 또 그 삼각형을 중심으로 다른 인물과의 관계도 덧붙일 수 있다.

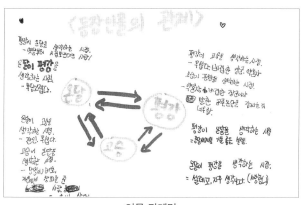

인물 관계망

활동 6. 에피소드 만화로 표현하기

이야기 중 재미있는 에피소드를 골라서 만화로 다시 쓰기를 해 보기도 했다. 이것은 이야기의 서술 방식을 바꾸어 다르게 표현하는 연습을 하는데 좋은 접근 방법이라고 생각한다. 플롯은 그대로 두고 표현 방식을 바꿔 봄으로써 이후 희곡으로 바꿔 쓰기를 할 때 도움이 되었던 것 같다.

활동 7. 다양한 관점에서 사건 바라보기

이것은 생각만 해 보고 시간이 없어서 해 보지는 못했는데 유익한 활동이 될 수 있을 것이라고 생각해서 아이디어를 소개하고자 한다. 이야기 중 한 사건을 중심으로 해서 거기에 등장하는 인물을 택해서 그 인물의 관점으로 사건을 재해석해서 다시 써 보는 것이다. 예를 들어 온달이 부하들과 사냥을 갔다가 자신의 어릴 적 친구였던 곰으로 생각되는 바우를 만난다. 바우를 놓친 온달은 곰을 쫓아 숲을 헤매다가 한강 유역까지 내려오게 된다. 그때, 부하들이 화랑에게 잡힌다. 화랑을 만난 온달은 화랑 앞에서 무기를 버리고 부하들을 되찾아오는 굴욕을 감수해야 했다. 자존심이 상한 온달은 근처에서 농사를 짓는 노인을 만난다. 이 장면에 등장하는 온달, 부하, 화랑, 노인 중 한 사람을 택해서 그 사람의 관점에서 이야기를 다시 써보는 것이다.

활동 8. 단막극으로 표현하기

평강이 아버지 임금과 어머니 왕비에게 온달에게 시집가겠다고 폭탄선언을 하는 극적인 장면을 읽을 때였다. 아이들은 엄청 재미있어하며 당장 역할극을 하자고 졸랐다. 모둠별로 같은 이야기를 즉석에서 각색해서 역할을 나누어 맡아서 잠깐 연습하고 발표하는 시간을 가졌다. 같은 소재였지만 모둠별로 다른 개성이 돋보이는 재미있는 활동이었다. 연출에 따라서 무대가 달라지는 마법을 경험할 수 있었다.

활동 9. 토론하기

앞에서도 언급했듯이 평강에게 이끌려 바보 온달에서 온달 장군으로 변모하는 극적인 장면이 나올 때, 아이들의 반응은 다양했다. 그래서 이전의 온달의 성격과 특성, 변모한 온달의 성격과 특징을 나누어 정리해 보았다. 그리고 어느 쪽이 더 좋다고 생각하는지 학생들에게 물었다. 학생들의 의견은 분분했다. 몇몇의 의견을 들어 보고 더 많은 아이들이 자기 생각을 말하고 싶어 해서 모둠별로 토론을 시켰다. 자신의 주장의 근거를 메모지에 적어서 칠판에 붙이도록 했다. 수업이 끝날 무렵 학생들은 각자 나와서 친구들의 생각을 읽어 보았다. 시간이 없어서 못 했지만 국어 시간에 정식으로 찬반 토론을 부쳐 봐도 좋았을 것 같다.

활동 10. 인물 탐구하여 자서전 쓰기

이것은 책을 다 읽고 희곡이 나온 후 등장인물의 배역이 정해진 후에 해도 좋고 굳이 연극을 하지 않더라도 유의미하게 해 볼 수 있는 활동이다. 여기서는 연극을 한다는 전제하에 활동 방법을 소개하겠다. 이 작업은 인물에게 생명을 불어넣는 작업이다. 먼저 교사는 칠판에 학생들이 상상력을 발휘하여 채워 넣어야 할 목록을 적어 준다.

① 인물의 이름
② 생김새
③ 옷매무새
④ 행동거지(걸음걸이, 자세 등)
⑤ 말씨
⑥ 가족 관계
⑦ 나이
⑧ 성격
⑨ 태어나서 이야기에 처음 등장했을 때까지 살아온 이야기(자서전)

잠깐 등장하는 문지기나 궁녀 같은 인물을 예로 들어 어떻게 상상해서 써야 할지 설명하고 각자 작업하도록 한다. 집에서 자료를 조사해서 숙제로 써 오도록 해도 좋을 것이다. 왜냐하면 그 당시의 의복이나 사회 문화적 특징을 안다면 더욱 자세하게 상상해 볼 수 있을 것이기 때문이다.

이 작업은 인간에 대한 이해의 폭을 넓히고 연극에서 자신의 역할이 결코 하찮지 않다는 생각을 심어 주고 싶어서 넣은 활동이다. 어딘가에서 읽었던 글귀가 생각난다.

"한 아이가 교실로 걸어 들어오는 것은 온 우주가 걸어 들어오는 것이다."

이 활동은 연극 연습 중간에 하는데 자신이 맡은 배역에 생명을 불어넣음으로써 풍부한 감정을 가지고 연기를 할 수 있도록 독려하기 위해서도 꼭 필요한 작업이었다.

연극을 위한 위밍업

우리 학교에서는 많은 학급에서 아침열기를 진행한다. 아침열기의 내용은 학년마다 학급마다 그 특색을 살려서 다양하게 이루어진다. 또한 집중수업의 주제에 따라서 달라지기도 하고 계절에 따라 달라지기도 한다. 우리 별반에서는 우리 몸 집중수업이 끝나는 대로 바로 연극을 위한 위밍업으로 아침열기를 진행했다. 기본적으로 매번 반복되는 기초 훈련도 있고 조금씩 도입해서 쌓아 가는 활동도 있다. 발도르프 교육 연수에서 배우거나 힌트를 얻은 활동도 있다. 특히 연극을 위해서는 미국 발도르프 학교에서 교사로 연극 수업을 담당했던 데이비드 슬론이 쓴 『무대 위의 상상력』이라는 책을 많이 참고했다. 여기에서는 내가 이번 해와 지난해에 진행했던 것을 섞어서 소개하려고 한다.

아침열기에서는 일정한 패턴이 반복되면서 매번 조금씩 변화를 주며 활동을 쌓아 간다. 연극연습을 위한 기본적인 아침열기의 흐름은 다음과 같다.

① 몸풀기를 위한 스트레칭
② 1분 명상
③ 아침 시
④ 발성 연습
⑤ 발음 연습
⑥ 리듬 박수
⑦ 연극 놀이

활동 1. 몸과 마음을 깨우는 몸 바라보기

시간이 부족할 때도 아침열기에서 잠깐이라도 '몸 바라보기'를 꼭 한다. 왜냐하면 아침 시간에 아이들은 잠에서 덜 깨어난 상태로 학교에 온다. 몸이 아직 깨어나지 않아 찌뿌둥하고 감각이 예민하지 않은 상태이다. 먼저 박수를 치며 소리로 감각을 깨운다. 그리고 손을 비벼 열을 낸 다음 몸에서 아픔이나 자극이 느껴지는 부위에 대고 부드럽게 쓸어 준다. 그리고 몸의 각 부분을 스트레칭하듯이 움직이며 몸에 대한 감각을 일깨운다.

활동 2. 1분 명상

몸 바라보기로 몸의 감각을 일깨운 학생들은 눈을 감고 반가부좌를 틀고 앉아서 1분 명상을 한다. 조용히 자신의 의식을 들여다보거나 외부의 소리에 귀를 기울여 보며 의식을 더욱 영민하게 깨우는 시간이다. 교사의 종소리 신호에 따라 눈을 감고 1분의 시간을 가늠해 보는 훈련을 하는 시간이기도 하다. 부피감이나 거리감, 공간감 등에 대한 인식뿐 아니라 시간감을 발달시키는 것은 온전한 인간으로 성장하는 데 필요하다는 점을 이 활동을 처음 시작할 때 설명해 주었다. 처음에는 마음속으로 숫자를 세며 1분을 감량하고 익숙해지면 숫자를 세지 않고 1분의 시간을 감량해 보도록 한다.

활동 3. 아침 시

아침 시는 1년 내내 아침열기를 할 때마다 반복한다. 아이들의 마음속에 깊이 아로새겨지기를 바라며 인간 존재에 대한 본질적 의미가 들어간 시를 고른다.

> 나는 땅 위에 곧게 서 있어요.
> 내 팔은 세상을 향해 뻗어 있고
> 빛으로 가득 차 있지요.
> 내 손은 별까지 닿아 있고
> 내가 다시 땅으로 내려올 때
> 내 머리 위에는 무지개가 떠 있어요.

이 시는 천지인, 땅을 딛고 하늘을 향해 똑바로 선 인간의 자연과 세상과의 관계를 명징하게 보여 준다. 나는 이 시가 아이들의 무의식에 스며들어 인간으로서의 존엄성을 가지고 세상과 관계 맺기를 희망하며 매일 아침 기도하는 마음으로 이 시를 읊고자 했다. 또한 시를 암송하면서 동시에 어깨를 펴고 곧게 서는 연습, 팔을 뻗어 세상을 향하고 별을 향해 손을 치켜들었다 천천히 내리는 동작을 함께 한다. 이것은 온몸으로 시를 읊으며 몸과 정신을 바로 세우는 활동이라 생각해서 일 년 내내 반복했다.

활동 4. 발성 연습

발도르프 학교에서는 오이리트미라는 것을 하는데 그중에서 기본 모음인 아, 에, 이, 오, 우를 발음하며 몸으로 표현하는 동작이 있다. 나는 그것을 응용하여 아이들과 함께 발성 연습을 하였다. 소리만 내는 것이 아니라 동작과 함께 하는 이유는 우리의 몸이 바로 소리를 낼 때 울림통이 되기 때문이다.

나는 대학 때 우리나라 전통수행법의 일종인 '영가무도'라는 것을 했었다. 영가무도의 첫 번째 수행법은 단전으로부터 소리를 끌어올려 온몸을 진동시키는 것이다. 이 수행법은 쉽고도 간단하지만 강력한 카타르시스를 경험하게 해 주었다. 각각의 모음을 단전으로부터 끌어올려 탄성을 지르듯 내지르며 동작을 하는데, 각 동작은 해당 소리를 낼 때 만들어지는 조음기관의 모습을 몸 전체로 표현하는 것이다. 우리 반에서 사용했던 방법은 영가무도에서 했던 소리내기 방법과 발도르프 학교에서 하는 오이리트미의 동작을 섞어서 진행했다.

활동 5. 발음 연습

영어에서는 '텅 트위스터'라고 해서 라임을 맞추거나 첫소리를 맞춘 문장으로 발음 연습을 한다. 한국어도 '간장공장 공장장은 강공장장이고 된장공장 공장장은 장공장장이다'라는 식으로 발음을 연습할 수 있는 어구들이 많이 개발되어 있다. 틀리기 쉬운 발음을 재미있게 연습할 수 있어서 아이들과 즐겁게 하였다. 그런데 지내고 보니까 아쉬운 점이 있다. 영어에서처럼 좀 더 말하기 연습을 할 걸 그랬다는 생각이 든다. 왜냐하면 실제 연극에서 아이들이 대사를 주워 넘기

듯이 빨리 말해 버려서 대사의 전달력이 떨어지는 경우가 많았기 때문이다. (내가 영어 전공자이기 때문에 잘 알고 있기도 해서) 영어 말하기를 연습할 때는 음절 연습뿐만 아니라 문장에서 단어들 간의 연음, 스트레스와 리듬 연습, 의미 단위로 끊어 읽기 연습 등을 하여 의미 전달력을 높이는 연습을 한다. 더 나아가서는 문장과 문장 간의 간격을 유지하는 연습, 의미에 따라 톤을 조절하는 연습 등을 하여 담화(discourse) 능력을 개발한다.

다음에 연극 연습이나 발표 연습을 지도할 기회가 생긴다면 연극 기초 연습 과정에서 더 많은 시간을 이런 말하기 연습에 투자하고 싶다.

활동 6. 리듬 박수

리듬 박수는 모든 아침열기에서 많이 쓰인다. 네 박자 박수를 치며 변주를 주는 경우, 7박자를 기본 박자로 해서 변주를 주고 모둠을 나누어 합창하듯이 어울림 박수를 치는 경우도 있다. 그리고 우리 별반에서 자주 사용한 것은 파도 박수이다. 일정한 리듬을 유지하며 박수를 옆 사람에게 전달하는 것이다. 리듬 박수 활동은 아이들의 리듬감을 일깨우고 점점 복잡하게 구성함으로써 정신을 집중하게 하고 두뇌 활동과 신체활동의 협응 능력을 개발할 수 있는 좋은 활동이다. 또한 파도 박수나 어울림 박수는 다른 사람의 움직임에 예민하게 반응해야 하기 때문에 주변에 대한 주의 깊음과 배려, 협력 등이 필요하다.

리듬 박수의 예 1

×: 박수 짝, ○: 발구르기 쿵, ∨: 쉼, * : 4분음 한 박에 8분음 박수 두 번

1. 네 박자 박수

```
× × × ×
○ × × ×
× ○ × ×
× × ○ ×
× × × ○
```

이것이 한 세트이다. 이것이 익숙해지면 둥글게 서서 걸어가면서 리듬 박수를 치기도 한다. 그리고 이것까지 익숙해지면 순서를 거꾸로 쌓는다.

```
× × × ○
× × ○ ×
× ○ × ×
○ × × ×
× × × ×
```

두 세트의 네 박자 박수가 익숙해지면 첫 번째 세트를 칠 때는 앞으로 가고 두 번째 세트를 칠 때는 뒤로 걸어가는 연습을 한다.

리듬 박수의 예 2. 일곱 박자 박수

파트 1	× × × × × × ×
파트 2	× ∨ × ∨ × ∨ ×
파트 3	∨ * ∨ * ∨ * ∨

이런 식으로 기본 일곱 박에 변형박을 각각 연습하고 나중에는 파트를 나누어 합주하듯이 한꺼번에 각 파트별로 변형박을 친다.

활동 7. 연극 놀이

연극 놀이는 아침열기라는 밥상에 오늘의 메인 요리 같은 것이다. 밥은 매일 똑같이 오르지만 반찬인 메인 요리는 매일 조금씩 바뀐다. 연극 놀이를 크게 나누자면 마음 모으기, 흉내 내기, 공간 감각 익히기, 동작으로 사물 표현하기, 감정 나타내기, 걷기, 표정 연기하기 등을 했다.

창던지기

창던지기는 공간을 크게 사용하는 법과 먼 곳을 향해 자신의 신체 신호를 보내는 연습을 하는 데 유용하다. 마치 손에 창을 들고 있는 것처럼 동작을 하면서 멀리 한곳을 응시한다. 창을 들고 한 걸음, 두 걸음 나아가 목표지점으로 창을 던지는 흉내를 낸다. 이것은 무대에서 공간을 크게 사용하면서 동작을 분명하고 절도 있게 하는 데 도움이 되고 신체의 무게를 실어서 목소리를 저 뒤 객석까지 보내는 데 도움이 되는 연습이다.

공 보내기

학생들과 교사가 서로 바라볼 수 있도록 둥글게 선다. 교사가 먼저 손으로 허공에 공을 그려 본다. 그리고 공을 들고 마주 선 한 학생을 바라보고 공을 보내겠다는 신호를 한다. 마주 선 학생과 눈을 맞춘 후 그 학생에게 보이지 않는 공을 던져 준다. 눈을 맞춘 학생은 공을 받는 시늉을 하고 그 공을 손바닥으로 쓰다듬어 공의 부피감을 표현한다. 학생마다 공의 크기는 다를 수 있다. 어떤 학생은 배구공 크기의 공을 받았는데 손으로 구겨서 야구공만 하게 만들어 야구 하듯이 공을 다른 사람에게 던져 주었다. 어떤 학생은 공을 짐볼 크기로 늘려서 무겁게 다른 학생에게 보낼 수 있다. 공이 언제 자신에게 올지 모르니 모두 다 긴장해서 공의 움직임을 따라가야 한다. 이 놀이를 계속하다 보면 정말 공기 중에 공이 존재하는 것 같은 환상적인 느낌이 들기도 한다.

활쏘기

특히 〈바보 온달〉 연극에서는 활쏘기 장면이 많이 나온다. 그래서 활쏘기 동작 연습이 더 필요했다. 목적은 창던지기와 비슷한데 활쏘기는 창던지기보다 정교한 묘사가 필요했다. 활통에서 활을 꺼내는 시늉, 화살을 활에 장전하는 시늉, 움직이는 목표물을 쫓아 과녁을 맞히는 시늉, 활시위를 팽팽히 당기며 긴장감을 표현하는 시늉, 멀리 있는 목표물을 바라보며 활을 쏘고 순간 긴장이 풀어지는 시늉 등 하나의 활동에 여러 가지 동작과 감정들이 다양하게 섞여 있어 표현하기 쉽지 않아서 집에서 거울을 보고 연습해 오라는 숙제를 내주곤 했다.

걷기로 감정 표현하기

처음에는 자신이 모델이라고 생각하고 허리를 쭉 펴고 바르게 걷는다. 조금 걷다가 교사가 "슬픔이 느껴지게 걸어 보세요"라고 하면 슬픈 사람처럼 어깨를 늘어뜨리고 발을 질질 끌면서 걸어 본다. "기쁨에 넘쳐서 걸어 보세요"라고 하면 발걸음을 가볍게 하고 웃는 표정으로 걷는다. "화가 나서 걸어 보세요"라고 하면 발을 쿵쾅거리며 화난 표정으로 걷는다. "화장실이 급합니다. 빨리 화장실로 가세요." 하면 아이들은 키득거리며 다리를 배배 꼬거나 바지를 추켜올리고 우스꽝스럽게 걷는다.

웃음 참기
아이들이 가운데 공간을 두고 두 줄로 마주 보고 선다. 처음에는 서로를 쳐다보며 눈싸움하듯이 눈을 떼지 않고 웃지 않기 내기를 한다. 두 번째는 순번을 정해서 한 사람이 우스운 표정을 짓고 상대를 웃겨 본다. 세 번째 단계는 한 명이 아이들이 두 줄로 늘어선 가운데를 무표정하게 지나갈 때 양옆에 서 있는 사람들이 갖가지 웃기는 표정이나 몸짓을 해서 그 사람을 웃긴다. 이것은 아이들이 실제로 무대에 설 때, 웃지 않아야 하는 상황에서 쑥스러운 나머지 웃어 버리는 경우가 많은데 그렇게 하면 실감 나는 연기를 할 수 없다고 하면서 무대 위에서 웃지 않고 자신의 역할을 해내는 연습이라고 말해 주면 더 진지하게 활동에 참여한다.

흉내 내기
첫 단계는 둥글게 서서 모두가 같이 기본 네 박자 박수를 치면서 리듬을 맞춘다. 두 번째 단계는 한 명씩 돌아가며 기본 네 박자에 자기 나름대로 변박을 치면 나머지 사람들이 듣고 따라 한다. 세 번째 단계는 처음 두 박자는 똑같이 치고 뒤의 두 박자에는 각자가 개발한 포즈를 취한다. 나머지 사람들이 박자를 맞춰서 그 포즈를 따라 한다.

죽는 장면 표현하기
사람은 죽을 때 다양한 상황에서 죽게 된다고 예를 들어 설명한다.

절벽에서 떨어져 죽는 사람, 물에 빠져 죽는 사람, 총에 맞아 죽는 사람, 웃다가 배꼽이 빠져 죽는 사람 등등…. 또 아이들에게 죽는 상황을 생각해 보고 어떻게 죽을지 상상해 보라고 한다. 그리고 둥글게 서서 한 명씩 돌아가며 죽는 모습을 표현하고 쓰러져 죽은 체하고 누워 있다. 아이들은 각기 창의적인 방법으로 죽음을 표현한다. 물론 분위기가 장엄해지는 법은 좀처럼 없다.

동물 흉내 내기

학생들을 두 줄로 세우고 마주 보게 한다. 호랑이와 토끼라고 외치며 한 줄은 호랑이, 한 줄은 토끼가 되어 연기하게 한다. 뱀과 달팽이, 닭과 개, 쥐와 고양이 등 다양하게 지시어를 주면 아이들이 역할을 바꿔 가며 동물 흉내를 실감 나게 낸다. 마지막으로는 연극의 대본에서 동물과 인간이 나오는 장면을 제시하고 연기를 해 보도록 한다.

가상의 물건 전달하기

학생과 교사가 둥글게 선다. 교사가 먼저 손으로 어떤 물건을 만들어 옆 사람에게 전달한다. 그 사람은 그 물건이 무엇인지 짐작하여 다시 그 옆 사람에게 표현한 후 전달한다. 그렇게 한 바퀴 돌고 나면 다시 교사의 손에 들어온 물건은 영 엉뚱한 물건이 되어 있을 때가 많지만 그 때문에 늘 교실은 박장대소가 터져 나온다. 그러나 약속은 이 활동에 참여하는 누구도 말을 해서는 안 된다는 규칙이 있다. 다음 날 아침열기에서는 위 활동을 변형시켜 해 볼 수 있다. 자기가 받은 물건을 변형시켜 옆 사람에 전달하는 것이다. 예를 들어 우산을 받은 학생은 그것을 접어서 지팡이로 사용하는 흉내를 내서 옆 사람에게 전달한다. 지팡이를 받은 학생은 그것을 다시 회초리로 바꾸어 전달하고 회초리를 받은 학생은 그것을 다시 효자손으로 바꾸는 식이다. 표현력과 창의성, 재치, 공감이 필요한 활동이다.

무대의 중심에 나와 인사하기

연극일이 다가오기 시작하면서 아이들은 더욱더 몰입하며 그만큼 기대와 걱정도 쌓여 간다. 이때쯤 무대로 걸어 나와 전체 공간의 중심에 서서 인사하는 연습을 시킨다. 단순하고 쉬운 활동이지만 아이들의 걸음걸이에서 성격적, 심리적 편향이 드러나고 공간을 압도하며 당당하게 행동하는 것이 쉽지 않다는 것을 다시금 깨닫게 하는 활동이다.

거울 닦기

서로 마주 보고 서서 서로에게 거울이 되어 거울 닦기를 시킨다. 상대가 하는 행동을 평면의 거울을 넘어 똑같이 따라 하는데 우습기도 하고 재미있는 활동으로 연극 놀이에서 많이 하는 활동이다.

연극 준비하기

활동 1. 연극의 요소 브레인스토밍

문학작품에 대한 탐구가 끝나고 겨울학기에 접어들면서 본격적으로 연극 준비에 들어갔다. 첫 시간은 연극에 관한 브레인스토밍으로 시작했다. 그동안 연극도 보고 뮤지컬도 보고 연극을 하겠다는 변죽만 계속 울려 왔는데, 드디어 본격적으로 연극을 준비하자는 말을 듣고 학생들은 들뜨기 시작해서 아는 것을 쏟아 냈다.

칠판 가운데 동그라미를 그리고 연극이라고 적어 넣었다. "연극을 하려면 필요한 것이 무엇일까?"라고 학생들에게 묻고 학생들이 말하는 것을 칠판에 받아 적었다. 배우, 희곡, 관객, 무대, 홍보, 연출, 감독, 음향, 의상, 분장 등 연극과 관련된 낱말들이 쏟아져 나왔다. 학생들에게서 나온 연극과 관련된 단어들에서 연극의 4요소인 배우, 희곡, 무대, 관객을 묶어 냈다. 그리고 희곡에 대해 설명하면서 희곡의 3요소인 대사와 해설, 지문을 묶어 냈다. 그리고 연출에 필요한 역할들도 브레인스토밍을 하는 가운데 학생들의 입을 통해서 나왔다. 브레인스토밍에서 나온 것들을 배움공책에 정리해서 적고 연출에 필요한 스태프 리스트를 만들었다.

활동 2. 역할 나누기

나의 원칙은 모든 학생이 모두 배우가 되고 동시에 연출진이 되어 연극의 완성에 기여하여 자기 효능감을 갖도록 하는 것이었다. 그래서 역할 나누기는 두 가지로 진행되었는데 우선 연출진으로서의 역할을 먼저 나누고 다음으로 배역을 나누었다. 연출진 역할 분담은 앞서 소개했던 연극 브레인스토밍이 진행된 첫날 이루어졌다. 브레인스토밍을 하다 보면 연극을 만들기 위해서 필요한 역할들이 학생들 입에서 다 나온다. 그것을 토대로 역할 리스트를 칠판에 적었다. 우리가 나눈 역할은 다음과 같다.

① 연출 감독
② 극작가
③ 연기 감독
④ 무대 미술팀

⑤ 조명팀

⑥ 음향팀

⑦ 의상팀

⑧ 분장팀

⑨ 홍보팀, 포스터와 초대장

⑩ 소품 관리팀

⑪ 카메라, 동영상 촬영 등

참으로 재미있는 것은 평소에 자신의 흥미와 관심사에 따라서 아이들이 스스로 하고 싶은 일을 정한다는 점이다. 컴퓨터와 기계를 좋아하는 자연계 성향의 아이들은 음향이나 조명을 하고 싶어 하고 평소에 패션이나 꾸미기에 관심이 있는 친구들은 의상이나 분장을 하고 싶어 한다. 미술을 좋아하는 아이들은 홍보나 무대 미술을 맡는다. 그리고 책 읽기를 좋아하고 글쓰기를 좋아하는 아이들은 작가를 하고 싶어 한다. 연극은 참으로 다양한 요소들이 들어가서 협력해야 이루어지는 합동 작품이기 때문에 아이들이 처음에는 별생각 없이 참여했어도 완성해 가는 과정에서 자신의 적성을 발견하고 자기 효능감을 높일 수 있는 매우 효과적인 진로교육이 될 수 있다는 것을 진행하면서 깨닫게 된다.

활동 3. 소설을 희곡으로 바꿔 쓰기

이번에는 희곡을 쓸 차례다. 연극 대본은 누가 쓰느냐고, 선생님이 써 줄 거냐고 일찌감치 걱정하며 묻는 아이들에게 나는 우리 별반이 다 같이 협동해서 희곡을 써야 한다고 말해 주었다. 몇몇 아이들은 놀라워하며 자기가 어떻게 쓰느냐며 걱정을 했다.

작년에 공연했던 연극 〈옹고집전〉 동영상을 잠시 보여 주고 이어서 그때 썼던 희곡을 보여 주며 대사와 해설, 지문을 어떻게 구성하는지, 막과 장을 어떻게 나누는지 설명해 주었다.

그리고 칠판에 『바보 온달』을 희곡으로 구성한다면 어떻게 할지 배움공책에 사건 정리해 놓은 것을 보며 이야기 나누었다. 큰 주제로 막을 나누고 다시 에피소드마다 장을 나누어 제목을 쓰고 칠판에 적었다. 『바보 온달』의 내용이 좀 복잡하여 5막으로 구성했는데, 각 모둠이 한 막씩 맡고 두 모둠은 긴 막을 나누어 맡았다. 그러고 나서 모든 학생 각자에게 자신이 맡은 부분의 텍스트를 나누어 주고 희곡을 쓰도록 과제를 내주었다. 수업시간에 다 쓴 아이도 있고 집에 가서 완성해 온 아이들도 있었다.

내가 놀라웠던 것은 1명 빼고 모든 아이들이 자기가 맡은 부분의 희곡을 써냈다는 것이다. 그중에서도 특히 나를 감동시킨 학생은 진이라는 남자아이였다. 진이는 평소에 말이 없고 발표를 절대 하지 않는 아이였다. 가끔씩 개인적으로 나에게 와서 꼭 필요한 것을 물어보는데 그때도 거의 알아들을 수 없는 개미 목소리로 짧게 말하였다. 그런데 진이가 써 온 희곡을 보고 나는 놀라움을 금치 못했다. 진이가 써 온 부분을 읽다 보면 눈앞에 무대가 펼쳐지고 배우들이 무슨 말을 어떻게 하며 어떤 행동을 취하는지 너무도 세밀하고 생생하게 묘사되어 있어, 실제 연극을 보고 있는 것 같은 착각이 들 정도였다. '진이가 밖으로 표현은 안 하지만 그 내면에는 이렇게 풍부한 상상의 세계를 품고 있었구나!' 하고 감동했다. 사람은 겉으로 보이는 것보다 훨씬 더 커다란 세계를 안으로 품고 있음을 다시 한 번 깨달으며 인간에 대한 경외감마저 들었다.

각자가 쓴 희곡들을 다 모아서 편집하는 일이 남았다. 별반에서 작가 역할을 맡은 아이들 네 명이 친구들이 쓴 희곡을 나누어 가져갔다. 나는 작가들에게 불필요한 부분을 지우고 내용이 이어지지 않는 부분은 부드럽게 연결하고 지루한 부분에 유머를 섞어서 편집하라고 주문했고, 아이들은 성실하게 시간에 맞춰 다시 가져왔다. (작가를 했던 아이가 자기 인생에서 이렇게 오랫동안 컴퓨터 앞에 앉아서 자판을 두드려 본 적은 처음이라고 말해서 웃음이 나왔다.) 작가들이 편집한 것을 내가 다시 하나로 묶고 막과 장을 정리하고 복사해서 연극 대본집을 완성했다.

드디어 연극 대본집을 나누어 주던 날 아이들은 자기가 쓴 부분이 녹아들어 있는 것을 보고 매우 뿌듯해했다.

활동 4. 희곡 손보기와 단막극 하고 비평하기

희곡이 완성되기 전에 한 단계를 더 거쳤는데 이 작업도 학생들이 기준을 가지고 연극을 완성해 가는 데 매우 도움이 되었던 과정이었던 것 같아 소개하고자 한다.

먼저 각자가 써 온 희곡을 모둠에서 돌아가며 읽고 토론하여 수정하는 작업을 거쳤다. 그리고 모둠원들의 희곡 중에서 가장 재미있는 장을 골라 서로 역할을 나누고 연극 연습을 짧게 했다. 다음 시간, 그날은 학부모 공개수업 시간이었다. 책상을 구석으로 다 밀고 둥글게 서서 앞에서 소개한 것 같은 열기를 잠시 했다. 그러고는 책상을 ㄷ자 모양으로 배치해서 교실 앞쪽에 무대를 마련했다. 그리고 10분 정도 시간을 주어 모둠별로 마무리 연습할 시간을 주었다.

시간이 지나 신호에 따라 연습을 멈추고 학생들이 자리에 앉은 후 비평에 대해서 설명하고 오늘 모둠별 단막극을 보고 비평할 기준을 알려 주었다. 그 기준은 다음과 같다.

① 목소리가 충분히 큰가요?

② 발음이 분명한가요?

③ 대사를 통해서 내용을 이해할 수 있나요?

④ 감정을 넣어 실감 나게 대사를 말하나요?

⑤ 관객을 바라보고 관객과 호흡하며 연기하나요?

⑥ 무대의 가운데를 중심으로 공간을 충분히 사용하나요?

⑦ 배우들의 표정과 동작이 크고 실감 나나요?

비평할 종이를 나누어 주고 각 기준에 대해서 점수로 표시하게 했다. 각 모둠의 발표가 끝날 때마다 종합적으로 칭찬할 점, 개선할 점에 대해서 쓰도록 했다. 그러고는 나머지 모둠들이 돌아가면서 한 사람씩 비평하도록 했다. 이렇게 구체적인 기준을 제시하니까 특정인을 비난하지 않고 구체적이고 진지하게 비평을 했고 비평을 받는 사람들도 진지하게 들어주었다.

이 작업은 어린 배우들에게 연극에서 주의할 기준들을 심어 주었고 연습하는 내내 이 점에 대해서 서로 신경 쓰면서 충고도 해 주고 스스로를 개선해 나가는 동력이 되었던 좋은 수업이었다. 또 한편으로 모든 사람이 한 역할씩 맡아 친구들 앞에서 연기를 해 보았기 때문에 이 작업이 결과적으로는 오디션이 되었다.

활동 5. 배역 정하기

희곡이 완성된 후에는 배역을 나누었다. 나는 이번에 희곡을 크게 두 파트로 나누고 같은 역할에 두 명을 배정했다. 예를 들어 1파트의 바보 온달 역은 A가 2파트의 바보 온달 역은 B학생이 맡는다. 이런 식으로 모든 학생들이 한 가지 이상의 역할을 맡도록 했다. 이것은 각각

연극 비평지

각 모둠의 단막극을 보고 물음에 1점~5점까지 해당하는 점수에 ○ 하고 칭찬할 점과 개선할 점을 적어 주세요.

모둠명	목소리가 충분히 큰가요?	발음이 분명한가요?	대사를 통해서 내용을 이해할 수 있나요?	감정을 넣어 실감 나게 대사를 말하나요?	무대의 가운데를 중심으로 공간을 충분히 사용하나요?	관객을 바라보고 관객과 호흡하며 연기하나요?	배우들의 표정과 동작이 크고 실감 나나요?
	1 2 3 4 5	1 2 3 4 5	1 2 3 4 5	1 2 3 4 5	1 2 3 4 5	1 2 3 4 5	1 2 3 4 5
	칭찬할 점: 개선할 점:						
	1 2 3 4 5	1 2 3 4 5	1 2 3 4 5	1 2 3 4 5	1 2 3 4 5	1 2 3 4 5	1 2 3 4 5
	칭찬할 점: 개선할 점:						
	1 2 3 4 5	1 2 3 4 5	1 2 3 4 5	1 2 3 4 5	1 2 3 4 5	1 2 3 4 5	1 2 3 4 5
	칭찬할 점: 개선할 점:						
	1 2 3 4 5	1 2 3 4 5	1 2 3 4 5	1 2 3 4 5	1 2 3 4 5	1 2 3 4 5	1 2 3 4 5
	칭찬할 점: 개선할 점:						

의 학생은 한 파트에서만 연습할 수 있도록 해서 두 파트가 동시에 연습하여 노는 학생들이 없도록 하기 위한 전략이었다.

지난번 단막극을 보며 아이들은 마음속으로 친구들이 어느 역할에 잘 어울리는지 판단하고 있는 것 같았다. 그래서 각 역할에 맞는 아이들이 추천을 받았고 쉽게 배역이 정해졌다. 물론 더 잘할 수 있는 친구들이 작은 역할을 맡아 빛을 보지 못한 경우도 있긴 했다. 하지만 그 아이들이 작은 역할이라도 너무나 자기 역할을 잘해 주었기 때문에 주인공만 빛나고 나머지 아이들은 죽는 게 아니라 모두가 주인공으로 빛나는 무대가 될 수 있었다. 또한 내가 아이들에게 감동한 것은 어느 한 명도 자신의 역할이 작다고 투덜거리지 않았고 자신의 역할이 크다고 잘난 체하지 않고 모두 다 자기 역할을 열심히 해 주었다는 것이다.

단계별 연극 연습

대본 리딩

연극 대본을 받아 든 아이들은 모두 다 뿌듯함과 기쁨으로 환호했다. 그날 우리는 바로 리딩에 들어갔다. 대본 리딩은 영어 수업에서 가끔씩 쓰는 기법을 응용한 것이다. 영어 수업 방법 중 'readers theater'라는 활동이 있다. 이것은 라디오의 성우들처럼 대본을 연기하듯이 읽기 연습을 해서 무대에서 발표하는 것이다. 첫날은 다 같이 리딩을 해서 우리 연극의 맛을 다 같이 느껴 보았다. 두 번째 시간에는 파트별로 나누어서 리딩을 하면서 서로 부족한 부분을 지적하고 시범을 보이며 개선해 나갔다.

대본을 들고 움직이며 연습하기

세 번째 시간에는 아이들이 아직 대사를 다 못 외운 상태이므로 대본을 들고 동작을 하며 파트별로 연습했다. 이 연습을 통해서 아이들은 무대에서의 동선의 전체적인 모습을 개괄할 수 있었다. 즉 어디에서 등장하고 어디에서 멈추며 상대와 대사를 주고받을 때 상대와의 거리는 어느 정도를 유지하고 무대의 중심에서 어떻게 움직여야 하는지를 가늠했다.

대본 없이 연습하기

네 번째 시간에는 대본 없이 손을 자유롭게 쓰며 연기 연습을 했다. 물론 아이들은 대사를 완벽하게 다 외우지는 못했다. 그래서 옆에서 대사를 읽어 주고 연기를 수정해 줄 연출 감독과 연기 감독의 역할이 중요하다. 아이들은 앞에서 한 비평의 기준을 늘 염두에 두고 자신과 친구들이 연기를 더 잘할 수 있도록 서로 충고하고 독려했다.

아이들은 연습 과정을 매우 즐겼는데 그것은 텍스트의 내용이 좋아서였다고 생각한다. 아이들이 좋아할 만한 여러 요소들이 텍스트 안에 들어 있어 마치 놀이하듯이 연습 과정에 참여했다. 동물과의 교감, 바보스러운 행동과 유머, 남녀 간의 사랑, 전쟁, 사냥 장면, 동물의 반격과 비극적인 최후 등 이야기 자체가 지루할 틈 없이 스펙터클했다. 나중에 깨달은 사실인데 연극을 준비하는 동안 우리 별반은 크게 다투거나 서로 상처 주는 일 없이 재미있게 연습에 집중했다. 그래서 한동안 생활지도가 필요 없었는데 아이들이 저마다 자기 역할을 수행하느라 바쁘기도 했고 연극 준비에 정신이 팔려 자잘한 인간관계에는 신경 쓸 겨를이 없었던 것 같다.

소품과 음향, 조명과 맞춰 연습하기

아이들은 본격적인 연습 기간 동안 자신의 연출진으로서의 역할에도 최선을 다했다. 무대 미술을 준비하는 아이들은 방과후 남아서 무대에 맞는 커다란 그림을 그리느라 시간을 많이 보냈다. 또 음향을 준비하는 아이들은 주말에 몇 번씩 만나서 대본에 맞는 음악을 찾느라 애를 먹었다. 대본을 꼼꼼히 들여다보며 어울리는 음향효과를 머릿속에 수도 없이 상상해 보았으리라. 포스터와 초대장을 그리는 아이들도 이것이 우리의 간판이 되리라는 무거운 책임감을 느끼며 정성껏 만들어 갔다. 의상팀도 아이들의 역할에 맞는 옷을 찾느라 매일 의상대여 사이트를 뒤졌다.

다섯 번째 수업에서는 교실에서 소품을 쓰고 음향과 조명을 연기와 같이 맞춰 보았다. 뭐 결과는 뻔했다. 엉망진창이었다. 연기자와 음향, 조명이 서로 맞지를 않아서 계속 다시 하다 보니 끝까지 연습을 못 하고 시간을 다 보내고 말았다. 다음 수업에서도 마찬가지였다. 우리는 걱정에 휩싸인 채 첫 번째 리허설을 과학 선생님(그는 학생들 연극 지도를 여러 번 하셨던 베테랑이시다)을 모시고 시청각실에서 했다. 처음으로 진짜 무대에 서는 것이라서 연습인데도 아이들이 긴장하여 나름 잘 진행되었다. 그러나 많이 부족하였고 과학 선생님이 이것저것 문제점을 지적해 주시고 개선시켜 주셨다. 아이들은 선생님 말씀을 귀담아듣고 그 충고에 따르려고 노력했다.

마지막 대본 수정 작업

첫 번째 리허설이 끝나고 문제점을 인식한 후 우리는 처음으로 돌아가 리딩 작업을 다시 하였다. 같이 대본을 읽어 나가면서 대사가 어려운 부분이나 지루한 부분, 불필요한 부분을 함께 의견을 모아 수정했다.

이 작업은 실제로 해 보지 않고 머릿속으로만 상상하여 희곡을 썼던 것을 실제로 해 보고 나서 하는 작업이라 군더더기를 줄이고 좀 더 극적인 연극을 완성하는 데 도움이 되는 작업이었다.

마지막 리허설

이제 모든 게 갖춰진 상태에서 의상까지 갖춰 입고 마지막 리허설을 했다. 아이들은 매우 진지했고 모두가 열심히 참여했다. 그동안 연기력이 많이 향상되었고 자신의 역할을 자신에게 맞게 변형시켜 표정이나 동작, 동선, 즉흥적인 대사 등을 가미하여 머릿속에 상상하던 것을 무대에서 구현하는 모습이 신기했다. 그렇게 하니 연극이 더욱 자연스러워지고 장면 장면의 재미가 더욱 고조되었다.

모험과 열정의 공연

우리는 공연 시간, 횟수, 초청 관객에 대해서도 회의를 통해서 정했다. 횟수는 2번, 관객은 저학년 후배들과 5학년 다른 반 친구들. 아이들은 친구들이 보는 것을 꺼려하기도 했지만 5학년 전체가 문학 수업으로 『바보 온달』을 읽었기 때문에 그들이 읽은 소설이 어떻게 연극으로 구현되는가를 보는 것도 의미가 있을 것이라고 간신히 설득했다. 아무튼 아이들은 저마다 긴장과 흥분으로 관객을 맞이했다. 무대에 불이 켜지고 시작을 알리는 음악이 울려 퍼졌다. 무대와 객석의 팽팽한 긴장감을 뚫고 첫 번째 대사가 들려왔다. 아이들은 연습 때보다 더욱 여유 있게, 혼신을 다하여 공연하는 것 같았다. 관객들은 어린 배우들과 호흡하며 웃고 박수치고 탄성을 토해 냈다. 마지막 장면이 지나고 피날레 음악이 흐르는 가운데 배우들이 삼삼오오 인사를 하러

연극 〈바보 온달〉

차례로 무대에 올라왔다. 밝은 조명 아래 어린 배우들의 얼굴이 안도
와 기쁨으로 빛나고 있었다.

연극의 교육적 의미

오늘날의 청소년에게는 연극이 필요하다. 모든 것을 가상
체험할 수 있는 이 시대 청소년들은 몸으로 직접 경험할 기
회를 잃어 가고 있다. 그야말로 영혼의 황무지에서 자라고
있는 것이다.

(중략) 청소년들은 점점 더 내적 재능을 잃어 가고 있다. 아이들은 늘 휘황찬란하고 실제 삶보다 부풀려진 외부 이미지를 접하기 때문에 자기만의 것을 창조하기보다는 개성이 없는 것들을 만들어 낸다. 절대 빠져나올 수 없는 영상 이미지에 압도되어 아이들의 상상력은 시들어 가고 있다.

연극 작업은 이 시대의 강력한 해독제의 역할을 할 수 있다. 연극은 인간의 상상력을 활성화시킨다.

-『무대 위의 상상력』 중에서

상상의 무대, 집단 창조의 과정 경험하기

우리는 문학 수업을 할 때 영상을 보여 주지 않고 책을 읽어 준다. 아이들은 활자를 보지 않고 듣는 것만으로도 머릿속에 이야기를 상상하며 이미지를 활발히 만들어 내고 있을 것이다. 그리고 이야기를 희곡으로 바꿔 쓰는 과정에서 자신들이 이야기를 들으며 상상했던 것이 어떻게 무대 위에서 펼쳐질 것인가를 두고 머릿속에서 씨름할 것이다. 자신들이 쓴 희곡이 지난한 훈련과 연습 과정을 통해서 여러 사람들의 노력이 마치 퍼즐을 맞추어 하나의 완성된 그림으로 모습을 드러내듯이 무대에서 펼쳐지는 것을 보게 될 것이다.

나는 이 과정이 인간의 위대한 집단 창조의 과정을 그대로 담고 있다고 생각한다. 인류의 역사는 이러한 과정을 통해서 문명을 발전시켜왔다. 앞으로 아이들이 영화 제작자가 되든 기업에서 어떤 일을 기획해서 추진하든 동네에서 작은 빵가게를 운영하든 가정에서 크리스마스 날 가족들과 함께 특별한 식탁을 차리든 머릿속에 개별적으로 떠다니는 아이디어를 낚아채서 물질세계에서 구현하는 과정은 다 비슷한 집단 창조의 과정을 거친다는 것을 이해하게 되는 날이 올 것이다.

어쩌면 일반 공립 초등학교 5학년 아이들이 수행하기에는 너무 거창한 과정일 수도 있겠으나 아이들은 이 과정에 참여하면서 창조의 과정을 경험했고 다음에 어떤 일을 기획하여 성사시킬 때 좀 더 자신감을 가지고 일을 추진해 나갈 수 있을 것이다.

다른 사람 되어 보기

나는 어릴 때 학교에서는 내성적인 아이였고, 동네에서는 해가 지고도 골목길을 뛰어다니며 놀던 말괄량이였고, 집에서는 눈치 없는 말썽꾸러기였다. 나는 방학 때마다 비슷한 또래의 사촌들과 같이 지냈다. 특히 겨울방학엔 추워서 밖에 나갈 수 없기 때문에 하루 종일 골방에서 사촌들과 연극 놀이를 했던 기억이 난다. 내가 좋아했던 것은 백설공주의 마녀 역할이었는데 엄마 옷을 몰래 입고 일부러 못되게 굴며 백설공주를 구박하는 역할이 재미있었다(엄마에 대한 반감 때문이었을까?).

5학년 즈음에 자의식이 싹트기 시작하면서 나라는 사람에 불만을 갖기 시작했다. 나는 그때 『톰 소여의 모험』을 10번이나 읽어서 책을 통째로 외워 버렸다. 나는 톰 소여처럼 어른들에게 반기를 들고 새로운 세상을 찾아서 모험을 떠나고 싶었다. 나는 완전히 다른 사람이 되고 싶었다. 때로는 외향적으로, 때로는 시크한 척, 때로는 얌전한 척, 기분 내키는 대로 코스프레를 했던 기억이 난다.

이 무렵 청소년들은 이와 비슷할 것이라고 생각한다. 특정한 가정에 태어나서 맏이 혹은 막내, 혹은 외둥이로 자라면서 형성되어 지금까지 아무런 의심 없이 받아들였던 '나'라는 존재, 그러나 이제는 의심과 불만이 생겨나고 자신의 정체성에 불안감이 커져 간다. 그리고 부모와 선생님, 어른들을 비판하면서 시험하고 싶어 한다. 한편으론 다른 부모 밑에서 다른 성격, 다른 사람이 되었다면 하고 상상하게 되고 자신이 아닌 척, 다른 사람이 되어 보는 모험을 감행하기도 한다. 이것은 자신의 정체성을 찾아가는 자연스러운 과정이다. 이 시기의 연극 수업은 청소년기의 이러한 내적 갈망에 응답한다.

배역을 정할 때 나는 학생들에게 고대 그리스 시대의 희비극에 대해서 언급하면서 그때 배우들이 썼던 페르소나라는 가면에 대해서 이야기해 준다. 우리는 상황에 따라서 필요한 페르소나를 쓰는데 "여러분도 때로는 다른 성격의 사람이 되어 보고 싶다고 생각한 적이 있을 것이다"라고 말해 주면 좀 성숙한 아이들은 갑자기 고개를 쳐들고 공감의 눈빛을 보낸다.

'그래, 이제 연극을 하는 동안은 너희가 맡은 배역으로 살아 보는 거야.'

그러나 자신이 맡은 배역의 페르소나를 벗겨지지 않게 잘 쓰려면 그 배역에 대한 디테일이 있어야 한다. 그래서 했던 작업이 앞에서 소개한 인물 탐구 작업이다.

언어의 보물창고 채우기

언어학자 노암 촘스키에 따르면 인간은 누구나 태어날 때부터 언어의 마술상자인 언어 습득 장치를 가지고 태어난다고 한다. 그러나 마술상자가 작동하려면 습득되는 언어 자료가 있어야 한다. 6세 전후까지의 어린아이들은 언어를 온몸으로 받아들이고 통째로 외워서 언어의 보물창고를 채운다. (아주 어린 아이부터 고등학생까지 영어를 가르쳐 본 나의 경험에 비추어 보면 초등학교 2학년 때까지는 몸으로 언어를 배운다고 봐도 될 것이다.) 이것은 좀 다른 이야기지만 다른 언어를 쓰는 사람들은 신체구조의 특징이 어딘지 모르게 다르다. 그것은 그가 주로 쓰는 언어의 조음법에 따라서 조음기관이 다르게 발달하기 때문이다. 언어는 우리의 사고체계와 감정에 영향을 미칠 뿐만 아니라 신체에도 영향을 미친다. 그래서 어린 시절에 받아들인 언어의 내용과 양은 매우 중요하다. 특히 일상 언어에서 고급 언어로 비약적인 발전이 일어나는 11세에서 12세, 13세의 시기는 일생의 언어생활에 중요한 영향을 미친다.

요즘의 교육은 창의력과 사고력 발달에만 치우쳐 있어 암송을 중요하게 생각하지 않는 경향이 있는 것 같다. 그런데 나의 지식과 경험에 비추어 보면 아동기의 언어와 인지 발달에 암송은 매우 중요한 역할을 한다고 생각한다. 나는 초등학교 2학년 때에야 겨우 책을 읽을 수 있었기 때문에 고학년이 되어도 책을 빨리 읽지 못했다. 그러나 한 권의 책을 오랜 시간을 두고 곱씹으며 읽었기 때문에 책 속의 언어들을 깊이 받아들이고 기억했다. 또 5학년에서 중학교 2학년 때까지 시 암송을 좋아했는데 그때 외웠던 시구들, 어휘들이 내가 평생 꺼내 쓸 수 있는 언어의 마법상자에 쌓인 보물이 되었다. 학교에서 시를 암송하게 하는 것도 평생의 언어생활에 밑밥을 깔아 주는 좋은 방법이라고 생각한다. 연극에서 아이들이 대본을 통째로 외우는 것도 마찬가지다. 나는 이 시기의 연극의 텍스트는 문체가 아름다운 고전 중에서 고르면 좋겠다고 생각했다. 만약, 영어권이라면 셰익스피어의 고전이 좋겠지만 우리나라는 한글로 된 고전인 조선 후기의 판소리 작품들이 될 것이다. 그래서 작년에는 문체가 맛깔스러운 『옹고집전』을 택했었는데 거기에는 앞에서 언급한 초등학교 5, 6학년 아이들에게 필요한 인간의 원형으로서의 '영웅'이 빠져 있다.

『바보 온달』은 아이들이 이해하기 쉬운 현대어로 쓰여 있기 때문에 우리 고전어의 고유한 재미와 향취가 덜한 편이지만 그래도 우리가 일상생활에서 쓰는 어휘보다는 훨씬 풍부하고 아름답다. 연극을 하는 동안 아이들은 자신의 대사뿐만 아니라 희곡 전체를 거의 외우게 된다. 연극이 끝나도 한동안 아이들은 자기가 외웠던 대사나 어투가 어느 순간 상황에 맞게 튀어나오는 것을 경험한다. 그러고는 아마도 그 언어들은 마법상자 깊은 곳으로 가라앉을 것이다. 그러나 영원히 사라지지는 않는다. 그 언어들은 다른 순간 다른 조합으로 다시 튀어나와 아이들의 언어생활을 풍부하게 해 줄 것이다.

용기와 도전, 자기 극복의 과정

자연과 더 가까웠던 원시 부족들에게 성년식은 어른이 되기 위한 통과의례였다. 어느 지역에서는 살갗을 뚫는 고통을 감내하기도 하고 어느 지역에서는 맹수가 울부짖는 밀림 속에 혼자 버려지기도 한다. 그 통과의례의 형식이 어떠하건 간에 본질적 내용은 용기를 내서 두려움을 극복하는 것이다. 많은 민담이 우리에게 주는 교훈도 따지고 보면 용기에 관한 것이다. 고도로 발달된 문명에서 보호받고 자란 현대인들 중 용기가 결여되어 자기 운명의 주인으로 살지 못하는 '성인 아이'가 유독 많다.

걸음마를 배우는 어린아이가 벽을 잡고 일어설 때, 엄마의 손을 잡고 한 발을 뗄 때, 그리고 마침내 엄마의 손을 뿌리치고 자기 힘으로 한 발짝 앞으로 나설 때, 그때마다 두려움과 싸우는 용기가 필요하듯이 성인으로 성장해 가는 고비마다 앞으로 나아가려는 우리를 막아서는 두려움에 맞서는 용기가 필요하다. 연극은 아이들에게 자신의 두려움에 용감하게 맞설 기회를 제공한다. 처음에 맺음잔치에서 연극을 하자고 말했을 때 대부분의 아이들 얼굴에 걱정과 두려움의 그림자가 스치고 지나가는 것을 보았다. 반기는 학생보다는 '내가 어떻게?

그 많은 사람들 앞에서?'라는 표정의 학생들이 더 많았다. 모든 사람이 다 무대에 서야 한다고 했을 때는 피할 수 없다는 걸 알고 더 걱정스러운 얼굴이 되었다. '걱정하지 마, 선생님과 친구들이 잘할 수 있도록 도와줄 거야.'

아무것도 준비되어 있지 않을 때는 막연한 두려움이 생기는 것이 당연하다. 그러나 한 단계 한 단계 차근차근 과정을 따라가다 보면 처음의 두려움은 사라지고 조금씩 자신감이 생기며 도전할 수 있는 용기가 자라난다. 우리 별반 아이들도 그랬다. 중간에 주인공을 나누어 맡게 된 민이라는 학생이 있었다. 내가 보기에 민이는 온달을 맡고 싶어 하는 의욕도 있었고 잘 해낼 수 있는 능력과 성실성도 갖춘 학생이었다. 그러나 그는 오랫동안 망설였는데 그것은 선뜻 나설 용기가 나지 않아서인 것 같았다. 나는 계속해서 용기를 북돋아 주고 잘할 수 있다는 믿음을 보여 주었다. 결국 고민 끝에 역을 맡게 되었는데 마지막 순간까지 떨린다고 하던 민이는 막상 무대에 섰을 때는 용감하게 자기 역할을 잘 소화해 냈다. 나는 정말 민이를 위해 크게 박수를 쳐 주고 싶었다.

연극을 마치고

민이뿐만 아니라 별반 아이들 모두가 그랬을 것이다. 큰 역할이든 작은 역할이든 아이들에게는 무대에서 남들 앞에 선다는 것이 용기를 필요로 하는 큰 도전이었을 것이고 그것을 무사히 해낸 이후에는 자신의 한계를 한 단계 극복하고 또 다른 도전에 맞설 준비가 되었을 것이다. 자신의 두려움에 맞서 용기를 내고 한계를 극복한 어린 영웅들에게 경애의 박수를 보낸다.

수업 흐름도

블록	주제	활동 내용(주요 활동, 관련 자료나 과제)	참고
1 | 12	문학작품 읽기 1 『바보 온달』 -인물 분석	1. 책 읽어 주기 　- 매시간 1챕터나 2챕터씩 읽어 주고 아래 활동을 한다. 2. 등장인물 리스트 만들기- 글을 읽어 나가면서 새로운 등장인물이 나올 때마다 리스트에 적어 나간다. 등장인물의 성격이 이야기가 전개됨에 따라 어떻게 드러나는지도 적어 나간다. 3. 등장인물 실루엣 만들기 　- 주요 등장인물의 실루엣을 그리고 책을 읽어 가면서 사건은 실루엣의 밖에 쓰고 내면의 변화(감정 반응)는 실루엣의 안쪽에 써 나간다. 4. 등장인물 간의 관계망 그리기 　- 사건이 전개됨에 따라 등장인물 간의 관계를 표시한다.	자투리 시간을 활용해서 책을 읽어 주고 인물, 사건, 배경을 조금씩 축적해서 정리한 것이기 때문에 블록으로 나누기 어려움. 활동 내용에 따라 20분~40분으로 탄력 있게 운영함.
	문학작품 읽기 1 『바보온달』 -에피소드	1. 챕터별로 사건 정리하기-하루에 한 챕터나 두 챕터씩 읽으며 사건을 1, 2문장으로 정리 2. 에피소드 만화로 표현하기 3. 에피소드 단막극 하기 4. 토론하기: 과거의 온달과 달라진 온달 어느쪽이 나은가 5. 다른 입장에서 사건 바라보기-하나의 사건에 관련된 인물들 중 각자 한 사람을 정해 자기가 정한 인물의 입장에서 사건 다시 쓰기 　- 주인공의 선택에 따라 사건이 어떻게 달라질지 상상해서 쓰기	
	문학작품 읽기 1 『바보 온달』 -배경 탐구	1. 이야기 속에서 드러나는 시대적 특징 알아보기 2. 공간적 배경의 이동 경로 흐름도 그리기 3. 배경 상상화 그리기	
	문학작품 읽기 1 『바보 온달』 -인물 집중 탐구	각자 자기가 맡은 배역의 인물을 집중적으로 탐구 　- 인물의 나이, 이름, 사는 곳 　- 생김새 　- 몸집 　- 옷차림 　- 성격 　- 말투 　- 걸음걸이 　- 습관적인 몸동작 　- 가족관계 등을 구체적으로 상상해서 쓰고 인물이 이야기의 장면에 등장하기까지 어떻게 살았는지 자서전을 쓰기	

13	연극 준비 1 -연극의 요소	1. 열기(매 차시 반복): 몸풀기-여는 시-리듬 박수-발성 연습 -말놀이(발음 연습) 2. 연기 연습-창던지기 3. 연극의 요소-'연극이 되려면 필요한 것은?' 브레인스토밍-연극의 4요소 마인드맵으로 분류해 보기: 배우, 관객, 희곡, 무대 4. 제작진 역할 정하기	연극 공연을 위해 필요한 역할들을 연극의 4요소에서 끌어내서 함께 정한다(연출, 극작가, 연기 감독, 무대장치팀, 음향팀, 홍보팀, 조명팀, 분장팀, 소품팀, 의상팀).
14	연극 준비 2 -희곡이란	1. 열기 2. 연기 연습: 보이지 않는 공 주고받기 3. 희곡의 3요소: 대사, 지문, 해설 4. 소설을 희곡으로: 모델링	한 챕터를 화면에 띄워 놓고 아이들과 함께 희곡으로 바꿔 써 본다.
15	연극 준비 3 -막과 장	1. 열기 2. 연기 연습: 가상의 물건 표현해서 전달하기 3. 소설을 희곡으로:『바보 온달』책 읽으며 사건 정리해 놓은 것을 보면서 막과 장 나누기 4. 희곡 쓰기 역할 분담(1, 2모둠이 1막씩, 1인 1장씩)	
16	연극 준비 4 -희곡으로 바꿔 쓰기	1. 열기 2. 연기 연습: 걷기로 감정 표현하기 3. 소설을 희곡으로: 수정 작업 4. 희곡 편집하기: 작가 역할을 맡은 학생들이 초벌 희곡을 모아서 편집하기	
17	연극 준비 5 -단막극 연습	1. 열기 2. 연기 연습: 웃음 참기 3. 단막극 연습하기: 각 모둠에서 한 장씩 골라 단막극 연습하기	
18	연극 준비 6 -비평 연습	1. 열기 2. 연기 연습: 흉내 내기 3. 단막극 발표하기: 모둠별로 발표 4. 비평하기: 한 모둠이 발표한 후 비평 기록지에 기록하고 모둠별로 돌아가면서 비평하기	
19	연극 연습 1 -배역 정하기	1. 열기 2. 연기 연습: 죽는 장면 표현하기 3. 편집한 희곡 검토하기 4. 배역 정하기	
20	연극 연습 2 -희곡 읽기	1. 열기 2. 연기 연습: 중심으로 걸어나와 인사하기 3. 리딩: 각자 맡은 배역에 따라 희곡 실감 나게 읽기	

21	연극 연습 3 -움직임 공간 설계	1. 열기 2. 연기 연습: 거울 닦기 3. 무대에서 움직이며 희곡 읽기(대본을 들고)	교실 앞에 무대를 설정하고 공간을 어떻게 쓸지 생각하며 움직여 보기
22	연극 연습 4 -대본 없이 연기 연습	1. 열기 2. 연기 연습: 마주 보고 흉내 내기 3. 대본 없이 연습하기(연기 감독을 맡은 사람이 옆에서 대사 읽어 주기)	한 파트는 교실 앞에서 대본 없이 움직이며 연습하고 다른 파트는 교실 뒤쪽에 앉아 리딩 연습
23	연극 연습 5 -파트별 연습	1. 열기 2. 연기 연습: 활쏘기 3. 대사 외워서 연습하기	교실 공간을 둘로 나누어서 파트 1, 2가 따로 연습
24	연극 연습 6 -총연습	1. 열기 2. 연기 연습: 동물 흉내 내기 3. 준비된 음향, 소도구와 같이 연극 맞춰 보기 4. 의상 준비하기	연극 준비 1차시에 맡았던 제작진 역할에 따라 그동안 준비해옴
25	연극 연습 7 -무대 리허설	1. 음향, 소도구, 의상을 준비해서 실제 무대에서 총연습 2. 부족한 부분 점검하기 3. 무대 공간 사용 점검하기: 입장, 퇴장, 소도구 위치, 무대 중앙과 마이크 위치 등 확인하기	
26	연극 공연	- 사전 홍보(선전 포스터 만들어 붙이기) - 초대장 만들기 - 공연 관람 학급 정하기 - 공연하기	
27 (1/2)	연극 돌아보기	- 연극이 끝난 후 과정 돌아보고 소감 나누기	

5.
우리 국토, 우리 삶

    3월의 첫 번째 집중수업이었던 '12살 나의 봄'은 12살이 인생을 일년 사계절에 빗대어 표현한다면 봄날에 해당한다는 의미와, 만물이 소생하는 계절적 의미로서의 새로운 시작, 그리고 나 자신을 바라본다는 의미를 가지고 있다. 나를 바라봄은 자기 탐구를 의미하는데 생물학적 성장 과정 돌아보기와 자기 내면의 감정과 욕구 알아차리기, 가족 및 친구, 학교생활 등의 관계 맺기를 포함했다. '12살 나의 봄'이 이렇듯 '나'에 초점이 맞춰져 있었다면 이후의 집중수업은 나로부터 확장된 관계와 시공간에 대한 통찰로 나아간다. 즉, 나를 둘러싼 물리적 공간으로서의 국토지리, 시간의 흐름 속에서 나의 정체성을 찾아보는 한국 역사, 나를 둘러싼 사회와의 주체적 관계성을 다루는 인권과 법이 그것이다.

    나에 대한 탐구에 몰두해 있던 어린 열두 살 아이는 깨어나 주변을 둘러본다. 나를 둘러싸고 공간이 가득 차 있음을 깨닫는다. 이때 다음과 같은 슈타이너의 시로 아침을 시작하는 것은 의미가 있다.

> 나는 땅 위에 곧게 서 있어요.
> 두 팔은 세상을 향해 뻗어 있고
> 빛으로 가득 차 있지요.

내 손은 별까지 닿아 있고

내가 다시 땅으로 내려올 때

내 머리 위에는 무지개가 떠 있어요.

이 시를 한 구절 한 구절 낭송하면서 시의 구절과 의미가 통하고 나를 둘러싼 공간을 가늠할 수 있는 동작을 같이 한다. 땅 위에 곧게 서 있는 것조차 쉽지 않고 팔을 땅과 평행하게 벌리고 서 있는 것도 힘들고 하늘을 향해 손을 곧게 뻗는 것도 쉽지 않다. 각각의 동작을 천천히 주의를 기울여서 하면 나의 몸의 상태를 예민하게 느낄 수 있고 나를 둘러싼 공간을 의식하게 된다.

아이들이 5학년쯤 되면 인식하는 주체인 나와 인식의 대상인 세계를 이전보다 명료하게 구분할 수 있는 힘이 생긴다. 그들은 지금까지 자신이 속해 있던 세계를 벗어나 더 넓은 세계로 나아가서 더 많은 것을 경험하고 알고 싶어 한다.

돌이켜 보면 내가 5학년 때, 『톰 소여의 모험』을 10번도 더 읽어 달달 외울 지경이었는데, 내가 그토록 그 소설을 좋아했던 이유는 당시의 나의 욕구와 맞아떨어지는 부분이 있어서였다. 나는 당시에 호기심과 모험심이 부글부글 끓어오르고 있었다. 마을 뒷산을 헤매고 낯선 동네를 탐험하고 서울을 벗어나 낯선 곳으로 떠나는 시내버스 여행을 즐겼다. 창밖으로 펼쳐지는 흥미로운 세상을 구경하느라 버스 노선을 몇 바퀴씩 돌고 돌았다(물론 엄마에게는 비밀이었지만 말이다). 우리 아이들도 더 넓은 세계에 대한 호기심으로 꿈틀거리고 있으리라. 자신에게 너무나 익숙한 가정과 학교, 마을이라는 울타리를 벗어나 더 넓은 세계를 탐험하고자 하는 욕구와 연결될 때 두 번째 주제집중수업인 '우리 국토, 우리 삶'은 영혼을 울리는 배움이 될 것이다.

국토 집중수업 방향 잡기

2월에 1차로 새 학년을 준비하면서 학년 교육과정 얼개 짜기에서 대략적으로 집중수업의 주제를 잡았다. 그때 우리는 국토가 우리의 삶에 지대한 영향을 끼친다는 점에 주목하여 '우리 국토, 우리 삶'이라는 제목을 정했다. 또 어떤 교과, 어떤 성취기준에서 몇 차시를 가져와 수업을 몇 차례 진행할 것인지 계획을 세운 바 있었다. 국토 집중수업이 시작되기 3주 전부터 본격적으로 준비에 들어갔다. 우리가 가장 먼저 한 일은 수업의 철학과 목표, 접근법 등을 세우는 일이었는데 이것은 집을 짓기 전에 토대를 다지고 기둥을 세우는 일과 같았다. 이를 위하여 우리는 이 주제에 대한 자신의 생각을 충분히 내어놓고 토론할 필요가 있다고 느꼈다. '나에게 국토란 무엇인가? 인간과 공간은 어떻게 영향을 주고받는가? 이 주제수업을 통해서 아이들이 어떻게 성장하기를 기대하는가? 교사가 방향을 잡고 이끌고자 하는 목표는 어떤 방식으로 수업에서 실현될 수 있을 것인가?'라는 질문에 각자의 생각을 나누며 철학을 세우고 방향을 잡았다.

영혼이 기억하는 공간

나는 어른이 된 지금에도 가끔씩 어린 시절 살았던 마을과 골목길, 뒷산으로 오르내리던 산길, 초등학교 운동장과 교실, 화장실 등을 꿈에서 보곤 한다. 채송화 잎사귀를 으깨고 깨진 기왓장을 갈아 소꿉놀이를 하던 양지바른 담벼락, 봄이면 엄마와 함께 올라 진달래 꽃잎을 따던 산등성이, 곰삭은 암모니아 냄새를 풍기던 운동장 한쪽의 으스스한 화장실, 커다란 개에게 쫓기다 공포에 질려 기절했던 인적 드문 골목길, 바람찬 날에 자전거를 타고 달리던 코스모스 핀 둑길, 내 추억의 꿈에는 늘 공간이 중요한 주인공으로 등장한다. 그 공간에는 감정과 분위기가 배어 있다.

오랜 세월이 지난 지금, 내가 기억하는 공간이 어디쯤에 있었는지 잊어버렸거나 도시 개발의 광풍 속에서 이미 사라져 버려 다시 찾아볼 수 없을지도 모른다. 그러나 그 공간들은 여전히 내 영혼에 깊이 새겨져 무의식 속에서 반복하는 경험의 무대이다. 그 공간과 그 경험, 그 느낌들이 바로 나일지도 모른다.

이런 생각들을 나누다 보니 국토지리가 공간을 다루는 학문이라는 점에서 단순히 습득해야 할 지식과 정보만이 아니라 어떤 느낌, 영혼적 울림으로 다가왔다.

집단 무의식의 공간

나는 가끔 바다 앞에 서서 끝없이 펼쳐진 수평선을 바라보며 수만 년 전 이 자리에 서 있었을지도 모르는 한 인간을 떠올린다. 그는 저 망망대해를 바라보며 무슨 생각을 했을까? 때로는 내가 한 번도 가보지 못했지만 왠지 깊은 그리움의 공간인 만주 벌판, 그곳에서 말을 달리던 고구려인들을 떠올려 본다. 그들의 호방함은 너른 벌판에서 비롯되었을까? 또 그곳에서 조국을 위해 목숨을 걸고 싸웠을 독립군들은 만주벌판을 바라보며 무슨 생각을 했을까?

빌딩과 아스팔트의 열기로 숨 막히는 도시를 떠나 첩첩산중 산길을 걷다 보면 나보다 앞서 그 산길을 걸었을 수많은 사람들에 대해서 생각하곤 한다. 그리고 마치 수십, 수백 년 전, 이 길을 걸었을 그 누군가와 영적인 차원에서 연결되어 있다는 느낌을 받곤 한다.

칼 융은 민족이 오랜 세월 경험한 것들이 집단 무의식을 형성하고 인간은 집단 무의식의 원형을 간직한 채 태어난다고 한다. 민족의 무의식을 형성하는 요소는 역사적 경험만은 아닐 것이다. 민족이 역사를 관통해서 공유하는 지리적 공간 또한 중요한 요소이다. 해가 비치고 바람이 불고 별빛이 쏟아지는 이 공간, 여름과 겨울이 교차하는 이 공간에 사는 인간의 영혼적 특징은 열대지방이나 사막에 사는 인간의 그것과는 사뭇 다를 것 같다.

삶의 터전으로서의 국토, 공유 자원으로서의 국토

우리 민족이 터를 잡고 살아온 한반도, 이 땅은 우리 삶의 모습을 규정했고 우리는 이 땅의 모습을 변형시켜 왔다. 우리는 변형된 땅에서 여전히 제각각의 모습으로 살아간다.

사적 소유가 극도로 발달한 지금 이 땅에 살고 있는 사람 중에는 자기 땅뙈기 하나 없이 살아가는 사람, 생물학적 인간으로서 필요로 하는 공간의 수천수만 배를 소유한 사람이 있다. 반면에 자신의 노동으로 받은 대가의 절반 이상을 국토 사용료로 내고 있는 대한민국의 대다수 사람들에게 국토란 어떤 의미가 있을까?

작년에 국토 수업을 진행할 때, 개발이냐 보존이냐를 가지고 토론을 한 적이 있다. 우리 학교 앞에는 작은 동산과 연결된 공원이 있는데, 만약 그 공원 자리에 큰 쇼핑센터가 들어서려고 하면 어떻게 하겠냐는 주제로 토론을 했다. 대다수 아이들은 개발에 반대하는 입장이었다. 한 아이가 말했다. 그 공원은 단지 사람들 것만이 아니라 그 공원에 살고 있는 다람쥐와 새들의 것이기도 하고 어린이들이 놀 수 있는 공간이고 자기가 키우는 강아지가 산책하는 곳이다. 그러므로 다람쥐와 새들과 강아지와 어린이들에게서 그 공간을 빼앗을 수 없다는 논리를 폈다.

따지고 보면 국토는 그곳을 점유하고 있는 모든 생명 가진 것들의 삶의 기반이고 함께 공유하는 공간이다. 땅에 대한 소유권을 주장하고 오로지 돈의 논리로 산을 깎고 들판을 파헤쳐 개발에만 정신이 팔려 있는 작금의 현실에 순수한 아이의 시선으로 의문을 가져 볼 수 있겠다.

지속가능한 삶의 터전, 국토

작년까지 다루었던 2009개정교육과정에서는 국토의 보존과 지속가능한 국토 개발이 중요한 주제로 다루어졌다. 그러나 올해 5, 6학년에 새로 도입된 2015교육과정에는 이 '지속가능'이라는 개념이 사라지거나 희석된 것으로 보인다. 대신 국토 사랑이나, 국토의 산업 발전 등이 크게 눈에 띈다. 하지만 우리 교원학습공동체에서 이 부분을 논의할 때는 미래 세대를 위한 지속가능한 국토의 사용이라는 가치를 잃지 않고 수업에서 꾸준히 구현해 보자고 의견을 모았다.

생활 속 경험에서 생활 속 실천으로

교사는 이 길고 긴 주제집중수업을 통해서 아이들이 결국 무엇을 배우고 어떻게 성장하기를 바라는가? 이 물음은 교사의 평소 생각과 소신에 따라 다를 수 있다. 하지만 주제집중수업을 시작하기 전 이것을 물어야 하고 답을 찾아봐야 한다. 이 질문과 대답이 결국 수업의 방향키가 될 것이다. '국토' 수업에서는 많은 지식이 다루어지고 또한 지식을 습득하고 연마하는 여러 기술이 동원된다. 그것이 그저 죽은 지식이 되지 않기 위해서는 공간에 대한 자기 경험과 느낌으로부터 출발해서 생활 속 실천으로 나아가기를 기대했다.

주제집중수업 얼개 짜기

우리 5학년 교원학습공동체는 먼저 주제와 관련된 여러 과목의 단원과 교사용 지도서에서 어떤 내용을 다루어야 하는지, 이 수업을 통해서 학생들이 획득해야 할 성취기준은 무엇인지를 살펴보았다. 그러고 나서 국토 단원을 중심으로 마인드맵을 그렸는데 국토라는 큰 주제를 중심에 두고 가지를 뻗쳐서 소주제를 잡았다. 다음 단계로는 각각의 소주제를 중심으로 잔가지를 뻗쳐서 소주제에서 다루어야 할 내용과 다른 과목의 관련 단원들을 가져와서 연결했다. 예를 들어, 소주제, '추억의 지도 만들기'에서는 국어의 4단원 '글쓰기의 과정'을, 지형을 배울 때, '한반도 모형 만들기'는 미술의 1단원 '조형원리의 세계'를, 체험학습인 '우리 땅 밟기'는 국어의 7단원 '기행문을 써요' 등을 연결하여 함께 다룰 수 있다.

국토 집중수업 소주제 잡기

우리는 사회과 1단원, '국토와 우리 생활'과 실과 4단원 '수송 기술과 안전 관리', 국어의 '기행문을 써요', 미술의 '나도 디자이너', 과학의 탐구 단원 등을 통합하여 다루기로 했다. 이러한 교과 내용들을 버무려 9개의 소주제를 잡았다.

① 추억과 희망의 지도
② 우리 국토의 위치
③ 국토의 영역과 영토 분쟁

④ 우리나라의 행정구역

⑤ 우리 국토의 지형

⑥ 체험학습, 우리 땅 밟기와 기행문 쓰기

⑦ 날씨와 우리 생활

⑧ 미래의 교통수단

⑨ 인구와 도시

　우리 동학년은 9개 학급이기 때문에 각자 한 주제씩 맡아서 더 깊이 교재 연구를 해서 각 주제별로 대략 6차시(3블록)로 수업을 계획해 오기로 했다. 그리고 나서 일주일에 두 번 만나는 교원학습공동체 회의 시간에 각자가 준비한 수업계획을 발표했다. 이런 식으로 담당자가 수업계획을 대략 짜 와서 발표하면 그것을 가지고 각자의 의견과 아이디어를 나누어 수정 작업을 했다. 그리고 다시 돌아가서 수정한 수업계획안과 함께 수업자료들을 추가하여 폴더를 만들어 각 선생님들에게 보내 준다.

　전에는 담임을 맡으면 수업을 거의 혼자 준비했다. 내가 특히 게을러서일지도 모르고 경험이 부족해서인지도 모르지만 교과서와 아이스크림류의 사이버 교수 자료에 의존하게 되고, 조금 부지런을 떤다

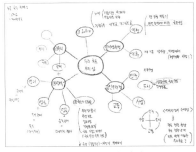

국토 수업 얼개 짜기

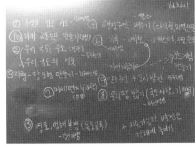

국토 수업 소주제 잡기

해도 가끔 인디스쿨의 자료들을 다운받아 쓰는 게 대부분이었다. 그러다 보니 수업에 일관성도 없고 가르치는 나도 지루하고 재미없으니 학생들은 오죽했으랴. 그러나 교원학습공동체를 이루어 주제집중수업을 동학년 선생님들과 함께 준비할 수 있어서 많은 것이 좋아졌다. 주제에 대한 자기 생각이 세워지고 전체를 조망할 수 있게 되어 흐름을 머릿속에 잡고 한 차시 한 차시 수업을 일관성 있게 진행할 수 있었다. 게다가 9명이 각각 자기가 맡은 부분을 전체와 공유하니 수업에 임할 때마다 든든한 자신감이 생겼다. 계획과 준비 없이 학생들 앞에 서는 난감함을 피할 수 있게 된 것이다.

그런데 각 소주제별로 수업계획이 세워져 있고 자료가 준비되어 있다 하더라도 각 반에서 진행되는 수업은 담임교사의 성향에 따라 또 학급 상황에 따라 달라질 수밖에 없다. 때로는 즉흥적인 장난기로, 때로는 불현듯 떠오르는 영감으로 또는 돌발적인 학생들의 요구로 수업은 마치 살아 있는 생물처럼 움직인다. 이것이 집단의 통일성과 개별의 창의성이 긴장관계를 유지하며 조화를 이루는 교육예술이 아닌가 생각해 본다.

수업 열기 활동 준비

다음으로 준비할 것은 주제 시와 노래, 열기 활동들이다. 국토 집중수업의 철학과 방향을 주제집중수업 기간에 일관성 있게 흐르게 하고 학생들에게 국토에 대한 정서적 느낌, 주제에 대한 이미지를 심어주기 위하여 매일의 의식처럼 수업을 시작할 때마다 반복하여 마음에 깊이 새겨지게 한다. 노래는 신형원의 〈터〉와 인순이의 〈아름다운 우리나라〉. 처음에는 노래를 익히고 다음으로는 리코더로 분다. 때로는 에그 셰이크나 핸드벨까지 동원하여 합주를 하고 노래를 부르며 여러 가지 규칙으로 박수치기를 한다. 이렇게 지루하지 않게 조금씩 변형을 주며 노래하고 연주한다. 또한 국토 수업의 철학과 방향이 충분히 녹아든 시를 정하여 배움공책 첫 장에 적고 본격적인 수업에 돌입하기 전에 시를 낭송하며 이미지를 마음에 새기도록 한다.

그리고 배경지식을 활성화하고 전 시간에 배운 내용을 떠올려 새로운 내용으로 자연스럽게 들어올 수 있는 초대 활동이 있다. 공을 던지고 받으며 전 시간에 배운 내용을 돌아가며 말하기, 네 박자 게임을 하며 지명, 지형 이름 대기 놀이를 한다. 때로는 전 시간의 말미에 학생들이 만들어 놓았던 퀴즈를 돌아가며 내고 맞히는 활동을 하기도 한다. 다음은 수업을 시작할 때 암송했던 주제 시이다.

우리 국토 주제 시

추억과 희망의 지도

둥근 세상

둥글둥글 둥근 세상
울퉁불퉁 산이 있고
뾰족뾰족 나무가 있고
꼬불꼬불 길이 있어요.

넓고 넓은 우리 세상
찰방찰방 개울물이 흐르고
구불구불 너른 들판에
강물이 흘러요.

쏴아쏴아 푸른 바다
푸른 하늘 뱃고동 소리에
물고기가 뛰어오르고
갈매기가 날아갑니다.

산과 들, 강과 바다에서
식물과 동물, 사람들이
저마다 어울려 살아요.

사랑하는 우리들의 행복한 순간도
오천 년 광대한 역사도
이 땅에서 펼쳐지고 새겨집니다.

수업의 실제

9개 주제를 다루는 동안 솔직히 모든 수업이 재미있거나 성공적이었던 것은 아니었다. 맥없는 수업, 겉도는 수업, 지루한 수업, 혼란스러운 수업… 실패의 요소는 곳곳에 도사리고 있다. 그러나 기특하게도 아이들은 아직 교사의 솔직한 고백을 들어줄 준비가 되어 있진 않았다. 늘 교사를 믿고 오늘도 뭔가 흥미로운 게 있겠지 기대하며 참을성 있게 바라본다. 진지하고 열심히 활동하는 아이들이 참으로 고맙다. 수업 성공의 반은 바로 이런 아이들이 만드는 것이란 걸 새삼 깨닫는다.

여기서는 우리가 다뤘던 9개의 주제를 모두 다루지는 않겠다. 평범하다고 생각되는 수업은 빼고 동학년 선생님들이 제공해 준 아이디어와 자료를 바탕으로 나름대로 변형해서 학급에서 작업한 것 중 인상 깊었던 수업만 몇 가지 소개하겠다.

추억과 희망의 지도

먼저 프란 누뇨의 글에 주잔나 첼레이가 그린 『추억을 담은 지도』라는 그림책을 읽어 주고 시작한다. 이 책은 전쟁으로 인해, 태어나고 자랐던 도시에서 영원히 돌아올 수 없을지도 모를 피난길을 떠나기 전날 밤, 지도를 펼쳐 놓고 추억이 어린 장소들을 표시하며 간직한다는 내용이다. 이렇듯 자기 경험이 배어난 추억의 지도 한 장 마음속에 간직하지 않고 살아가는 사람은 없을 것이다.

추억을 담은 지도를 읽어 준 후 교사와 학생이 자신만의 추억의 장소를 이야기한다. 선생님은 어릴 때 학교 근처 만화방을 좋아했지. 거기서 쫀득이를 구워 아껴 먹곤 했지. 너희들은 동네에서 특별히 좋아하는 장소가 있니? 또 추억이 깃든 장소는?

아이들은 신나서 대답한다. 주말에 자주 가는 어린이 도서관, 용돈이 생기면 기웃거리던 문방구, 해 질 녘까지 놀던 놀이터, 가까운 쇼핑센터, 아빠와 자전거를 타던 강변 등… 아이들의 이야기는 끝날 줄 모르고 이어졌다. 잠시 아이들의 이야기를 듣다가 이번에는 교사가 먼 장소를 이야기한다. 선생님은 초등학교 때 몇 년간 부산을 오가며 살았는데 여름엔 해운대라는 바닷가에서 모래성을 쌓으며 놀았단다. "너희들은 우리 동네 말고 더 먼 곳에 대한 추억은 없니?"라고 물으면 가족과 갔던 여행지, 시골 할머니 댁, 지방의 친척 집 등 다양한 이야기가 또 쏟아진다. 여기까지 아이들과 충분히 이야기를 나누고 추억의 장소 베스트 5를 소개하는 글을 써 오도록 했다.

다음 시간에 아이들에게 우리나라 백지도를 나누어 주고 사회과부도에서 자신의 추억의 장소를 찾아 백지도에 표시하고 추억을 표현할 수 있는 간단한 그림을 그리게 했다. 그러고 나서 한 명씩 돌아가면서 자신의 추억의 장소는 어디이고 그곳에서 무엇을 했는지 발표했다. 아이들은 친구의 이야기를 듣고 다시 사회과 부도에서 위치를 찾아 백지도에 표시했다.

이렇게 28명이 발표를 하는 동안, 아이들의 백지도가 어느새 빼곡히 채워졌다. 아이들은 생각보다 자신이 가 본 곳 심지어 자신이 살고 있는 곳의 위치도 잘 몰랐다. 서울이 우리나라에서 어디쯤 있는지, 자가용을 타고 여러 번 가 봤을 법한 동해안의 도시들이 서울의 동쪽에 있는지도 몰랐다. 그러나 이 활동을 하고 자신과 친구들의 삶이 깃들어 있는 장소들의 위치를 유의미하게 기억하게 되지 않을까 기대해 본다.

다음으로는 사회과 부도의 우리나라 지도를 살펴보며 가 보고 싶은 곳을 찾아보게 했다. 아이들은 특이한 지명을 찾아내거나 언젠가 들어 봤던 곳, 그리고 북한에 있는 도시들을 이야기했다.

"북한을 통해서 백두산에 가 보고 싶어요."

"이번에 김정은과 우리나라 대통령이 판문점에서 만났을 때, 평양냉면을 먹던데 저도 평양에 가서 냉면을 먹어 보고 싶어요."

"그래, 그럼 이번엔 이 지도에 여러분이 가 보고 싶은 곳도 표시해 보자. 가깝고도 먼 북녘 땅, 그러나 꿈꾸면 언젠가는 이루어지는 날이 올 거야."

한반도에 평화가 와서 너희 꿈이 이루어지길….

독도 서명운동

세 번째 주제인 국토의 영역에 대해서 배울 때였다. 말미에 우리 국토와 인접한 국가들에 대해서 배우고 영토는 영원불변의 절대 변할 수 없는 경계선이 아니라 시대와 국제 관계에 따라 달라질 수 있다고 말해 주었다. 국경선은 인간들이 임의로 그어 놓은 선일 뿐, 원래 이 땅에 살고 있던 뭇짐승들은 그 경계를 넘나들며 살아간다. 독도를 예를 들며 독도 주변의 바다에서 자유롭게 살아가던 강치가 어떻게 멸종되었는지 간단하게 이야기 나누었다. 그 과정에서 일본의 주장과 행태가 다루어졌고 아이들은 분개했다.

"일본의 주장을 이기고 독도를 지켜 내려면 우리가 독도에 대해서 더 많은 것을 정확히 알아야 해요. 그러니까 독도의 역사, 독도의 생태계, 위치, 지형적 특징 등에 대해서 조사해 오기로 합시다."

학생들은 주말 글쓰기 과제로 이런 것들을 조사해서 글쓰기를 해 오기로 했다.

"독도에 대해서 조사한 글은 어떤 글로 쓰면 좋을까요? 여러 가지 사실들, 정보를 알려 주는 글이니까 설명문이 좋겠어요."

그래서 우리는 설명문 쓰는 법을 국어책에서 찾아 공부했다.

다음 시간에는 많은 아이들이 열심히 조사해서 써 온 글을 나에게 보여 주며 칭찬받고 싶어 했다. 아이들의 글은 내 보기에 매우 훌륭했다. 물론 학생들마다 차이가 있었고 조사 내용도 조금씩 달랐다.

"자. 선생님이 읽어 보니 여러분이 독도에 대해서 조사해서 설명하는 글을 아주 잘 써 왔어요. 다 발표를 하면 좋겠지만 먼저 모둠별로 각자의 글을 돌아가면서 읽고 한 편을 뽑으세요. 그리고 뽑힌 글에서 부족한 부분을 다른 모둠원이 써 온 글에서 보충하고 발표자를 뽑아 발표 준비를 하세요."

이렇게 해서 모둠별로 발표를 하면서 한 차시를 보냈다. 아이들의 발표 내용은 거의 전문가 수준이었다. 모둠마다 겹치는 부분도 많았고 어려운 낱말들도 있었지만 아이들은 친구들의 발표를 진지하게 들었고, 한 모둠의 발표가 끝나면 인상적으로 들은 부분을 말하고 질문도 하였다.

"이제 우리가 독도를 지키기 위해서 할 수 있는 일을 찾아봅시다."

유튜브에 독도를 홍보하는 동영상을 만들어서 올리자는 의견, 국민청원 게시판에 올리자는 의견, 독도에 대해서 잘 모르는 우리 학교 후배들에게 캠페인을 하자는 의견까지 제법 그럴듯한 의견들이 나왔다.

"캠페인? 오, 그것 좋은 생각인데!"

우리 학교에서는 학생들이 여러 가지 캠페인을 자주 하는 편이어서 그것이 전혀 낯설지 않은 모양이었다. 그 아이디어가 나오자 캠페인에 많은 의견들이 모아졌다. 그때 내가 한 가지를 더 제안했다.

"캠페인을 하면서 서명운동도 같이 하면 어떨까?"

"서명을 받아서 뭐 하게요?"

"서명을 받으면서 독도에 대해 알릴 수도 있고 서명을 하는 사람은 서명을 하면서 독도에 대해 한 번 더 생각해 보게 될 거고 많은 사람들이 서명에 참여하게 되면 마음을 한데 모으게 되는 거지, 그리고 서명한 사람이 많다는 것을 알게 되면 큰 힘을 느끼게 되지."

"서명한 결과는 어떻게 알리나요?"

게시판에 붙이자, 교내 방송을 하자, 신문에 내자 등 여러 의견이 나왔다. 투표를 해서 신문에 내자는 의견이 많아서 학교 신문에 우리 반 아이들이 만든 '독도 선언문'과 서명한 사람의 수를 내기로 했다. 아이들은 독도에 대해 알리는 포스터를 만들고 '강명 어린이 독도 선언문'이 담긴 서명용지를 각자 한 장씩 손으로 직접 만들었다. 드디어 준비 완료! 아이들은 모둠을 나누어 서명운동을 할 장소와 시간을 정했다. 아이들의 열의는 대단했다. 나도 서명을 받아 본 적이 있는데 왠지 부끄러워 적극적으로 서명을 권하지 못했었다. 그러나 우리 아이들은 매우 적극적으로 지나가는 동생들을 붙잡고 소리 높여 독도에 대해 설명하고 서명운동에 참여해 줄 것을 설득했다. 급식실 앞에서 점심을 먹고 나오는 학생들과 교사들이 줄을 서서 서명을 하는 모습에 아이들은 커다란 자랑과 보람을 느끼는 모양이었다. 아이들은 계속해서 서명을 더 받고 싶어 했지만 3일간의 서명운동이 끝났고 460명가량의 서명이 모아졌다. 이제는 신문에 실을 기사를 작성할 차례. 컴퓨터를 켜고 화면을 보면서 기사를 함께 작성했다. 여름학기 신문이 나오는 날 그 기사를 보았을 때 아이들은 탄성을 지르며 기뻐했다.

내가 초등학교 때, 크게 좌절감을 느꼈던 한 장면이 있다. 전후 상황은 기억이 나지 않지만 내성적이던 내가 웬일인지 고아들을 돕자고 제안했을 때, 피식 웃으며 무시하던 선생님…. 나는 타는 듯한 부끄러움으로 한없이 작아졌다. '아, 학교 교과서에서 배우는 것은 그저 지식

독도 신문   독도 서명운동하는 아이들

으로 그쳐야지 현실에서 어떻게 해 보려고 해선 안 되는 거구나.' 어린 마음에 스스로를 책망했다. 그 후로 나는 아주 오랫동안 학교에서 배우는 지식은 현실과 무관한 쓸모없는 장난감에 지나지 않는다는 고정관념을 깨지 못했다.

독도 서명운동이 아이들에게 얼마만큼의 실천적 의미를 가졌을지 가늠하기는 어렵다. 그러나 아이들의 열의는 대단했고 우리 학교의 교장 선생님부터 보안관 아저씨와 1학년 후배들까지 아이들의 행동을 비웃거나 가볍게 여기는 사람은 없었다. 아이들의 서툰 실천을 지지해 주는 학교의 분위기는 혁신학교이기 때문에 가능한 것이 아닌가 생각해 본다. 아이들이 이러한 실천을 통해서 무기력한 냉소주의자가 아니라 행동하는 시민으로 성장하기를 바란다.

우리 국토의 지형

이번에는 다섯 번째 주제였던 국토의 지형 수업에 대해서 소개하고자 한다. 세계의 많은 민족은 창조신화를 통해서 이 땅이 어떻게 해서 생겨나게 되었는지 설명한다. 신화는 황당한 옛이야기인가? 현대의 과학적 관점에서 보면 그렇다고 할 수 있다. 신화는 은유와 상징을 통해서 인간의 역사와 세계관을 드러낸다. 신화는 21세기 첨단 과학시대에도 우리의 의식과 종교, 문화, 관습과 도덕에 깊게 뿌리내리고 있다. 특히 창조신화는 그 민족이 살고 있는 땅과 하늘, 바다를 인격화함으로써 단순한 물질적 대상이 아니라 공존해야 하는 존재, 생명 순환의 바탕으로 본다. 이러한 세계관은 오히려 자연을 개발의 대상, 약탈의 대상으로 보는 근대 과학의 패러다임의 한계, 환경 파괴와 자원 고갈 문제 등을 넘어서게 하는 영감을 제공한다. 앞서 이 시기 아동 발달의 특징에 대해서 언급했듯이 이 시기 아이들은 의식의 단계가 신화적 상상력이 아직 살아 있으면서 이제 막 인간적 의식, 자의식이 깨어나는 시기이다. 이러한 발달단계의 특징을 고려해 볼 때, 주제집중수업에서 신화를 도입하는 것은 아이들에게 어떤 공명을 불러일으킨다.

이런 점에서 국토 수업을 우리 창조신화로 시작하는 것은 의미가 있었다. 우리의 민속신화에는 더 오래된 근원으로부터 전해 내려오는, '이 땅이 생겨난 이야기'가 여럿 존재한다. 나는 그것 중에서 정근이 쓰고 조선경이 그린 『마고할미』를 택해서 아이들에게 읽어 주었다. 이 땅과 바다, 강과 들판이 거대한 생명체인 마고할미에서 비롯되었다는 이야기는 매혹적이다. 이것은 땅과 인간에 대한 우리의 오래된 상상력을 자극한다.

아이들은 나에게 바싹 다가와서 이야기 속에 빠져 행복해했다. 이런 이야기는 어디서 생겨났을까? 옛날부터 전해 내려오는 이야기에다 듣는 사람의 상상력이 덧붙여져 다시 전해지는 것은 아닐까?

"자, 이번에는 여러분의 상상력을 덧붙여 보아요"라고 하며 칠판에 제목을 쓴다. '이 땅이 생겨난 이야기'라고. "그런데 이 땅의 무엇을 이야기해야 할까?" 아이들은 산과 들, 바다, 섬, 강과 하천, 화산 등을 이야기했다. 그래 그것들이 어떻게 생겨났는지 상상해서 써 보렴. 다음은 학생들이 쓴 이 땅이 생겨난 이야기이다.

이 땅이 생겨난 이야기-잭과 콩나무

옛날 옛날 '잭'이라는 귀여운 꼬마 여자애가 살았습니다. 너무너무 가난했던 잭은 자기 집 소를 시장에서 팔려고 시장으로 향했습니다. 시장으로 가던 중 잭은 어떤 아저씨를 만났습니다. "내 마법의 콩과 네 소를 바꾸지 않을래?" 잭은 멍청하게도 콩과 소를 바꾸고 말았습니다. 집으로 돌아간 잭은 엄마에게 등짝 스매싱을 맞았습니다.

"이 가시나야! 자식 키워 봐야 소용없다더니!"

그날 엄마에게 크게 혼난 잭은 오밤중에 마당에 콩을 심고 다시 잠이 들었습니다. 다음 날 아침, 콩을 확인해 본 잭은 절망하고 말았어요. 마법의 콩이 아니라, 그냥 콩나물이었거든요! 그런데 잭이 콩나물에게 "쉬익, 쉬익." 하고 소리치자 콩나물이 쑥쑥 자라더니 대왕콩이 되었습니다.

"팔아먹으면 꽤 짭짤하겠어. 깔깔…"

잭이 말했어요. 하지만 순식간에 하늘로 올라간 잭은 눈앞에 펼쳐진 동그란 콩, 그러니까 지구를 보았습니다.

"겨우 이거밖에 없어!"

잭은 작은 지구를 집어던졌어요. 그러자 지구에 골짜기가 생겼습니다. 잭이 속상해서 울음을 터뜨리자 바다, 강, 호수, 하천이 생기고 잭이 지구를 꼬집은 곳은 산이 되었습니다. 잭의 눈물 때문에 땅이 녹아 섬이 생기고 잭이 침을 탁 뱉은 곳은 남극, 침이 튄 곳은 북극이 되었습니다. 이제 잭은 눈물을 그치고 지구를 가지고 콩나무를 타고 내려왔습니다. 잭은 지구로 스노볼을 만들었습니다. 지진이 일어나는 건 잭이 스노볼을 흔드는 것이고 눈이 오는 건 스노볼의 가짜 눈, 비는 스노볼의 물입니다. 우리들은 잭이 만든 진흙인형인데 잭이 똥손이라 우리들이 이렇게 못생긴 거죠. 예쁜 사람들은 잭의 엄마 작품이고요. 태양은 잭의 방 스탠드, 달은 잭의 야광구슬입니다. 구름은 스노볼에 때가 낀 것입니다. 우리가 외계인이라고 알고 있는 것은 잭이었습니다. 잭의 방에서 1년이 스노볼 안에서는 100년이라서 우리에게 역사가 생긴 거랍니다.

– 최○○ 지음

지형의 지식적인 내용은 교과서를 따랐고 배움공책에 내용을 정리한 후 기름종이를 대고 우리나라 지형도를 그렸다. 그리고 마무리는 지점토로 우리나라 지형도를 만들어 보았다. 마치 마고할미가 된 기분으로⋯.

국토 체험학습, '우리 땅 밟기'

작년, 2018년에는 국토 집중수업을 하는 중에 우리 학교 근처에 있는 '에너지 마루'라는 곳으로 체험학습을 갔다. 그곳은 미래의 대체 에너지에 대해서 배우고 체험할 수 있는 공간으로 꾸며져 있었다. 우리는 수업시간에 에너지 고갈과 무분별한 에너지 사용으로 인한 환경파괴의 위기를 이야기하며 국토의 지속가능한 사용이라는 주제를 다루고 있었기 때문에 딱 맞는 체험학습이었다. 그곳에서 우리는 태양광 에너지, 풍력발전, 재생에너지, 지열에너지, 생물에너지 등 다양한 종류의 무공해 대체 에너지에 대해서 배우고 체험했다. 이런 것들에 대해 말로 설명하는 것보다 훨씬 쉽게 와닿는 체험학습이었다. 그러나 올해 초에 그곳에 연락을 해 보니 안타깝게도 운영을 안 한다고 하였다. 그래서 우리는 다른 체험학습 거리를 찾아야 했다. 그때 마침 누군가 '우리 땅 밟기'를 해 보자고 제안했다. 귀가 확 띄었다. 아하! 그래? 그것 괜찮겠다.

나 어릴 때는 걸어서 소풍을 갔었다. 그러나 요즘은 여러 가지 이유로 차량을 동원해서 체험학습 장소에 가고 거기서 체험활동을 하고 다시 차량을 타고 학교로 돌아온다. 우리의 일상은 자동차에 깊이 의존한다. 나부터도 차를 타고 다니다 보니 걷는 일이 좀처럼 없다. 걸으며 느끼는 거리와 가로수, 산과 들과 강변은 특별한 경험이 되었다. 그래서 직접 걸으며 우리 땅을 느껴 보자는 제안이 신선하게 들렸다. 요즘 초등학교 5학년은 먼 거리를 걸어가기에는 아직 너무 어린 듯했다.

활동 1. 체험학습 장소 조사하고 결정하기

각 반에서는 가까운 산이나 들, 하천에 대해서 조사하기로 했다. 아이들이 각자 조사를 해 오고 그곳에 가면 어떤 점이 좋은지도 자신이 조사한 내용을 토대로 발표를 하였다. 그리고 어디로 갈 것인지를 정하기 위해 국어의 '토의' 단원을 도입하여 먼저 토의 방법을 소개하는 수업을 한 후 '우리 땅 밟기' 장소를 정하기 위한 토의를 진행했다.

먼저 모둠별로 각자 돌아가며 의견을 나누었다. 이것은 자신의 의견을 명확하게 하고 근거를 들어 주장하는 말하기를 연습하기 위함이었으므로 모둠별로 어떤 결론을 내리거나 하나로 의견을 모을 필요는 없다고 말해 주었다.

모둠별 의견 교환이 끝나고 학생들은 둥글게 앉았다. 사회자를 정하고 서기를 정했다. 그리고 돌아가며 자신이 추천하는 장소를 말하고 왜 그곳으로 갔으면 좋겠는지 까닭을 이야기하도록 했다. 돌아가며 모두 이야기하는 가운데 아이들은 다른 친구들의 이야기를 들으며 자신의 주장의 근거를 찾기도 하고 의견을 수정하기도 했다.

방법은 아이들이 둥글게 앉아 토킹 스틱을 돌리면 토킹 스틱을 받은 사람이 의견을 이야기하고 서기는 칠판에 새로운 의견이 나올 때마다 기록했다. 이렇게 한 바퀴 돌고 나니 걸어서 갈 수 있는 가까운 산을 가자. 차를 타고 좀 먼 산을 가자. 올림픽 공원으로 가자, 한강 수변공원으로 가자 등 의견이 나왔다. 이렇게 네 가지 의견에 대해서 추천한 곳이 왜 좋은지 보충 발언을 듣고 투표를 했다. 나는 내심 차를 타고 아차산에 가기를 바랐지만 아이들은 한강 수변공원으로 가자는 의견이 많아서 그곳으로 가기로 했다.

활동 2. 지형 조사하기

이때가 마침 지형을 배우던 중이라 우리가 가기로 한 하천지형에 대해서 더 자세히 조사해 오기로 했다. 다음 시간에 아이들이 조사한 것을 한 가지씩 발표했다. 아이들이 발표한 것을 칠판에 받아 적으니 하천지형에 대해 알아야 할 것들이 다 나왔다. 칠판에 적은 내용을 가리키며 교사가 보충 설명을 하고 학생들은 이 과정을 통해서 알게 된 점을 배움공책에 정리했다.

다음은 한 학생이 정리한 내용이다.

하천지형, 그것이 알고 싶다.

하천이란 땅 위를 흐르는 크고 작은 물줄기이다. 물줄기는 높은 곳에서 낮은 평지로 흘러가는데 산 위의 계곡에서 시작해서 개천, 강, 바다로 흘러간다. 우리나라는 동쪽이 높고 서쪽이 낮기 때문에 대부분 동쪽에서 서쪽으로 흐른다. 산처럼 경사가 가파른 곳에서는 물살이 빠르고 물길의 폭이 좁다. 그래서 계곡의 바닥에 있는 흙과 영양분이 쓸려 내려간다. 하천이 산에서 평야, 바다로 흐를수록 넓어지고 물살은 약해진다. 낮은 평야지대에서 흐르는 강 근처에 흙과 영양분이 쌓여서 땅이 기름지게 된다. 우리나라는 옛날부터 농사를 지었기 때문에 사람들이 하천의 비옥한 땅 주변에 많이 모여 살게 되었고 그것이 지금처럼 큰 도시가 된 것이다. 하천과 바다가 만나는 곳을 하구라고 하는데 오리와 물고기들이 많이 살고 있다.

활동 3. 체험학습 계획하기

체험학습 장소, 코스와 일정 짜기, 하천지형에 대한 기초 조사가 끝난 후 우리 반은 학교를 중심으로 어느 쪽으로 목적지를 정할지 의논했다. 후보지는 고덕천을 따라가다 한강을 만나면 오른쪽으로 갈 것인지 왼쪽으로 갈 것인지, 어디까지 갈 것인지, 가면서 무엇을 할 것인지 등을 정했다. 우리 반과 다른 한 반은 고덕천에서 암사생태공원을 거쳐 천호대교까지 가기로 했다.

코스가 정해진 후 우리는 최종 목적지인 천호대교까지 걸어가는 동안 무엇을 볼 수 있는지 조사했다. 그리고 미션을 정했다. 가는 동안 볼 수 있는 식물, 동물, 인공건축물 등을 조사하고 걷는 동안 확인해서 아이들이 직접 만든 미니북에 기록하기로 했다. 또한 목적지까지 가는 동안 무엇을 할 것인지 여러 가지 활동도 아이들이 회의를 통해서 결정했다. 우리 반에서는 미션을 수행하고 점심을 먹은 후 여러 가지 놀이 활동을 하기로 했다. 이것은 우리 반 행사부가 의견을 모아서 결정했는데 수건돌리기, 숨바꼭질, 꼬리잡기, 보물찾기 등을 하기로 했다.

활동 4. 체험학습 가는 날

드디어 체험학습을 가는 날, 일기 예보를 보니 비올 확률 60~80%. 학교를 출발하자마자 빗방울이 조금씩 흩뿌리기 시작했다. 그래도 오 랫동안 준비한 체험학습이라 우산을 쓰고라도 가기로 하고 길을 걷기 시작했다. 조금 걷다 보니 땅이 젖기 전에 비가 그쳤다. 아이들은 즐거 워하며 노래도 부르고 달리기도 하고 서로 자전거를 조심하라며 주의 도 주고 친구들끼리 재잘거리며 걷고 또 걸었다. 중간 도착지는 '암사 둔치 생태공원'. 그곳까지 아이들 걸음으로 천천히 걸으며 사진도 찍 고 잠깐 잠깐 쉬면서 자신들이 발견한 것들을 미니북에 기록하며 가 다 보니 2시간쯤 걸려서 도착했다.

도착하기 30분쯤부터 아이들은 "다리 아파요." "배고파요." "언제 도착해요?" 등을 연발했다. 그래도 씩씩하게 걸어서 결국은 도착했고 아이들은 환호성을 질렀다. 그곳에서 삼삼오오 모여서 간식을 먹고 모 둠별로 미션을 수행하여 미니북에 기록했다. 미션은 내가 찾은 하천 식물 그리기, 동물 그리기, 하천지형 그리기, 나무에 귀 대고 소리 들 어 보기, 가장 매끈한 돌 찾기, 가장 큰 잎사귀 찾기, 거울을 눈썹에 대고 뱀처럼 걷기, 눈 감고 열 걸음 걷기 등등이었다.

간식을 먹으니 아이들은 금세 원기를 회복하고 모둠활동을 했다. 모 둠끼리 모여 소곤소곤 이야기 나누며 주변 풍경을 그리는 아이들, 미 션은 대충대충 끝내고 이리저리 뛰어다니는 아이, 쓰러진 나무 위를 평균대처럼 걷는 아이, 물수제비를 뜨는 아이 등 자연 속에 있는 아이 들은 너무나 잘 어울려서 평화롭고 행복해 보였다.

활동 5. '체험학습을 다녀와서' 기행문 쓰기

우리는 현장학습을 가기 전에 국어 시간에 기행문에 대해서 배우고 주말 과제로 자신이 가 본 곳 중 한 곳을 정해서 기행문을 쓰는 숙제를 해서 발표하는 시간을 가졌었다. 그리고 '우리 땅 밟기'를 다녀와서 다시 기행문을 썼다. 다음은 아이들이 쓴 기행문이다.

우리 땅 밟기를 다녀와서

우리는 학교를 떠나 한강 고덕생태공원에서 우리 땅 밟기를 시작했다. 생태공원을 지나 한참을 걷자니 수문교가 나왔다. 수문교는 하천이 범람하지 않도록 물을 막아 주고 홍수가 나면 수문을 열어서 물을 강으로 흘려보내 바다로 갈 수 있도록 도와주는 역할을 한다. 수문교를 지나 암사대교에 도착했다. 탁 트인 공간에서 한강을 바라보며 꽃이 펼쳐진 길을 가는 기분이란 정말 놀라웠다. 말로 표현할 수 없을 만큼 색달랐다. 강변을 따라 자전거 길을 걸었는데 1시간 30분쯤 걸었다. 다리에 감각이 없고 다리가 빠지는 줄 알았다.

암사생태공원에선 한

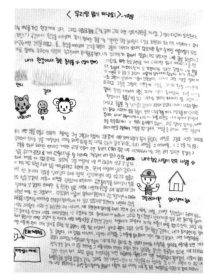

우리 땅 밟기 기행문 쓰기

강을 바라보며 간식을 먹었다. 구름에 가려져 빛나지 않았지만 뭔가 숨겨진 아름다움이 있었다. 간식을 먹고 나서는 미션을 했다. 미션은 암사생태공원에서 바라본 한강과 그 주변 크게 그리기이다. 미션 3은 내가 찾은 물가의 식물들이다. 나는 조팝나무, 억새, 쑥, 애기똥풀, 찔레나무, 냉이 등을 찾아서 미션지에 썼다. 미션 4는 내가 찾은 물가의 동물들이고 난 뿔논 병아리, 흰뺨 검둥오리, 청둥오리, 쇠백로, 큰 고니를 찾았다. 진짜 본 건 아니고 표지판을 보았다. 미션 5는 내가 찾은 사람이 만든 시설물인데 암사생태공원 학습센터, 전망데크 등이었다. 암사생태공원 학습센터에 화장실을 가려고 들렀는데 거기서 무당벌레 배지를 받았다. 선물을 받고 보니 기분이 좋았다.

다시 이동해서 축구장에서 밥을 먹고 봉사활동으로 쓰레기를 주웠다. 또 이동을 해서 한강공원 놀이터에 가서 꼬리잡기와 경도를 했다. 또 걸어서 광진교로 갔다. 거기 다리 아래에서 비를 피해 수건돌리기를 했다. 그리고 천호대교로 가서 버스를 탔다. 버스를 타고 올림픽 대교, 강변 북로, 암사대교를 지나 학교로 왔다. 너무 재미있었지만 다리가 아프고 힘들었다. 그래도 친구들과 재미있는 이야기도 하고 젤리도 먹고 또 재미있는 걸 많이 했다. 집에 와서 너무 피곤해서 늦잠을 잤다.

날씨와 자연재해

'오늘은 너무 추워요.' '오랜만입니다. 더운데 어떻게 지내세요?' '오늘은 비가 와서 기분이 우울합니다.' '후덥지근한 날씨 때문에 짜증이 나서 누군가와 싸움이라도 한판 하게 될 것 같아요.'

우리는 일상에서 늘 날씨에 대해서 대화를 나누고 생활에 많은 영향을 받는다. 우리 반은 3월 초부터 일주일에 두 번씩 아침일기를 간단하게 쓰는데 그날의 날씨에 대해 '맑음', '흐림'이라고 간단하게 쓰는 것이 아니라 날씨에 대한 서정적인 느낌이 드는 문장으로 날씨를 묘사하도록 했다. 예를 들어 '아침 공기에서 봄꽃 향기가 난다.' '바람을 가르며 자전거 타기 좋은 날', '미세먼지가 심해서 숨쉬기가 답답하다'라는 식으로. 그랬더니 주말 글쓰기에서도 몇몇 아이들은 시키지 않아도 날씨에 느낌을 담아서 묘사했다.

활동 1. 사계절 날씨 마인드맵

날씨와 기후를 시작하면서 사계절의 날씨와 관련해서 떠오르는 것을 말하게 하고 함께 마인드맵을 그렸다. "이번에는 겨울의 날씨에 대해 말해 보자"고 했더니, 바람-삭풍, 북서풍, 눈-폭설, 함박눈, 싸라기눈, 눈사태, 설피, 춥다-한파, 방한복, 전기장판, 난방비, 눈썰매, 스키… 등이 나왔다. 이처럼 각 계절의 날씨와 관련된 낱말들을 아이들과 함께 떠올려 칠판에 적어 보니 변화무쌍한 날씨와 날씨가 미친 우리들의 일상과 생활문화들이 쏟아져 나왔다.

다음으로는 칠판에 가득 적힌 사계절의 특징적인 날씨와 생활문화들을 분류해 보았다.

"자, 우리가 적은 여름 날씨를 봅시다. 덥다, 습하다, 비가 많이 온다. 장마철, 폭우, 햇볕이 뜨겁다. 이런 낱말들이 있네요. 이렇게 날씨를 나타내는 낱말들을 보면 여름의 날씨는 어떤 특징이 있을까요?"

"덥고 비가 많이 와요."

"맞아요. 이것을 우리는 고온다습이라고 해요. 기온이 높고 습기가 많다는 뜻이지요. 우리나라 여름철의 기후는 고온다습하다고 말할 수 있어요. 날씨와 기후는 어떻게 다를까요?"

이런 식으로 '기후'라는 개념을 소개하니 아이들은 쉽게 그것을 이해했다.

주말 과제로 인터넷이나 뉴스에서 일기 예보를 조사해서 기상 캐스터처럼 일기 예보 시나리오를 써 오라고 했다(각 모둠별로 지역과 계절을 할당해 주고 그곳 날씨를 조사하게 한다면 더 재미있고 각 지역의 날씨도 비교할 수 있어서 좋을 것 같다는 아쉬움이 든다).

다음 시간에 아이들이 써 온 일기 예보를 모둠에서 돌아가며 읽고 발표 준비를 하도록 했다. 모둠에서 일기 예보 시나리오를 하나 골라 보충하고 뉴스 앵커와 기상 캐스터를 뽑고 그림이나 차트를 준비할 사람, 리포터와 인터뷰하는 사람 등으로 역할 분담을 했다. 발표는 비슷하지만 각 모둠별로 조금씩 달라서 보는 재미가 있었다. 한 모둠이 발표를 하는 동안 나는 아이들의 날씨 예보에서 등장하는 날씨 관련 용어들을 칠판에 적었다. 한 모둠의 발표가 끝나면 칠판에 적어 둔 날씨 용어들을 가리키며 그 뜻을 묻고 학생들의 답변으로 내용을 채우고 필요한 경우에는 교사가 보충하여 배움공책에 적도록 했다.

이렇게 하니까 날씨에 관한 지식을 꽤 많이 다룰 수 있었다. 다음으로는 날씨와 기후에 대해서 본격적으로 들어가기 위해서 안느 클레르 레베크의 『마른하늘에 날벼락 치는 변덕쟁이 날씨』라는 그림책을 활용하였다. 그림책을 읽어 주며 아이들이 궁금한 것들을 질문하면 서로 설명하고 교사가 보충하는 식으로 진행하였다.

마지막으로 아이들의 질문을 다음과 같이 세 가지로 통합하여 배움공책에 질문을 쓰고 지금까지 이야기 나눈 것과 교과서에 소개된 내용을 활용하여 정리하도록 하였다.

① 날씨는 왜 변하나요?
② 날씨와 기후의 차이점은 무엇인가요?
③ 어떤 지역의 기후의 특징을 알아보려면 어떤 것들을 살펴보아야 하나요?
④ 왜 기후는 지역마다 다른가요?

활동 2. 자료와 그래프 활용

사회 교과서에 날씨 관련 단원에서는 많은 자료와 그래프가 등장한다. 계절별 기온과 강수량을 나타내는 여러 기후도를 사회책에서 오려 배움공책에 붙이고 각자가 찾은 특징을 돌아가며 말하게 하고 자기가 말한 것, 친구들이 말한 것, 선생님이 말한 것을 배움공책에 정리했다.

활동 3. 자연재해-전문가 학습

이 주제에 관해서는 전문가 학습을 적용해 보기로 했다. 먼저 우리가 이 주제를 다룰 때 강원도에서 큰 산불이 나서 연일 뉴스에 보도되고 있었다. 먼저 수업에 들어가기 전에 산불의 피해를 전하는 뉴스를 잠깐 시청했다. 아이들은 즉각 관심과 우려를 표현했다. 산불은 왜 나는지, 왜 산불을 끄기가 어려운지, 왜 봄철에 산불이 잘 나는지… 아이들의 궁금증은 계속 이어졌다.

"산불처럼 인간의 힘으로 어쩔 수 없이 자연 현상으로 일어나서 인간들에게 큰 피해를 끼치는 것을 자연재해라고 해요. 자연재해에는 어떤 것이 있을까요?"

아이들이 말한 자연재해는 10가지나 되었다. 학급을 다섯 모둠으로 나누고 각 모둠에서 자연재해 두 가지씩을 조사해 오기로 했다. 각 모둠은 5명에서 6명인데 각 모둠을 다시 두 팀으로 나누어 자기들이 맡은 자연재해 두 가지 중 한 가지씩을 맡아서 조사해 오기로 했다. 물론 의욕이 넘치는 아이들은 두 가지를 다 조사해도 좋다고 선심 쓰듯 너그럽게 허락해 주니 고맙다고 넙죽 허리 굽혀 인사를 한다.

다음 날 학교에 갔더니 일찌감치 와 있던 학생들이 내게로 와서 자신들이 얼마나 열심히 조사를 했는지 공책을 보여 주며 자랑을 하느라 내 책상 주변이 시끌벅적하다.

수업시간이 시작되었다. 늘 하던 아침열기를 다 생략해야 했다. 아이들이 빨리 하자고 조급하게 조르는 통에 어쩔 수 없었다. 먼저 각자 조사해 온 것을 모둠원들에게 작은 소리로 발표하고 자신이 조사하지 않은 것은 필기를 하도록 했다.

"이제 친구들에게 잘 설명할 준비가 되었나요?"

"네~!"

"잠깐만요!"

우리 반에서 활용한 전문가 수업 방법은 이랬다. 각 모둠원들에게 1번부터 5번까지 번호를 정해 준다. 그리고 각 모둠의 1번은 1번끼리 모이고, 2번은 2번끼리, 같은 번호끼리 교사가 지정해 준 곳으로 가서 모여 앉는다. 이렇게 하면 새로 모여 앉은 사람들끼리 각자 다른 정보를 가지고 있다. 학생들은 자기 모둠이 조사한 것들을 다른 모둠에서 온 학생들에게 설명한다. 설명을 들은 학생들은 그것들을 배움공책에 정리한다.

이 수업은 몇몇 학생들만 발표를 하거나 대집단에서 모두가 발표를 하느라 시간을 너무 많이 쓰게 되는 것을 방지할 수 있는 효과적인 방법이다. 그러나 실패의 가능성도 많은데, 숙제를 안 해 온 학생들이 많거나 소극적으로 행동하는 경우 의도대로 수업하기 어려울 수도 있다. 이 수업이 효과를 보려면 사전에 학생들에게 조사를 하고 싶은 동기를 확실히 심어 주고 자신이 과제를 열심히 하지 않으면 다른 친구들에게 피해가 간다는 책임감을 상기시켜 주는 것이 필요하다. 그래도 매우 내성적이거나 힘겨워하는 학생들을 위해서는 두 명씩 짝을 지어 주어도 좋은데 이번 주제는 예상보다 아이들이 매우 흥미 있어 해서 그럴 필요가 없었다.

자연재해에 대한 전문가 학습을 마친 후 각 모둠에서 조사한 것들을 가지고 모둠별로 문제를 2~3개 만들도록 했다. 그리고 돌아가면서 문제를 내고 맞히기 게임을 해서 주제를 마무리했다.

인구문제-하브루타 질문 수업

인구에 대해서는 표와 그래프, 정보가 교과서에 너무 많이 나와서 일일이 다루기가 어려웠다. 그래서 먼저 교과서를 읽어 보게 했다. 그리고 각자가 질문을 2, 3개 만들도록 했다. 그러고 나서 모둠별로 돌아가면서 질문을 말하고 서로 질문에 대한 의견을 나눈 후 모둠의 질문을 두 가지 뽑아서 모둠 보드에 적었다. 모둠의 질문을 칠판에 붙이고 함께 살펴보며 비슷한 질문을 묶어 분류하였다. 한 학생의 배움공책에는 이렇게 적혀 있다.

- 나의 질문
1. 옛날에는 아이를 많이 낳았나요?
2. 지금은 왜 아이를 적게 낳는 건가요?

- 모둠 질문
1. 왜 초고령 사회를 대비해야 하나요?
2. 인구분포가 지역적으로 고르지 못하면 발생하는 문제는 무엇인가요?

- 별반 질문
1. 왜 아이를 많이 낳지 않을까요?
2. 저출산 고령 사회가 되면 무엇이 문제인가요?
3. 도시에 인구가 집중하는 이유는 무엇인가요?
4. 인구분포가 고르지 못하면 무엇이 문제인가요?

이렇게 질문을 정리하고 각 질문에 대해서 어떻게 생각하는지 아이들의 의견을 묻고 교사의 의견을 보충해서 이야기 나누며 배움공책에 정리했다. 인구문제를 지식으로 접근하지 않고 질문을 만들고 그것에 대해 토의하는 식으로 수업을 하니까 현실적인 우리의 문제로 인식하고 관심을 갖는 것 같았다. 현상에 대해 본질적인 의문을 갖고 질문하고 진지하게 의견을 나누는 아이들의 모습을 보고 내심 놀랐다.

내가 꿈꾸는 도시-지속가능한 도시 건설 보드게임 만들기

교통과 산업의 발달을 교과서의 교통도와 산업도를 이용해 다룬 후

마지막으로 도시에 대해서 다루었다. 본격적인 활동에 들어가기 전에 도시는 어떻게 시작되었는지를 자연환경적 요인과 도시의 역사적 발달과정을 개괄했다. 사람들이 많이 모여 살게 되면서 도시가 생겨났는데 사람들은 어떤 곳에 많이 모여 살게 되었을까요? 먹을 것이 풍부하고 이동이 편리한 하천 근처, 땅이 비옥하여 농사가 잘되는 평야지역, 적의 침략으로부터 방어할 수

내가 꿈꾸는 도시

있도록 산을 끼고 성곽을 쌓은 성읍국가의 성립에서 예전부터 사람들이 많이 모여 살던 곳에서 산업이 더욱 발달하고 교통이 발달하면서 오늘날의 대도시로 성장하였다는 이야기까지 자연스럽게 이어졌다.

"그렇다면 많은 사람들이 모여 사는 도시를 살기 좋게 만드는 것은 무엇일까요?"

아이들에게 질문을 던졌다. 아이들이 도시에 살면서 보고 경험했던 사람들과 시설들이 끝도 없이 이어졌다. 예를 들어 소방서, 체육관, 경로당, 공항, 주택, 시청, 주민센터, 공연장, 도서관, 아리수(수도시설), 일자리 등등….

이번에는 "도시에서 살기 어렵게 만드는 것들은 무엇이 있을까요?" 이 또한 아이들은 할 얘기가 많았다. 쓰레기, 매연, 실업, 교통체증, 세금, 집값, 범죄, 미세먼지… 등등.

어떤 가이드도 주지 않았는데 아이들 입에서 저절로 도시에 관한

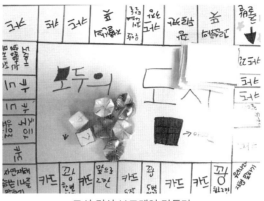
도시 건설 보드게임 만들기

본질적인 요소와 문제점들이 쏟아져 나오는 것이 신기했다. 깊이 분석해 보지는 않았으나 도시라는 주제 자체가 아이들의 현실적인 생활의 기반이기 때문에 경험 속에서 저절로 인식하게 되는 것들이 있지 않은가 생각한다. 도시의 문제점에 대해서 나열한 목록을 보면서 "이런 문제들이 해결되지 않으면 이 도시가 100년 후에도 지속될 수 있을까요?" 하고 질문을 던졌다. 예를 들어 사람들이 쌓여만 가는 쓰레기를 제대로 처리하지 않으면? 미세먼지를 해결하지 못하고 점점 더 나빠진다면? 영화 〈인터스텔라〉에서 모래먼지로 사람이 살 수 없는 땅이 되어 가는 모습을 보여 주며 이야기를 풀어 갔다.

"언젠가 우주의 어느 먼 별에 사람이 살 수 있는 이상적인 도시를 건설할 수도 있겠죠. 하지만 지금 우리가 살고 있는 이 도시를 사람이 살기 좋은 도시, 우리 후손들도 좋은 환경에서 살 수 있는 지속가능한 도시로 이어지게 하려면 어떻게 해야 할까요? 자, 이제 여러분이 꿈꾸는 도시에 대해서 적어 보도록 하겠어요."

아이들은 지금까지 도시에 필요한 것들, 도시의 문제점들을 이야기 나누었기 때문에 그것을 기반으로 각자 살기 좋은 지속가능한 도시에 대해 쉽게 적어 나갔다. 깨끗한 도시, 취업이 잘되는 도시, 범죄가 없는 도시, 자연과 함께 사는 도시 등등.

"이번에는 이 목록을 가지고 '도시 건설 보드게임'을 만들어 보겠어요. 도시에 필요한 것, 부정적인 것을 이용해서 만들고 게임의 승자는 사람이 살기 좋은 도시 아이템을 많이 가진 사람이 이기는 걸로 해서 창의적으로 만들도록 하세요."

아이들은 삼삼오오 모여서 도시건설 보드게임의 규칙을 정하고 게임판과 카드를 만들었다. 자신들이 만든 게임판을 가지고 서로 돌려가며 게임을 하며 즐거워했다.

주제집중수업이 마무리되면 마지막 시간에는 아이들 자신이 만든 배움공책을 넘겨보며 무엇을 배우고 어떤 활동을 했는지 돌아본다. 그리고 배움공책의 맨 앞장으로 돌아가 그동안 배움공책에 정리한 내용에 이름을 붙여 가며 스스로 차례를 만든다. 그리고 마지막 장에는 간단하게 그동안 배우고 느낀 점을 후기로 남긴다.

다음은 학생들이 쓴 후기 일부이다.

우리 국토, 우리 삶 집중수업을 마무리하며…
• 재미있었던 것: 독도 선언문, 보드게임 만들기, 우리 땅 밟기
• 독도 선언문: 국토 수업 중 가장 보람차고 재미있었던 활동이다. 그렇게 많은 사람이 사인을 해 줄 줄 몰랐다. 되게 뿌듯했고 힘들게 독도신문을 제작했던 게 1도 힘들지 않았다. 독도가 우리 땅인 게 많이 알려졌으면 좋겠고 서명운동하는 것도 웃겼고 재미있었다. 별점 ☆☆☆☆☆
• 보드게임 만들기: 오늘 했던 수업인데 친구들끼리 만들고

게임을 해서 더 특별했다. 보드게임은 우리가 제일 잘 만들었다. 별점 ☆☆☆☆

- 우리 땅 밟기: 굉장히 많은 곳을 다니고 여러 가지를 알게 된 체험학습이었다. 친구들이랑 경찰과 도둑, 수건돌리기 등을 했다. 비록 계획했던 놀이는 많이 못했지만 우리는 하천지형을 배우려고 수변공원에 갔다. 근데 비가 와서 하천 주변이라 더 추웠다. 그래도 돌아올 때 버스를 타서 좋았다. 별점 ☆☆☆☆

- 국토 전체 후기: 국토 배움공책 하면서 알게 된 것도 굉장히 많고 활동 하나하나 다 재미있었다. 거의 4월 초부터 하기 시작했는데 되게 오래 한 만큼 배운 것도 많았다. 이제 정들었는데… 이 배움공책으로 인해 소중한 우리나라에 대해 더 잘 알게 되었고, 우리나라를 더 소중히 여기게 되었다. 앞으로 있을 인권 수업도 기대된다.

- 최○○

그동안 우리는 국토 수업을 하며 위치, 날씨, 지역, 자연재해, 그리고 인구와 도시 등을 배웠다. 위치에 대해서 배울 때에는 알게 된 게 많았고, 날씨에 대해서 배울 땐 내가 날씨에 대해서 알던 것을 정리하는 시간이었으며, 지역에 대해서 배울 때 그런 것들을 기억하고 싶었고, 자연재해들을 조사하고 서로 돌아가며 발표를 할 땐, 뿌듯했으며, 마지막으로 인구에 대해서 배울 때에는 주제가 흥미로웠다. 나는 자연재해 조사할 때가 제일 기억에 남고 재미있었다.

-김○○

수업 후기, '우리 국토, 우리 삶'을 마치고

나누고 협력하는 수업 준비가 우리를 자유케 한다

작년에도 5학년을 맡아 국토 수업을 했었는데 지금 생각해 보면 많이 엉망이었던 것 같다. 첫 번째 실패의 원인은 국토 수업을 시작하면서 그 주제집중수업의 방향을 잡지 못하고 교과서에서 다루어야 하는 지식의 방대함 때문에 내가 먼저 질려 허우적거렸다는 점이다. 교사가 왔다 갔다 하니 학생들에게도 많은 혼란을 주었을 것 같다. 주제집중수업의 중간쯤에 와서야 '지속가능한 국토'라는 방향을 잡고 가야지 하는 생각이 들었다. 그만큼 사전에 주제에 대한 충분한 고민과 수업 연구가 덜 된 상태에서 급하게 시작했던 것이 화근이었다.

두 번째로는 동학년 선생님들 간에 협력이 제대로 이루어지지 않았다. 수업 협의를 하기는 하였지만 체계성 없이 각자가 수업한 내용들을 공유하는 정도에 그쳤었다.

이러한 경험을 바탕으로 이번 해에는 교원학습공동체에서 더욱 체계적으로 주제집중수업을 준비할 수 있었다. 처음부터 집중수업의 방향을 잡고 시작했기에 수업의 일관성을 유지할 수 있었다. 그 방향성을 잡고 각 선생님들이 자신이 맡은 소주제에 맞는 수업을 구성해서 가져오면 그것을 가지고 함께 점검하여 각자의 교실에서 적용하니 각각의 수업을 자신감을 가지고 일관성 있게 이끌어 나갈 수 있었다.

학생, 능동적인 배움의 주인공이 되다

이번 주제집중수업에서 좋았던 것은 학생들이 지식을 습득하고 정의적 태도, 실천 의지를 형성해 가는 과정에서 수동적인 존재에 머무르지 않고 배움의 능동적인 주체로 활동했다는 점을 들고 싶다. 나는 학생들이 새로운 지식을 얻을 때 교사가 일방적으로 지식을 전달하는 방식이 되지 않도록 조심했다. 학생들은 관련 자료와 정보를 스스로 조사하고 각자가 가지고 있는 지식들을 함께 나누고 종합하며 배움을 쌓아 갔다. 또한 각종 통계자료와 그래프, 지형도, 산업도, 교통도와 같은 자료들을 보고 친구들과 함께 해석하며 새로운 사실들을 스스로 발견할 수 있도록 안내했다. 이런 과정을 통해서 학생들은 주제에 관련된 지식을 역동적이고 협력적인 방식으로 구성할 수 있었다고 생각한다.

독도 서명운동이나 인구 질문 수업, 우리 땅 밟기 체험학습에서 처럼 학생들은 교사가 이미 마련해 놓은 활동 계획을 수동적으로 따라가는 것이 아니라 활동 내용을 토의를 통해서 민주적인 방식으로 스스로 결정하고 활동의 기획자로, 적극적 실행자로 참여함으로써 과정을 통해 지식과 태도, 실천 의지를 고양시킬 수 있었다.

교사의 주제에 대한 사랑만큼 수업의 질은 높아진다

아쉬웠던 점은 이번 집중수업이 학생들의 생활 경험으로부터 잘 시작하긴 했는데 배움의 과정을 통해서 다시 자신의 생활 속 실천으로 수렴되는 결과로 이끌어져야 했었는데 이 점이 좀 미흡했다는 생각이 든다. 그 까닭은 교사인 우리가 주제의식과 방향성을 끝까지 잡고 가지 못했기 때문이 아니었을까 하는 생각이 든다. 주제수업의 후반부에 우리 국토의 소중함과 보존의 필요성을 좀 더 강조하고 이를 위한 방법까지 함께 생각해 보고 작은 것이라도 실천해 보았더라면 좋았을 것 같다.

예를 들어 우리가 수업을 진행하는 동안 봄철 미세먼지가 극성을 부렸었다. 아이들도 어른들도 미세먼지 때문에 많은 영향을 받고 있었고 그만큼 관심도 많았었다. 물론 우리는 기후 변화와 연결하여 이 문제를 다루었고 외부 전문가를 초대해서 각 반에서 특별수업도 진행하였다. 내가 좀 더 이 문제에 관심을 갖고 적극적으로 수업에 녹여 내고자 하였더라면 아이들이 생활 속에서 실천해 보는 경험을 더 풍부하게 가져 볼 수 있지 않았을까 하는 아쉬움이 남는다.

수업 흐름도

블록	주제	활동 내용(주요 활동, 관련 자료나 과제)	참고
1	추억과 희망의 지도 1	1. 열기 - 몸풀기, 1분 명상 - 노래: 아름다운 우리나라, 터 - 주제 시: 둥근 세상 - 4박자 게임 2. 우리 국토에 대해 알고 싶은 것 3. 그림책 읽어 주기: 『추억을 담은 지도』 4. 추억의 장소 말하기	과제: '나의 추억의 장소 베스트 5와 얽힌 추억' 글쓰기
2	추억과 희망의 지도 2	1. 열기 2. 우리 반 추억의 지도 완성하기 　1) 한반도 백지도에 자신의 추억의 장소 표시하기 　　(사회과 부도에서 위치 확인) 　2) 추억의 장소에서 한 일 간단하게 그리기 　3) 우리 반 친구들에게 나의 추억의 장소 한 가지씩 　　발표하기 　4) 친구의 발표를 듣고 백지도에 표시해서 추억의 　　지도 완성하기	과제: 북한에서 가보고 싶은 곳 찾아서 조사해 오기
3	추억과 희망의 지도 3	1. 열기 2. 〈터〉 노래 리코더로 불기 3. 모둠활동: 지명찾기 놀이 　- 사회과 부도의 한반도 지도 보고 지명 찾아보기 4. 노래 듣기: 그리운 금강산 5. 북한에서 가 보고 싶은 곳 조사 발표하기 6. 북한에서 가 보고 싶은 곳 백지도에 표시하기 7. 북한 관광지 동영상 보기: 〈미리 가 보는 북한 필수 관광지〉 8. 동영상 다시 보고 내가 가 보고 싶은 북한 관광지 찾아서 추억과 희망의 지도 완성하기	동영상 '미리 가 보는 북한 필수 관광지' https://www. youtube.com/ watch?v=Nar-Mn8Zi_g
1	영토 분쟁 1 -독도는 우리 땅	1. 열기 2. 노래: 독도는 우리 땅 3. 독도 소개하는 글쓰기 발표 　1) 모둠활동: 독도 소개글 모둠에서 돌아가며 읽고 　　자신의 글 보충하기 　2) 발표자 정하기 　3) 모둠별로 발표자가 발표하기 4. 토의: 독도를 지키기 위해 우리가 할 수 있는 일 찾기 　- 돌아가며 자신의 의견 발표하기 　- 다른 사람의 의견을 듣고 자신의 의견 수정하거나 　　덧붙이기	과제: 독도 조사해서 소개하는 글쓰기

1	영토 분쟁 1 –독도는 우리 땅	– 학생들이 돌아가며 발표하는 동안 교사나 서기가 발표 내용 요약해서 칠판에 적기 – 의견들을 절충해서 '독도를 위해서 우리가 할 수 있는 일 정하기'(독도신문 만들기, 캠페인하기, 서명운동 벌이기)	
2	영토 분쟁 2 – 독도 선언문 서명운동	5. 독도 선언문 만들기 – 독도의 역사, 독도의 생물, 일본의 독도 교육 규탄, 영토 분쟁 등 각각의 주제에 대해 우리 입장을 주장하는 문장 만들기 6. 서명지 만들기 7. 독도 신문이나 포스터 만들기 8. 독도 지키기 캠페인 및 선언문 서명운동 9. 신문 기사 작성하기: 독도 선언문 서명운동 결과 알림 기사 작성하기	
1	우리 국토의 지형 1 –이 땅이 생겨난 이야기	1. 열기 2. 노래: 터(리코더, 에그 셰이크, 핸드벨 등으로 합주) 3. 그림책 읽어 주기:『마고할미』 4. 내가 만든 창조신화, '이 땅이 생겨난 이야기' 5. 지도 보고 산맥과 하천, 평야 찾아보기	
2 ~ 3	우리 국토의 지형 2 –한반도 지형의 특징	1. 열기 2. 노래 3. 네 박자 게임 하천, 산맥, 평야 이름 대기 4. 트레이싱지에 한반도 지형도 베껴 그리기 5. 한반도 지형의 특징 찾아보기 6. 한반도 지형 모형 만들기	학교 주변의 걸어서 갈 수 있는 산이나, 들판, 하천 조사하기

4	우리 국토의
	지형 3
	–우리 땅
	밟기 장소
	정하기
		1. 열기
		2. 노래: 아름다운 우리나라
		3. 걸어서 갈 수 있는 지형 조사 발표
		4. 토의
		  1) 돌아가면서 현장학습으로 가고 싶은 곳과 그 까닭 말하기
		  2) 원하는 장소별로 모여서 설득 근거 마련하기
		  3) 각 장소별로 설득 근거 발표하기
		  4) 질의응답하기
		  5) 후보지 투표하기
			과제:
			1. 현장학습 갈 장소 지형 조사하기(우리 반은 하천)
			2. 현장학습 장소에서 할 수 있는 활동 조사하고 생각해 오기

5	우리 국토의 지형 4 –우리 땅 밟기 장소 정하기	1. 열기 2. 노래 3. 하천지형 조사 발표하기 – 하천지형에 대해서 조사한 것 돌아가며 한 가지씩 발표하기 – 질문과 설명 덧붙이기 – 배움공책에 정리하기	

5	우리 국토의 지형 4 -우리 땅 밟기 장소 정하기	4. 현장학습(한강 물길 따라 걷기)에서 알아볼 것과 할 수 있는 활동 정하기 - 현장에서 더 조사할 것 정하기 - 미션 활동 정하기 - 학급공동체 놀이 활동 정하기 5. 현장학습 미니북 만들기	
6	우리 국토의 지형 5 -우리 땅 밟기 현장학습	1. 물길 따라 걷기 2. 물가에 사는 식물들 찾아보기 3. 물가에 사는 동물들 찾아보기 4. 한강의 지형 살펴보고 특징 찾아보기 5. 사람이 만든 조형물 찾아보기 6. 모둠별 미션 수행하고 빙고게임 하기 7. 공동체 놀이하기	
7	우리 국토의 지형 6 -기행문 쓰기	1. 현장학습 돌아보기(함께 이야기 나누기) - 어디를 갔었나요? - 무엇을 보았나요? - 무엇을 알았나요? - 무엇을 했었나요? - 느낀 점은 무엇인가요? 2. 일정, 견문, 감상이 드러나게 글쓰기 3. 돌아가며 읽기	
1	날씨와 기후 1 -사계절의 날씨와 생활	1. 열기 2. 오늘의 날씨에 대해 이야기 나누기 3. 날씨와 관련된 문장 돌아가며 말하기 4. 사계절의 날씨와 관련된 생활문화 브레인스토밍 5. 사계절의 날씨 생각그물 배움공책에 정리하기	과제: 일기 예보 찾아보고 기상 캐스터가 되어 시나리오 써 오기
2	날씨와 기후 2 -기상 캐스터 되어 보기	1. 열기 2. 공 주고받으며 날씨와 관련된 낱말 말하기 3. 모둠별로 일기 예보 발표 준비하기 4. 일기 예보 발표하기 5. 일기 예보에서 나온 날씨 관련 용어 기록하고 뜻 알아보기 6. 날씨 관련 용어 배움공책에 정리하기	
3	날씨와 기후 3 -날씨와 기후란?	1. 열기 2. 그림책 읽어 주기: 『날씨는 변덕쟁이』 3. 질문 만들기 - 날씨는 왜 변하는가? - 날씨와 기후는 어떻게 다른가? - 기후를 결정하는 것은 무엇인가?(기온, 습도 및 강수량, 바람) - 위치에 따라 기후가 다른 까닭은 무엇인가? 4. 배움공책에 정리하기	

4	날씨와 기후 4 –자료 해석	1. 열기 2. 자료 보고 우리 나라 기후의 특징 찾아보기 3. 자료 보고 우리나라 기후의 계절별 특징 찾아보기 4. 기후 변화의 원인 알아보기 5. 배움공책 정리 6. 자연재해의 뜻 7. 자연재해의 종류	과제: 여러 종류의 자연재해 중 모둠에서 정한 2가지 종류 중에서 1가지를 선택해서 조사해 오기

5	날씨와 기후 5 –자연재해 전문가 학습	1. 자연재해 전문가 학습하기
		  1) 각 모둠을 두 팀으로 나눈다.
		  2) 각 팀별로 다른 자연재해에 대해서 조사한다.
		  3) 모둠에서 서로의 팀에게 자신이 조사한 것을 알려주고 듣는 사람은 잘 듣고 배움공책에 정리한다.
		  4) 각 모둠의 구성원들에게 1~5번까지 번호를 부여한다.
		  5) 각 모둠에서 같은 번호인 사람들끼리 모여서 각자 자기 모둠이 조사한 것을 다른 모둠원들에게 설명해 준다. 듣는 사람은 그것을 배움공책에 정리하여 쓴다.
		2. 자기가 조사한 것에 대해 퀴즈 만들기
		3. 돌아가며 퀴즈 내기	

1	인구와 도시 –질문 수업	1. 열기
		2. 인구 관련 통계자료 살펴보기
		3. 질문 만들기
		  1) 개인 질문 만들기
		  – 모둠끼리 질문하고 이야기 나누기
		  2) 모둠 질문 만들기
		  – 모둠 질문 발표하고 유목화하기
		  3) 학급 질문 만들기
		  – 학급 질문에 함께 답 찾아보고 배움공책에 정리하기	

2	인구와 도시 – 내가 꿈꾸는 도시	1. 열기 2. 도시 발달의 특징 알아보기 3. 도시문제 브레인스토밍 4. 바람직한 도시가 되기 위해 필요한 것 브레인스토밍 5. 내가 꿈꾸는 도시 디자인 6. 내가 꿈꾸는 도시 건설 보드게임 만들기	

5장

대화와 중재로 풀어 가는
생활교육

1.
쓰라린 고백

　지금까지 혁신학교에서 내가 경험한 교육과정 재구성의 방법과 실제 사례를 소개했다. 아이들의 발달단계를 고려해서 잘 짜인 재구성 수업은 수업뿐 아니라 아이들의 학교생활 전반에도 긍정적인 영향을 미친다. 반면에 아이들의 요구에 부응하지 못하는 수업은 학생들과 교사에게 동시에 참을 수 없는 고통을 준다. 아이들과 교사가 함께 열정을 가지고 수업 목표를 향해 나아갈 수 있다면 학교생활 전체를 즐겁고 행복하게 해 준다. 수업, 학교와 학급의 민주적인 존중과 배려의 문화, 그리고 생활지도는 삼위일체처럼 따로 떼어서 생각하기 어렵다. 생활지도가 안 되면 정상적인 수업이 어렵고 수업으로 아이들을 매료시킬 수 없다면 생활지도도 되지 않는다는 것은 많은 교사들이 경험하는 바이다.

　이 장에서는 유의미한 교육과정 재구성을 가능하게 하는 혁신학교의 생활 교육에 대해 나의 경험을 바탕으로 소개하고자 한다.

　나는 이 주제, 생활교육과 관련하여 (많은 선생님들이 그러하겠지만) 겪은 일도 많고 할 말도 많다. 하지만 자기반성과 쓰라림 없이 꺼내놓는 것은 불가능하다. 이 주제에 관해서 이야기를 시작하면서 내가 만났던 많은 학생들과 부모들, 그리고 사건들이 떠오른다. 그리고 그들에게 많이 미안하고 부끄럽다. 어떤 사람의 기억 속에 나는 좋은 선생이었을까? 나쁜 선생이었을까? 기억조차 나지 않는 의미 없는 존재였을까? 차라리 그랬으면 싶기도 하다. 나의 잘못된 행동과 말이 그들에게 미친 영향을 지워 버릴 수 있다면 내 마음이 더 가벼워질 것 같다. 내가 처음 교사로 발령받았을 때는 내가 만났던 최악의 선생님보다는 좀 괜찮은 선생이 될 수 있을 거라는 자신감과 희망이 있었다. 신규일 때 나는 교과 를 했었는데 수업이 없을 땐 교과실에 앉아있었다. 가끔씩 옆 반에서 학생들에게 큰 소리로 명령하고 윽박지르는 소리가 들려왔다. 나는 그 소리가 듣기 싫어 귀를 틀어막고 '난 저렇게 악을 쓰지 말아야지.' 속으로 그 담임을 비난했다. 그러나 막상 담임이 되어 학생들을 만나고 보니 늘 평온하게 그들을 대하는 게 쉽지 않았다. 아이들은 끊임없이 재잘댔고 천방지축 돌아다니며 사고를 쳤다.

나는 어느새 학생들 앞에서 버럭하는 교사가 되어 있었다. '이것들이 날 우습게 아나. 선생인 나를 무시해?' 학생들은 뜻대로 다뤄지지 않았다. 그럴수록 나는 아이들이 나를 따르도록 더 강압적으로 다루고 협박을 하거나 스티커로 경쟁을 부추기고 보상과 선물로 회유했다. 아이들은 내 앞에서 잠시 기가 죽은 척 고개를 숙였다가 자꾸만 튀어올라 날 성가시게 하는 두더지 게임기의 두더지 같았다.

2.
공감 대화

꽤 오래전 일이다. 우리 반에 '주의력 결핍 과잉행동 장애'로 약을 복용하고 있는 학생이 있었다. 약을 먹고 오는 날은 침울하게 자기 자리에 앉아 있었다. 수업에는 참여하지 않았지만 그래도 조용히 자기 할 일을 했다. 그러나 약을 먹고 오지 않는 날이 자주 있었는데 그런 날이면 아침부터 돌아다니며 다른 아이들을 때리고 물건을 집어던지며 싸움을 걸었다. 하루 종일 정상적인 수업을 하는 것이 불가능했다. 나나 다른 친구들이 제지하면 분노가 폭발하는데 눈이 뒤집혀 흰자위가 드러날 지경이었다. 교실에서 소리를 지르고 포악질을 하다가 교실 밖으로 뛰쳐나갔다. 운동장과 복도를 뛰어다니는데 얼마나 빠른지 쫓아가 잡기가 어려웠다. 너무 심할 땐 그 아이 엄마를 부르곤 했는데 엄마는 죄송하다며 눈물을 글썽였다. 엄마는 무슨 죄란 말인가? 우리는 서로 손을 마주 잡고 한숨을 쉬었다. 그저 동병상련의 연민을 느끼며 서로 위로하는 것 이외에 어찌해야 할지 몰랐다. 그나마 이 학생은 약을 먹고 온 날은 조용해서 다행이었다. 대부분의 아이들이 예쁜 아이들이었지만 문제 행동을 하는 아이들이 여럿 있었다. 어떤 아이는 말수가 적었는데 수업시간에 공부는 하지 않고 종합장에 계속 낙서를 했다. 검은 연필과 빨간 볼펜으로 종이가 찢어지도록 북북 그어 놓아 섬뜩한 느낌을 주는 그런 낙서였다. 그리고 갑자기 돌발적인 행동을 하는데 연필심으로 짝꿍의 손등을 찍는다든가 가위로 앞사람 옷을 자른다든가 하는 행동을 해서 주변 아이들을 괴롭혔다.

어느 날 체육 시간에 정글짐에 올라가는 일이 있었는데 이 아이는 한 단도 올라가지 못했다. 미끄럼틀에도 올라가지 못했다. 그리고 하는 말이 자기는 매일 꿈을 꾸는데 무서운 괴물이 쫓아와서 잠을 잘 수가 없다고 했다. '아, 그랬구나! 어린 네가 얼마나 무서웠겠니? 두려움이 너무 커서 타인의 고통을 감지하는 공감능력이 얼어붙어 버린 건 아닐까?' 공포에 떨고 있는 어린 영혼이 너무나 가여웠다. 부모에게 상담 요청을 했지만 응하지 않았다. 아이가 너무 안타까웠지만 부모가 협조하지 않는 한 담임으로서 해 줄 수 있는 게 없었다. 그 아이만 붙들고 있을 수도 없었다. 나에게는 25명의 학생들이 더 있고 그들에게 수업을 해야 하고 업무 때문에 매일매일이 바빴다. 2학기에는 어떤 학생이 전학을 왔는데 날 무척 좋아해서 옆에 붙어 조잘댔다.

"내가 나중에 크면 선생님에게 3층 집을 지어서 선물할 거예요." 귀여웠다. 그러나 천방지축, 하루 종일 입이 다물어질 틈이 없었다. 당시에 학생들은 날 좋아했고 부모들도 고마워했지만 나는 너무나 괴로웠다.

학교에 학급 운영의 어려움을 가끔 호소하기도 하고 말썽 피우는 아이를 데리고 교장실에 가서 도움을 청하기도 했지만 특별한 도움을 받지 못했고 나 혼자 감당해야 했다. 내 무능력과 미성숙한 인격의 탓인 것만 같아 자책과 좌절로 일 년을 마무리했다. 그 뒤로 나는 수년 동안 담임을 하지 않고 교과 전담만 했다. 영어 가르치는 것을 좋아해서이기도 하지만 또 그런 학생들을 만날까 봐 겁이 나서 선뜻 담임을 할 엄두가 나지 않았다.

그 당시에는 담임교사가 혼자 감당하기에는 어려운 학생들을 위한 학교 차원의 지원 시스템이 없었던 시절이었다. 영어 교과 전담 교사를 하며 영국과 미국에 연수를 갈 기회가 있었다. 그곳에서 나는 영국과 미국의 여러 초등학교를 방문하여 실습을 했었다. 내가 방문했던 여섯 개의 학교 수업시간은 매우 정숙했고 쉬는 시간에도 실내에서 소리를 지르거나 뛰어다니는 아이들이 없었다. 교사도 학생들도 모두 조용조용하게 말하고 예의 바르게 행동했다. 내가 방문했던 학교들은 이민자가 많은 부유하지 않은 동네에 있었고 한국에 비해서 시설이 좋지 않았다. 나를 맡았던 실습 담당 교사들과 이야기를 나누었는데, 그들의 근무 조건과 처우가 한국 교사들에 비해 상당히 좋지 않아 보였다. 그럼에도 불구하고 교장을 비롯한 학교 행정가들이 교사의 수업권 보장과 학생 생활지도를 위해 적극적으로 지원하고 있다는 것은 큰 장점으로 보였다. 또한 학교 부적응 아이들을 맡는 전담교사 클래스와 심리상담사, 보조 교사들이 상주해서 담임의 수업 활동을 돕는 체계적인 시스템을 보고 놀랍고 부러웠다.

'맞아. 내가 담임교사를 하면서 학교와 교육 당국 차원의 저런 도움이 있었다면 모든 걸 내 탓으로 돌리며 좌절하진 않았을 텐데…' 그 경험을 통해서 나는 생활교육은 담임과 학교, 교육 당국의 시스템적 협력으로 이루어져야 한다는 신념을 갖게 되었다.

이야기 둘, 소통과 공감으로 가는 길

나는 영어 교과 전담교사로서 교사 생활을 시작했다. 그때는 수업이 너무 재미있었다. 수업자료가 별로 없던 시절, 거의 모든 수업자료를 손수 제작해야 했다. 한 시간 수업을 준비하기 위해 나는 기꺼이 다섯 시간 이상을 투자했다. 교재를 연구하고 활동 아이디어를 내고 그에 따라 자료를 준비하는 데 아주 많은 시간이 걸렸지만 한 시간 수업을 아이들과 몰입해서 진행하고 끝났을 때, 가슴이 벅차오르는 만족감이 좋았다.

담임을 하면서는 수업에 그렇게 많은 시간을 투자하지 못했다. 매일, 매시간 바뀌는 과목과 진도 때문에 정신없이 허덕였다. 맥 빠진 수업을 하고 난 후의 허탈함과 부끄러움…. 그러나 돌아볼 새도 없이 담임인 나에게는 새로운 여러 가지 일거리가 밀려들었다. 언제부턴가 완벽하게 아름다운 수업을 해 보고 싶다는 소망이 생겼다.

다시 영어 교과를 하면서 수많은 연수를 받고 수업 트레이닝을 받으면서 나름 수업 기술을 연마했다. 그러나 내가 공들여 준비한 수업을 학생들에게 적용했을 때, 때로는 학생들이 나의 기대를 저버리고 제대로 참여하지 않아 수업을 망치게 되면 속에서 실망과 분노가 치밀었다. 학생들에게 한번 '버럭' 하고 나면 상황은 더 나빠졌다. 내가 영어 교사로서 수업의 정점에 이르렀다고 생각했을 때, 어느 날 문득 공허와 번민이 찾아왔다. 내 수업에는 잘하는 수업에 대한 공식과 기술만 있지 학생에 대한 관심과 애정이 언제부턴가 빠져 있는 게 아닐까 의문이 들었다. 영어 수업 관련 각종 자격증을 거머쥐고 '나, 영어 수업 잘하거든요!' 하고 내세울 수는 있었겠지만 왠지 모르게 외로웠다. 의도적으로 제한된 교실영어로 학생과 단절된 기분. 진실하게 아이들과 소통하고 싶었다.

그 당시에 EBS에서는 〈선생님이 달라졌어요〉라는 프로그램이 인기 있었는데, 그걸 우연히 보게 되었다. 나와 같은 고민을 하는 선생님들이 많구나 하는 생각이 들었다. 이후로 〈선생님이 달라졌어요〉를 꼬박꼬박 챙겨 보며 나의 고민에 해답을 찾으려고 했다. 당시에 깨달은 것은 '학생을 통제의 대상으로 보거나 두려워하지 말고 마음을 열고 진실되게 소통하라'였다. '맞아! 이거야.' 영어가 아닌 모국어로 소통하면 나의 고민이 해결될 것 같았다. 그러나 모국어로 소통한다는 것도 기대했던 것보다 쉬운 일은 아니었다. 같은 언어를 쓴다고 모두가 100% 이해되고 공감을 받는 것은 아니니까. 이듬해 나는 그간에 쌓아 온 영어 교사로서의 경력을 버리고 무모하게 담임에 다시 도전했다. 아이들과 진심을 다해 소통하는 교사가 되리라. 어떻게? 잘하면 되겠지….

　담임 준비를 위해 여기저기 묻고 충고를 듣고 몇 날 며칠 인디스쿨을 뒤져 완벽, 철통 새 학기 준비를 했다. 후훗, 6학년이었던 아이들은 그런 나를 비웃고 내 자존감을 단숨에 날려 버렸다. 한 아이는 아예 나와의 소통을 거부하고 끊임없이 나에게 도전하고 야유를 선동했다. 난 미쳐 버릴 것 같았다. 그 당시 고통스러웠던 한 순간 한 순간을 구구절절 말로 표현할 수가 없다. 급기야 나는 한 학기를 마치고 포기하고 말았다. 중도 하차로 충격과 상처를 받을지도 모르는 선량한 아이들에게 너무 미안했지만 감정이 복받쳐서 아이들 앞에 설 수가 없었다. 이대로 가다가는 내가 병에 걸려서 쓰러져 버리고 말 것 같았다. 물론 나의 실패를 아이들 탓으로 돌릴 수도 있겠으나 따지고 보면 나와 소통을 거부했던 그 아이조차도 지금 와서 돌이켜 보면 아이의 잘못만은 아니었다. 교사로서의 자존감이 와르르 무너져 내렸지만 그래도 견디고 다시 힘을 낼 수 있었던 건 동학년 선생님들과 인권생활부장의 위로와 공감, 격려가 있었기 때문이었다. 그 후로도 세월은 많이 흐르고 그 아픈 상처는 많이 지워졌지만 그때 나의 하소연을 받아 주고 내 눈물을 닦아 주었던 동학년 선생님들과 인권생활부장의 동료애는 지금도 고맙다. 우리는 서로가 서로를 이해하고 지켜 줘야 한다. 나와 같은 상황은 다른 선생님들에게도 일어날 수 있는 일이니까.

이야기 셋, 1년짜리 담임, 내 앞에서만 잘하면 된다?

학교를 옮겨서 다시 담임을 맡았다. 그 반에는 1학년 때부터 힘들기로 유명한 아이들이 몇 있었다. 아. 나는 왜 이렇게 운이 없는 걸까? A군은 첫날부터 옆 친구에게 싸움을 걸고 욕을 했다. A군은 친구들과의 조그만 부딪힘에도 거침없이 욕을 하고 주먹과 발길질을 날렸다. 아이들이 자주 와서 A군의 괴롭힘을 호소했다. 거의 매일 A군과 상대 아이를 불러 상담을 하고 중재를 했다.

어느 날 A군을 따로 불러 이야기를 나누었다.

"○○아, 너 아까 왜 그랬어?"

"△△에게 놀자고 했는데 나랑 안 놀아 줬어요."

"친구들이랑 놀고 싶니?"

"네, 그런데 자꾸 친구들이 날 안 끼워 줘요."

"아, 그랬구나. 넌 친구들과 놀고 싶었구나. 그런데 네가 친구들에게 욕하고 장난감을 함부로 빼앗아 가면 친구들이 너랑 놀고 싶어 하겠니?"

"어차피 친구들은 나랑 안 놀아 줘요. 애들이 날 싫어한단 말이에요."

"친구들이 싫어하는 행동을 하지 않으면 친구들이 너랑 같이 놀 거야."

"아니에요. 1학년 때부터 친구들이 나랑 안 놀아 줬어요."

"아, 1학년 때부터 친구들이 너랑 안 놀아 줘서 속상하고 지금도 친구들이 널 받아 주지 않을까 봐 겁이 나는구나."

"그렇지만 지금은 상관없어요."

주먹을 꽉 쥐며 말끝을 흐린다. 그렇게 단단해 보이던 A군의 눈이 빨개지며 울먹였다. 눈물이 그렁그렁한 아이의 두 눈에 두려움으로 떨고 있는 여린 영혼이 내비쳤다. 안쓰럽다….

학부모 상담주간, A군의 부모님이 상담을 하러 오셨다. 그간에 있었던 일을 몇 가지 말씀드렸더니 어머니도 눈물을 흘리며 속상해하셨다. 1학년 때부터 들었던 말이란다. 아이의 행동을 고쳐 보려고 집에서 야단도 쳐 보고 타일러도 보고 갖가지 노력을 다 해 보았지만 동생들에게나 친구들에게 난폭한 행동을 하는 것이 고쳐지지 않는다고 하셨다.

"어머니, 너무 걱정하지 마세요. 아이들은 크는 동안 열 번도 더 변한다잖아요."

이 어머니도 아이로 인해서 학교에서 상처를 많이 받으셨구나. 부모들은 자녀들이 밖에 나가서 칭찬받기를 원한다. 아이가 집 밖에서 잘못 행동했다는 이야기를 들으면 특히 첫아이일 때 그 실망감은 이루 말할 수 없다. 학교나 유치원에 보낸 후론 아이를 계속 쫓아다니며 못하게 할 수도 없고 속수무책 애만 태우게 된다. 그리고 아이의 잘못을 계속 지적받으면 나중에는 학교에 대해서 적대적인 감정이 생기고 될 대로 되라고 자포자기하게 될지도 모른다.

"어머니, 너무 속상해하지 마세요. 어머니와 제가 함께 아이를 도울 수 있을 거예요. 앞으로 변화 가능성이 무궁무진한 어린아이잖아요."

그러나 상처는 쉽게 아물지 않는다. 순간의 부딪힘으로 생긴 검푸른 멍이 사라지려면 오랜 시간이 걸리는 것처럼 두려움이 사라지려면 오랜 시간이 필요하다. 다만 상처가 치유되고 멍이 사라지는 동안 주변 사람들이 겪게 될 피해를 최소화시키기 위해 아이와 부딪히지 않도록 환경과 조건을 조심스럽게 마련해 주어야 한다. 예를 들어 아이와 잘 부딪힐 만한 기질의 아이들의 자리를 멀리 배치하고 문제 행동을 하는 아이는 교사의 시야에서 벗어나지 않도록 늘 가까이 있도록 한다.

아이에게 다행스럽고 고마웠던 점은 아이가 아직 어른을 신뢰하고 열린 마음을 갖고 있다는 것이었다. 아이는 자주 내게로 와서 자신의 이야기를 했다. 아마도 어른들이 친구들 보다 자신의 이야기를 더 잘 들어주고 지지해 주기 때문일 것이다. 그러나 마음의 문을 닫고 교사와의 대화를 거부하는 경우는 아이의 상처가 더 크다는 의미이고 마음의 문을 열기까지 더 많은 사랑과 관심이 필요하다. 아이가 스스로 다가와서 자신의 이야기를 할 수 있다면 그 아이가 아무리 많은 문제를 가지고 있다고 하더라도 해결하고 발전할 가능성이 있다.

나는 그해 그 아이의 사생활에 대해서 많은 이야기를 들었다. 비록 여전히 말썽은 피우고 야단맞을 상황은 많았지만 아이와의 대화가 쌓일수록 난폭한 행동의 정도는 약화되었다. 그리고 학년 말이 다가올 때쯤에는 아이가 내게로 와서 자기 이야기를 하는 일이 드물어졌다. 이것은 나와의 사이가 멀어져서가 아니라 친구들과의 관계가 좋아져서 더 이상 내가 필요하지 않았기 때문일 것이다. 그리고 이듬해 새로운 학년의 담임선생님께 아이의 안부를 물었더니 무난하고 평범하게 지내고 있다고 하셨다. 내가 아이를 위하여 특별히 한 일이라곤 별로 없었다. 그저 아이의 내면적 아픔을 초기에 인지했다는 것, 훈육이 아니라 계속해서 아이의 이야기를 들어주었다는 것. 아이가 변화하고 성장하는 과정 중에 있다는 것을 알고 신뢰를 보여 주고 싶어 했다는 것 정도가 아닐까 싶다(생활지도의 어떤 대단한 기술도 방법도 없고 알지도 못했기에 적용해 볼 수도 없었다).

　인간은 잘 변하지 않는다고 한다. 그러나 나는 아이들이 나를 만나서 빨리 변화하고 성장하기를 바랐다. 나는 1년짜리 보호자로서 아이의 변화가 내 성과가 되고 내가 좀 더 편하게 학급을 운영하려면 빨리 온갖 방법을 동원해서 아이의 행동을 교정해야 한다고 조급증을 냈었나 보다. 아이의 변화와 성장은 시간이 걸리는 문제라는 것을 자꾸만 잊어버린다.

　다루기 힘든 아이들, 마음이 아픈 아이들은 점점 늘어 가고 있고 교사의 권위는 점점 더 땅에 떨어지고 있다. 빠르게 변화 발전하는 기술과 사회의 영향을 받은 신인류인 아이들과 학부모들이 몰려오는데, 교육의 시스템과 가르쳐야 할 지식은 과거에 머물고 있어 그사이에 낀 교사들은 이러지도 저러지도 못하면서도 무한 책임을 강요받고 있다. 이제 학생 생활지도와 학급 경영을 교사 개인의 능력과 자질 문제로만 보고 평가하는 여러 시선들을 거부하자. 한 아이의 성장을 일 년 단위로 끊어서 보지 말고 장기적인 관점에서 보고 학교와 교육 당국, 사회가 나서서 대책을 세우고 협력하기를 바란다.

3.
갈등 중재

이야기 넷, 대화와 중재(학생과 학생)

어느 날 한 아이가 부루퉁해서 내게로 와서 하소연했다.

○○학생   □□이가 나에게 '저리 비켜! 이 자식아'라고 해서 너무 기분이 나빴어요.

교사   어, 그랬구나. □□이가 기분 나쁜 말을 해서 네가 많이 속상했구나. 어떻게 하면 좋겠니? 선생님이 어떻게 도와주기를 바라니?

○○학생   □□이를 불러서 혼내 주시고, 사과받고 싶어요.

교사   그래? 선생님은 상황을 잘 모르니 일단 □□이랑 같이 얘기해 보자. 괜찮겠어?

○○학생   네.

□□이 왔다. □□은 이미 내가 왜 불렀는지 알아차린 눈치다. 내게 오자마자 투덜거리며 자신의 얘기를 쏟아 냈다. 두 학생이 격앙 돼서 서로의 말은 듣지도 않고 동시에 자기 말만 했다.

교사   잠깐만, 지난번에 우리 미러링 연습했었지? 상대의 얘기를 잘 듣고 상대가 무슨 말을 하는지 들은 대로 다시 말하는 거야. 할 수 있겠니?

둘은 귀찮은 기색이었으나 마지못해 고개를 끄덕였다.

교사 　자, 그럼 누가 먼저 얘기해 볼까?

○○학생 　제가요. 제가 갑자기 나를 밀치며 '저리 비켜, 이 자식아'라고 말했어요.

교사 　○○이 뭐라고 말했는지 □□이가 말해 볼래?

□□학생 　제가 ○○을 밀치며 '저리 비켜, 이 자식아'라고 말했대요. 하지만 얘가 먼저 했단 말이에요.

교사 　그래, 어떻게 된 건지 말해 주겠니?

□□학생 　내가 사물함에서 뭘 꺼내려고 하고 있는데 얘가 갑자기 와서 자기 사물함을 열다가 내 팔꿈치를 쳤어요.

교사 　□□이가 뭐라고 말했는지 다시 말해 줄래?

○○학생 　□□이 사물함에서 뭘 꺼내고 있는데 내가 와서 사물함 문으로 팔꿈치를 쳤대요. 하지만 전 □□이 거기 있는지 모르고 문을 연 거예요.

교사 　□□아, ○○이 뭐라고 말했는지 다시 얘기해 줄래?

○○학생 　○○이는 내가 거기 있는지 모르고 문을 열다가 실수로 팔꿈치를 친 거래요.

○○학생 　네, 그랬어요. 실수로 그런 건데 심한 말을 들으니까 기분이 나빴어요.

교사 　□□아, 친구가 뭐라고 말했는지 다시 말해 줄래?

□□학생 　심한 말을 들어서 기분이 나빴대요.

교사 　□□도 심한 말을 한 건 인정하니?

□□학생 네.

교사 ○○의 기분이 어땠을 것 같아?

□□학생 불쾌했을 것 같아요.

교사 그럼 그 문제에 대해서는 사과할 수 있겠니?

□□학생 네.

교사 □□이 사과하겠다고 하는데 받아줄 수 있겠니?

○○학생 네, 그리고 아무리 오해라지만 기분 나쁜 말은 안 했으면 좋겠어요.

교사 좋아, ○○은 □□이 있는 걸 모르고 사물함을 열다가 □□의 팔꿈치를 쳤다고 했지? □□의 기분이 어땠을 것 같니?

○○학생 놀라고 아팠을 것 같아요.

교사 □□아, 넌 이 문제를 어떻게 해결하길 원하니?

□□학생 서로 사과하고 끝냈으면 좋겠어요.

교사 ○○아. 서로 사과하고 끝내도 되겠니?

○○학생 네.

둘은 서로 마주 보고 사과했고 상대에게 원하는 것을 부탁했다. 곧 공부 시간이 시작되었다. 공부가 끝나고 지나가면서 물어보았다.

교사 그래, 서로 사과하니까 기분이 좀 풀렸어?

학생 네!

명랑하게 대답하고 다퉜던 그 친구를 부르며 놀자고 휙 가 버렸다.

위에서 소개한 에피소드는 학교생활에서 일상적으로 일어나는 다툼을 대화로 중재하는 간단한 실례이다. 경청과 다시 말하기를 통한 사건 이해, 감정의 표현과 공감, 욕구의 명료화, 상대의 욕구에 대한 이해와 중재 등의 과정이 이 작은 에피소드에 포함되어 있다.

첫 번째 단계는 경청과 다시 말하기를 통한 사건 이해이다. 사건의 관련자들은 각자 자기 입장에서 사건을 인식한다. 따라서 대립하는 사건 관련자로 하여금 사건을 진술하게 하고 상대방은 그 진술을 잘 듣고 거울이 대상물을 왼쪽과 오른쪽을 바꾸어 비춰 주듯이 주어를 바꾸어 다시 말하게 한다. 이 과정을 통해서 자기가 경험한 사건을 다시 돌아보게 하고 상대의 입장에서 사건은 어떻게 인식되었는지 이해함으로써 사건의 입체적 진실에 접근하도록 돕는다.

이 방법은 특히 한쪽이 거짓말을 하고 있을 때, 효과적이었다. 처음에는 두 사람의 주장이 팽팽히 맞서는 것 같지만, 경청과 다시 말하기를 통해 하나하나 사건을 진술하게 하고 다시 말하게 하는 과정을 거치다 보면 거짓말을 하는 쪽이 말을 바꾸거나 허점이 드러난다. 중재자(교사)가 '너 왜 거짓말하니?'라고 비난하거나 '어서 진실을 말해!'라고 다그치지 않아도 결국엔 거짓말한 쪽이 자신이 잘못 생각하고 행동했다는 것을 인정하게 된다.

두 번째 단계는 그 사건을 겪으며 어떤 감정이 들었는지 자신의 감정을 돌보게 하고, 표현하도록 이끈다. 우리는 일상에서 사건과 감정을 뒤섞어 인식하고 말하는 경향이 있다. 위의 예에서 ○○은 '저리 비켜, 이 자식아'라고 말했을 때 불쾌감이라는 감정을 명령과 비난으로 표현했다. 그러나 대화를 통한 중재 과정에서 사물함 문으로 갑자기 팔꿈치를 맞은 사건과 사건을 경험하면서 일어난 감정을 분리해서 인지하고 표현할 수 있었다. 자신의 감정을 폭력적이지 않은 방식으로 표현할 때 상대는 그것이 자신을 공격하는 것이 아니라는 것을 알고 좀 더 편안한 마음으로 상대의 감정을 공감할 수 있다.

세 번째 단계는 욕구의 명료화이다. 위의 예에서는 잘 드러나 있지 않지만 사람이 어떤 행동을 하거나 감정을 느낄 때, 그 지점에서 어떤 특정한 욕구를 찾아낼 수 있다. 또 다른 예를 들어 보자. 학급에서 자리를 바꾸는 날이면 환호와 한숨이 동시에 터져 나온다.

학생 선생님, 재랑 짝하기 싫어요.
교사 친구가 그 말을 들으면 기분이 어떨까?

여기서 그치는 아이도 있고 더 나가는 아이도 있다.

학생 지난번에 같은 모둠이었을 때, 모둠활동도 안 하고 방해만 하고 자꾸 시비 걸어서 짜증 났단 말이에요.
교사 아, 친구가 모둠활동을 안 해서 모둠활동이 제대로 안 될까 봐 걱정되니?
학생 네. 지난번에도 그래서 자주 다퉜어요.
교사 모둠활동할 때 사이좋게 잘하고 싶구나.
학생 네, 잘하고 싶어요.
교사 친구에게 네가 원하는 것을 얘기해 보고 친구는 왜 모둠활동을 열심히 하지 않았는지 물어보면 어떨까?

이 아이는 모둠활동을 잘해서 성취감을 느끼고 인정받고 싶다는 욕구가 있다. 그런데 한 친구가 이 아이의 욕구 충족을 방해해서 그 친구가 싫은 거였다. "나는 모둠활동을 잘하고 싶은데 지난번에 우리가 같은 모둠이었을 때 네가 열심히 안 하고 장난만 치는 것 같아서 속상했어"라고 자신의 욕구를 분명히 인식하게 하고 표현하게 한다면 문제를 해결하는 데 도움이 될 것 같다.

다시 위의 예로 돌아가 보자. 교사는 중재의 과정에서 학생이 원하는 것이 무엇인지 묻고 그것을 표현하도록 촉구했다. ○○ 학생이 원하는 것은 비난하는 말을 듣고 싶지 않고 비난하는 말을 한 것에 대해서 사과를 받고 싶다고 자신의 욕구를 명료하게 표현함으로써 중재의 실마리를 제공했다.

마지막 단계는 상대의 욕구에 대한 이해와 중재이다. ○○은 상대가 원하는 것을 듣고 이해한 후 자신이 어떻게 반응해야 할지를 결정할 수 있었다. 그리고 자신이 원하는 바도 분명히 이야기했고 자신의 제안, 사과해 달라는 요청을 상대가 수용함으로써 중재가 이루어졌고 사건은 평화롭게 해결되었다.

또 다른 간단한 예를 들어 보자. 앞의 과정은 생략하고 욕구와 요청, 그리고 수용의 과정으로 중재가 이루어진 부분만 소개하겠다. 어떤 학생이 나에게 와서 옆의 친구가 자꾸 자기 책상으로 넘어와서 물건을 건드려서 성가시다고 하소연했다. 그 학생의 욕구는 자신의 영역을 보장받고 싶은 것이었다. 나는 그 학생의 욕구를 분명히 표현하게 하였고 상대방에게 부탁하는 말로 자신의 욕구를 충족할 수 있는 해결 방법을 말하도록 했다.

"나는 내 책상을 다른 사람이 건드리고 내 물건이 흐트러지는 게 불편해. 내 물건을 건드리지 않게 조심해 주었으면 좋겠어. 그리고 내 물건을 만지거나 내 책상을 사용하게 될 때는 미리 허락을 받았으면 좋겠어"라고.

이야기 다섯, 대화와 중재(교사와 학생)

대화를 통한 중재는 아마도 교사들이 일상적으로 사용하는 상담 기법일 것이고 특별히 새로운 것은 아닐 것이다. 다만 학교생활에서 자주 발생하는 갈등을 해결하는 기본 방향과 관점에서 조금 다를 수 있다고 생각한다. 흔히 아이들은 친구와 다툼이 생겼을 때, 선생님한 테 와서 이른다. 아이들은 중재를 원하는 것이 아니라 '내가 억울하니 제 좀 혼내 주세요'라는 심정으로 교사에게 온다. 나도 전에는 시시비 비를 가려서 잘못한 쪽을 단죄하고 벌주어서 다시는 그런 짓을 못하 게 훈계하기 위해서 아이들을 상담했다. 내가 이런 마인드를 갖고 있 을 때는 학생의 말을 거의 듣지 않고 잔소리만 늘어놓았다. 더구나 학 생의 반응이 조금 불손하거나 반성의 기미가 약해 보일 때는 말하는 도중에 점점 더 화가 나서 호통을 치는 경우도 있었다. 학생은 고개를 숙이고 교사의 말이 끝나기만을 기다린다. "다음부터는 그러지 마라." 이 말이 끝나기 무섭게 도망간 학생은 교사의 말을 까맣게 잊은 듯 똑같은 잘못을 반복한다.

한때, 나는 교사로서 재판관의 역할을 해야 한다고 생각한 적이 있 었다. 사건의 진실을 파헤치고 잘잘못을 가려 잘못한 쪽을 벌주는 재 판관. 나는 재판관의 역할이 불편했다. '너희 중 죄 없는 자는 저 여인 을 돌로 쳐라.' 끝없이 판단하고 단죄하는 저를 용서하소서.

대화를 통한 중재의 관점에서 학생 간의 갈등을 대하는 것은 나에 게 편안함을 가져다준다. 내가 수고롭게 많은 말을 할 필요가 없고 무 리하게 판단할 필요도 없다. 학생들로 하여금 스스로 이야기하게 하고 자신의 감정과 욕구를 발견하도록 도와주기만 하면 되니 나의 역할이 훨씬 가벼워졌다고 느낀다. 중재는 비단 학생들 사이에서만 적용되는 것은 아니다. 내 안에서 서로 다른 욕구들이 충돌할 때도 중재자를 초대해서 해결할 수 있다. 또 학생과 교사 사이에도 적용할 수 있다. 어느 날 수업을 시작하기 전에 학생들과 이런저런 환담을 나누고 있는데 분위기가 편해서였던지 한 학생이 뜬금없이 말했다.

"선생님, 어제 △△가 집에 가는데 선생님을 욕했어요. 말씀드리면 선생님이 충격 받으실 거예요."

"뭐라고 했는데?"

학생은 망설이다 마지못해 한다는 듯이 약자를 넣어서 말했다. "안** 씨*년." 그 말을 듣는 순간 피가 거꾸로 솟는 걸 느꼈다. 내가 널 얼마나 챙겨 주었는데… 배신감과 실망감, 분노가 밀려들었다. 내 표정을 읽은 아이들은 눈치를 살피며 쥐 죽은 듯이 조용했다. 눈물이 터질 것 같아 급히 화장실로 달려가서 눈 주위를 닦고 눈을 껌벅껌벅했다. 모른 체하기에는 내 체면이 말이 아니었다. 그러나 너무 기가 막혀서 △△에게는 그 자리에서 무슨 말을 해야 할지 떠오르지 않았다. 나는 아이들에게 싸늘하게 말했다.

"교과서 99쪽 펴세요."

수업을 조금 했지만 마음이 진정되지 않았다. 책을 내려놓고 말했다.

"너랑 더 이상 태연하게 수업 못하겠다. 여러분! 책 읽고 있으세요." 하고 다시 교실을 나왔다. 그 상태로 상담실로 가서 중재를 부탁했다.

"나한테 욕한 학생이 있는데 도저히 그 아이를 쳐다보며 수업을 할 수가 없어요. 너무 속상해서 분통을 터뜨릴 수도 없어요. 야단치다가 내가 울어 버릴 것 같아요."

내가 울먹이며 말했다.

"아이도 많은 학생들 앞에서 자신의 잘못이 드러나서 매우 당황했을 거예요. 갑자기 아이를 상담실로 가라고 하면 저항할지도 모르니 제가 가서 다른 일로 온 것처럼 해서 불러낼게요."

상담 선생님은 사려 깊게도 나와 학생의 마음을 동시에 헤아려 주며 말했다. 나는 다시 교실로 올라갔고 더 이상 그 문제에 대해서 전체 학생들에게 어떤 말도 하지 않았다. 다음 시간에 수업을 하고 있을 때, 상담 선생님이 상냥한 표정을 짓고 교실 문에 나타났다.

"공부에 방해가 되지 않는다면 △△에게 뭘 좀 물어볼 게 있는데 잠깐 이야기 나누어도 될까요?"

△△은 순순히 상담선생님을 따라갔고 한 시간쯤 시간이 흐른 후에 상담 선생님이 나를 불렀다.

상담 교사 △△에게 이야기 들었습니다. △△가 선생님께 욕한 것에 대해 대단히 미안해하고 걱정하고 있어요.

교사 선생님은 △△가 학교생활이 많이 좋아졌다고 기특하게 여기고 자랑스러워했어. 네가 내 마음을 알아줄 거라고 믿었는데 네가 그런 욕을 했다는 말을 듣고 너무 실망이 커. 요즘 네가 잘 지내고 있다고 믿었는데 뒤에서 그렇게 심한 욕을 하다니, 배신감 때문에 널 보기가 힘들고 내가 왜 욕을 먹어야 하나 생각하면 많이 슬퍼.

상담 교사 △△는 선생님이 진짜 싫어서 그런 건 아니고 어제 수업도 늦게 끝났는데 청소하고 가라고 해서 순간적으로 짜증이 나서 그랬대요.

교사 응, 그랬구나. 앞으로는 불만이 있으면 선생님한테 직접 이야기하고 뒤에서 욕은 안 했으면 좋겠구나. 어른이 아이한테 욕을 들으니 자존심이 상하고 모욕감이 들어.

상담 교사 △△와 이야기 나누어 보았는데 선생님께 죄송하고 깊이 반성하고 있대요. △△아, 선생님께 진심으로 사과할 수 있겠니?

△△는 시키는 대로 일어나서 배꼽에 손을 얹고 공손히 허리를 굽혀 인사했다.

학생 죄송합니다.

△△는 이렇게 공손한 아이가 아니었다. 처음으로 이렇게 공손한 인사를 받아 보니 피식 웃음이 나왔다.

교사 그래, 네가 이렇게 사과해 주니 고맙다. 앞으로 네가 더 잘할 거라고 믿을게.

처음 △△를 만났을 때, 아이는 돌처럼 딱딱하게 굳어 있었다. 내가 다가가서 어깨를 두드리며 말을 걸려고 하면 차갑게 뿌리쳤다. 욕을 쓰거나 말썽을 피워서 제지를 하면 "왜 나한테만 그래요!"라고 주먹을 꽉 쥐고 악을 쓰며 울었다. 그러나 돌처럼 딱딱하게 굳은 것처럼 보였던 그 아이의 내면에서 나는 상처받기 쉬운 어리고 여린 영혼을 보았다. 그 아이와 많은 일들이 있었지만 여기서는 쓰지 않겠다. 내 입장에서는 아주 천천히 변화가 왔다. 아이의 마음이 조금씩 부드러워지는 것을 느낄 수 있었다. 그리고 그 변화가 확연히 느껴질 때쯤엔 학년 말이 되었고 곧 아쉬운 이별을 하게 되었다. 상급 학년으로 진학한 아이는 멀리서도 나를 보고 달려와서 여전히 배꼽인사를 한다. 학년 말

에 아이들 한 사람 한 사람에게 써 주었던 시 중에서 △△를 위해 써
주었던 시를 소개한다.

'△△를 위한 시'

아팠을지 몰라.
운동장을 내달리다 넘어져 까진 무릎에
핏방울이 송글송글 맺혔는데
눈에도 눈물이 송글송글.
그러나 울지 않았다.
너는 그렇게 의젓해야 했나 보다.

두려웠을지 몰라.
낯선 것에 다가간다는 건 누구에게나 두렵지,
혼자 고립된다는 건 누구에게나 두렵지,
비난받을지 모른다는 건 누구에게나 두렵지.
그러나 두려워 떨지 않았다.
너는 그렇게 두려움에 맞서야 했나 보다.

너의 부드러운 마음결,
높게 빛나게 될 너의 내일을
우리는 안다.
그리고 사랑한다.

인간의 행동과 말에는 항상 이유가 있다. 오래전에 신부님이 들려주신 이야기가 깊은 여운을 주었던 적이 있었다. 어느 날 지하철에서 어린아이를 데리고 가는 젊은 엄마가 있었다. 아이는 신발을 신고 의자를 오르내리고 소리를 지르며 통로를 뒤뚱거리는 걸음으로 뛰어다녔다. 전철 안의 다른 승객들이 눈살을 찌푸리고 참다가 한마디 했다.

"애 좀 어떻게 해 봐요. 저러다 다치겠어요.'

아이 엄마는 무심하게 아이를 데려다 앉히고 아이를 꼭 껴안았다. 아이가 몸부림을 치며 칭얼거리다 엄마 품에서 빠져나와 비틀비틀 전철 안을 돌아다녔다. 엄마는 그런 자기 아이를 의식도 못하는 것처럼 멍하니 앞만 보고 있었다.

'저 여자 미친 거 아니야. 요즘 엄마들은 애들이 다른 사람에게 피해를 줘도 예절을 안 가르치니 애들이 모두 자기만 아는 사람이 되지.'

신부님은 속으로 그 엄마를 욕했다고 했다. 그날 밤 장례식이 있어서 찾아갔는데 낮에 전철에서 보았던 그 애기 엄마가 거기 있었다. 잠든 아이를 안고 소복을 입고 앉은 모습을 보고 신부님은 모든 것을 이해했단다. 그리고 겉으로만 보고 사람을 판단하고 욕했던 자신이 부끄러웠단다. 학교에서 어떤 아이가 아침부터 까칠하게 굴며 친구들과 자꾸 다투거나 수업시간에 집중하지 못하고 산만하게 굴 때, 아이는 그날 아침 엄마에게 심하게 꾸중을 듣고 왔거나 어젯밤 부부싸움을 해서 밤새 불안했을지도 모른다. 아이가 어떤 행동을 할 때, 우리는 그 아이의 내면에 무슨 일이 일어나고 있는지 다 알지 못한다. 또 교사가 모든 문제를 해결해 줄 수도 없다. 아이의 긴 인생길에서 나와 해후한 오늘, 이해와 공감, 인간으로서의 연대의식을 가지고 아이를 바라보는 여유를 가지고 싶다.

4.
평화로운 학급 만들기

이야기 여섯, 학급이 함께 풀어 가는 생활 교육

내가 혁신학교에 오기 전에는 학생을 다루는 원칙을 세우지 못했었다. 채찍과 당근이 학생을 다루는 유일한 방법인 줄만 알았는데 그것은 약효가 오래가지 못했다. 언제 채찍을 휘둘러야 하는지, 언제 당근을 주어야 하는지 헷갈려서 원칙 없이 오락가락했다. 공평함, 단호함, 일관성, 참을성, 너그러움, 이것들 중 아무런 덕목도 갖추지 못한 나 같은 선생은 어찌해야 하나….

이제 나는 채찍과 당근을 모두 포기했다. 아이들은 당나귀가 아니라는 것을 너무 늦게 깨달았나 보다. 아이들을 내 마음대로 조정하려는 시도를 포기하고 나니 자유가 찾아왔다. 이제 나는 많은 것을 아이들과 솔직히 이야기하고 의견을 구한다. 학급의 일을 함께 고민하고 함께 방법을 찾아가며 해결한다. 가끔은 학급의 원활한 운영을 방해하는 친구들에게 벌을 주자는 의견이 나오기도 한다. 아이들은 교사보다 더 단호하고 엄격하다. 난 그냥 봐주고 넘어가고 싶은데 아이들은 친구들의 잘못된 행동을 끄집어내고 따진다. 처벌을 해야 한다는 의견이 나올 때마다 나는 난감한 표정을 지으며 여러 가지 이유를 들어 그럭저럭 피해 왔다.

대신 문제가 좀 심각할 때는 아이들을 불러 모아 둥글게 앉아서 이야기를 나눈다. 오래전에 나는 상처받은 이들을 위한 어떤 자조모임에 몇 년 동안 다닌 적이 있었는데 그곳에서 진행하는 모임을 서클이라고 불렀다. 나는 서클에 참여함으로써 많은 위로와 치유, 내가 어쩔 수 없는 것과 어쩔 수 있는 것을 구별하는 지혜를 얻었다. 그 후 '회복적 생활교육'에 대한 연수를 몇 번 받았는데 거기서도 자조모임에서 했던 방식의 서클을 진행하는 것을 보았다. 우리 학교에서는 학급마다 다모임이라는 걸 하는데 나는 자조모임에서 했던 서클 방식을 학급 다모임에 적용해 보았다. 내가 알고 있는 서클의 규칙은 매우 간단하다.

첫째, 토킹 스틱을 가진 사람만 말하기
둘째, 경청하기
셋째, 다른 사람 말 끊지 않고 끝까지 다 들어주기
넷째, 다른 사람의 말에 대해 비평하지 않기(판단, 평가, 칭찬이나 비난, 동의와 반대 등)
다섯째, 말하고 싶지 않은 사람에게 말할 것을 강요하지 않기

지금 소개하고자 하는 것은 학생들 사이에 갈등이 장기화되어 불만이 쌓였을 때 진행한 사례이다. 보통 아이들은 새 학기가 시작되면 잘해 보고 싶은 마음에 서로 말과 행동을 조심한다. 그러나 학기 중간쯤에 이르면 서로에 대한 불만이 쌓여 가고 갈등이 잦아진다. 이때, 타인에게 쌓인 불만이나 부정적인 감정을 순화된 방식으로 표현하고 문제를 여러 다른 시선으로 바라보게 함으로써 타당한 해결 방법을 찾을 수 있도록 서클 방식의 다모임을 진행했다.

활동 1. 초대

책상을 치우고 넓은 자리를 마련하여 공간을 만들고 학급원 전체가 둥글게 앉는다. 1분 명상이나 마음을 모으는 리듬 박수 등 간단한 초대 활동을 한다. 그리고 왜 오늘 서클을 하게 되었는지 간단하게 상황이나 취지를 설명한다. 여기서 소개하는 사례는 학생들 자리와 모둠을 바꾸어 정하는 과정에서 몇몇 학생들에 대해 그동안 쌓였던 학급원들의 불만이 터져 나오면서 이루어졌다.

"여러분이 새 학기가 시작된 지 두 달 동안 생활하면서 즐거웠던 일도 많고 힘들었던 때도 있었을 거예요. 선생님은 여러분이 그동안 친구들을 잘 배려하면서 새 학기에 우리가 만든 실천 약속들을 지키려고 노력한 점을 크게 칭찬하고 싶어요. 그럼에도 불구하고 좁은 교실에서 많은 학생들이 함께 생활하다 보면 서로 부딪히는 일도 있고 나도 모르게 다른 사람에게 불편을 주어 불만이 쌓였을지도 몰라요. 그래서 오늘은 그동안 여러분이 생활하면서 힘들었던 것을 솔직히 얘기해 보고 친구들에게 여러분의 바람을 부탁하는 시간을 가져 볼 거예요"라고 말하며 서클에 참여하는 학생들을 준비시켰다.

활동 2. 문제 인식

학급의 문제가 드러날 수 있도록 첫 번째 질문을 만들어 칠판에 크게 적는다.

"학급 생활하면서 친구로 인해 힘들었던 점은 무엇인가요?"

나는 특히 이 질문에서 특정 학생에게 비난이 집중되는 것을 막기 위해 이름을 직접 말하지 않고 불편했던 상황에 대해서만 말하도록 주문했다. 여기서 교사의 역할은 서클의 원칙이 잘 지켜지도록 주의를 상기시키는 것이다. 익숙하지 않을 때는 아이들이나 어른들도 쉽게 끼어들고 반박하고 평가하기 일쑤이다. 이런 방해가 허용되면 그 서클은 망하게 된다.

활동 3. 부탁

첫 번째 질문은 공동체원들이 느끼는 어려움을 공유하는 것이었다면 두 번째 질문은 그 어려움을 해결하기 위해서 자신의 감정과 욕구를 찾아내고 욕구를 충족시키기 위해서 자신이 원하는 바를 요청하는 단계이다. 나는 이를 위해서 다음과 같이 질문을 만들었다.

"친구들에게 부탁하고 싶은 것은 무엇인가요?"

질문이 좀 막연한 것 같아서 내가 먼저 예를 보여 주며 시작했다.

"수학 시간을 시작할 때, 어느 학생이 큰 소리로 '수학 싫어. 수학 대신 체육 하면 안 돼요?'라고 했을 때, 선생님은 매우 속상했어요. 내가 수학을 못 가르쳐서 학생들이 수학을 싫어하나 하고 좌절감이 들었어요. 또 다른 학생들도 그 말을 듣고 수학에 대해 싫어하는 마음이 들면 어쩌나 걱정도 되었지요. 다음번에 그런 말을 하고 싶으면 수업 시작할 때 갑자기 큰 소리로 말하지 말고 미리 선생님에게 와서 개인적으로 얘기해 주세요. '선생님, 오늘은 제가 수학을 하기가 싫어요. 대신 체육하면 안 돼요?'라고 말한다면 선생님이 생각해 보고 수학 시간이랑 체육 시간을 바꿀 수도 있고 아무튼 다른 방법을 생각해 볼 수 있을 것 같아요."

이 발언에는 문제 상황 진술-감정 표현-욕구 명료-해결 방법 제시 등을 포함하고 있다. 많은 학생들은 내가 보여 준 예를 따라 친구들에게 부탁하는 말을 돌아가면서 했다. 부족한 경우는 내가 적절한 질문과 욕구 언어로 다시 말해 주는 방법으로 도와주었다.

"뒤에서 내 의자를 발로 차지 않았으면 좋겠어요."

"아, 그런 일이 있었구나. 그때 기분이 어땠는데?"

"불편하고 성가셨어요."

"넌 편안하게 앉아 있고 싶었구나. 발로 차지 않으려면 어떻게 하면 좋을까?"

"조심해 주고 책상을 너무 내 자리에 붙여 앉지 않았으면 좋겠어요."

활동 4. 긍정 메시지

활동 3을 하다 보면 자주 지목되는 아이들이 있기 마련이다. 친구들이 아무리 조심스러운 어조로 부탁을 한다 해도 그 시간이 힘들 수도 있다. 부탁을 받는 사람이나 부탁을 하는 사람이나 마음이 그다지 편하지 않은 것은 어쩔 수 없다. 마음을 풀어 주고 서클을 끝낼 필요가 있다.

"지금까지는 여러분이 느끼는 어려움에 대해서 이야기 나누었고 또 친구들에게 부탁도 하였어요. 그러나 그동안 생활하면서 친구들의 장점도 많이 느꼈을 것이고 고마웠던 점도 많았을 것 같아요. 특히 부탁을 많이 받은 친구들에게 칭찬과 감사의 긍정 메시지를 많이 주기를 바라요."

이렇게 말하자 아이들은 친구들에 대한 미안함을 만회할 수 있는 기회가 왔다고 생각하는지 표정이 환하게 밝아졌다. 밝고 따뜻한 분위기에서 토킹 스틱이 한 바퀴 돌았고 특히 친구들을 힘들게 했던 아이들의 아픈 마음이 조금 편안하게 회복되는 것을 느낄 수 있었다.

이야기 일곱, 감정·욕구 표현으로 평화로운 학급 만들기

나는 늘 꿈을 꾼다. 그 꿈들 중에는 이루어진 것도 있고 포기한 것도 있다. 그중에 젊은 시절부터 붙들고 놓지 못하는 것이 공동체에 대한 꿈이다. 끊임없이 사람들과 함께 뭔가를 시도하기 위해서 이런저런 공동체를 만들고 떠나기를 반복했다. 함께 꿈꾸고 함께 실천하고 함께 꿈이 실현되는 것을 보는 것은 짜릿한 삶의 기쁨이었다. 그러나 공동체에서 누군가와 함께해야 한다는 것이 때로는 견디기 힘든 고통이기도 했다.

학급공동체도 그러하다. 공동체에서 생활하며 서로 영향을 주고받다 보면 그 구성원들 간에 어떤 감정과 정서를 공유하게 된다. 같은 상황에 놓인 공동체의 구성원들 간의 공통된 경험과 느낌, 문제의식으로부터 평화로운 학급공동체 만들기를 시작해 볼 수 있다. 이번에 소개하고자 하는 '평화로운 학급 만들기' 수업은 학기 중이나 학기가 끝나 갈 때쯤 시도해 볼 수 있는 방법이다. 이것은 수업을 심각하게 방해하고 아무 때나 거리낌 없이 욕을 쓰고 친구들에게 시비를 걸어 싸우는 학생이 있는 학급에서 진행했던 80분짜리 '감정과 욕구 표현으로 평화로운 학급 만들기' 수업이다. 이 학급은 잦은 사건 사고로 학급원들이 영향을 받아 지치고 불안한 상태였다.

활동 1. 초대

긴장된 마음을 풀고 편안한 마음으로 수업을 시작할 수 있도록 공동체 게임을 한다. 나는 의자 바꿔 앉기 게임을 했는데 술래가 "안경 쓴 사람!" 하고 외치면 안경 쓴 사람이 자리를 바꾸는 잘 알려진 게임이었다. 이 간단한 게임으로도 그 학급에서 누가 규칙을 지키고 안 지키는지 누구를 습관적으로 괴롭히는지를 알 수 있었다. 다시 내가 술래가 되었을 때, "오늘 행복한 사람?" 하고 외쳤다. 의외의 주문에 아이들은 혼란스러워하며 쭈뼛거리다 몇몇이 일어나 자리를 바꿨다. 이 게임은 잘 알려져 있고 간단해서 나는 이것을 택했지만 아이들의 긴장된 마음을 풀고 수업활동에 초대할 수 있는 것이라면 무엇이든 좋을 것 같다.

활동 2. 감정 알아맞히기 게임

내가 감정카드 하나를 뽑아 그 감정이 일어나는 상황을 묘사했다. "나는 학교가 끝나고 집에 갈 때 이런 감정을 느껴요." 다음은 부정적인 감정을 하나 골랐다. "나는 친구가 놀리면 이런 감정을 느껴요." 아이들이 맞혔다. 다음에는 맞춘 학생이 나와서 감정카드를 뽑고 그 감정이 일어나는 상황을 설명하면 다른 학생들이 맞힌다. 이렇게 몇 번 하다 보니 몇몇 아이가 벌써 과감하게 학급에서 힘들었던 상황을 묘사한다.

"급식실에서 줄을 서 있는데 누가 갑자기 끼어들어서 새치기를 하고도 미안해하지 않았을 때 이런 감정을 느껴요."

"누가 갑자기 뒤통수를 때렸을 때 이런 감정을 느껴요."

이때 구체적인 이름을 말하지 않도록 안내해야 한다. 지목당한 사람이 당혹감을 느끼고 방어적인 태도를 가질 수도 있으므로 주의해야 한다. 다행히 학생들은 거부감을 보이지 않고 끝까지 적극적으로 활동에 참여했다. 이렇게 전체를 대상으로 몇 번 게임을 함으로써 게임 방법을 자연스럽게 알려 주고 감정카드를 모둠별로 한 세트씩 나누어 주고 모둠활동을 하도록 하였다.

활동 3. 문제 상황에 대한 감정 찾기

학생들이 모둠활동을 끝냈을 때 질문 하나를 보여 주며 같이 읽었다.

1. 우리 반 친구들을 생각하면 어떤 감정이 드나요?

그리고 1분간 눈을 감고 질문에 대해서 생각하게 하는 시간을 가졌다. 다시 눈을 뜨고 감정카드에서 감정을 찾고 모둠끼리 이야기 나누는 시간을 가졌는데, 자신의 감정을 말하고 왜 그런 감정을 느끼는지 까닭을 설명하게 했다. 다음으로는 모둠활동을 멈추고 학급 전체가 같이 이야기 나누는 시간을 가졌다. 먼저 긍정적인 감정이라고 생각되는 것을 발표시키고 다음으로는 부정적인 감정을 발표시켰다. 이때 교사는 학생의 감정과 그 까닭을 잘 듣고 학생의 욕구를 찾아내 다시 질문함으로써 자신의 부정적인 감정의 밑바닥에 있는 욕구의 긍정성을 바라볼 수 있게 도와준다. 예를 들어 "짜증 나요." 한 학생이 말했다.

"친구를 생각하면 왜 짜증이 나지?"

"수업시간에 수업을 못하게 자꾸 떠들어서 집중이 안 될 때 짜증이 나요."

"아, 친구가 자꾸 떠들어서 집중이 안 돼서 짜증이 났었구나. 너는 수업시간에 조용히 집중해서 열심히 공부하고 싶었니?"

"네."

"그럼, 친구들에게 네 바람을 부탁해 볼 수 있겠니?"

"어떻게요?"

"얘들아, 수업시간에는 공부에 집중할 수 있도록 조용히 해 줄래?

라고 말해 보면 어떨까?"

"수업시간에 조용히 해!"

그 학생이 쑥스러운 듯 내질렀다.

반 아이들이 큭큭 웃었지만 긍정적으로 수용하는 분위기를 느낄 수 있었다. 같은 방식으로 2번째, 3번째 질문을 주고 활동했다.

2번째, 3번째 질문은 다음과 같았다.

2. 우리 반 담임선생님을 생각하면 어떤 감정이 드나요?

3. 우리 반을 생각하면 어떤 감정이 드나요?

질문이 너무 직접적이어서 위험해 보이기도 하지만 막연한 질문은 문제의 핵심에 다가가기 어렵기 때문에 학급의 문제가 잘 드러날 수 있는 질문으로 골랐다. 각 학급의 상황에 따라서 필요한 질문을 만들어 제시하는 것이 이 활동의 성공에 매우 중요하다.

활동 4 평화롭고 행복한 학급 만들기

학급 규모가 작으면 서클을 만들어 다 같이 돌아가며 말하고 정리하는 방식이 좋지만 우리 학교는 그렇게 하기에는 너무 학생 수가 많아서 이 한 가지 활동만 해도 한 블록(80분)이 필요하다. 여기 소개한 네 가지 활동을 한 블록에 끝내야 했기 때문에 모둠별로 진행하고 발표하는 것으로 마무리했다. 나는 다시 칠판에 질문을 썼다.

'한 학기 동안 우리 반에서 좋았던 점은 무엇이었나요?'

'한 학기 동안 우리 반에서 힘들었던 점은 무엇이었나요?'

'우리 반이 평화롭고 행복한 반이 되려면 어떻게 해야 할까요?'

질문을 제시하고 모둠별로 모둠 보드에 각 질문에 대한 답을 두 가지 이상씩 의논해서 쓰고 발표하겠다고 안내하였다. 얼마 후 모둠별로 보드를 들고 나와 발표하고 칠판에 게시하였다. 그런데 신기하게도 의견들이 거의 일치했다.

'싸우거나 욕하지 않고 학습권이 보장되는 반.' 아이들이 느끼는 문제점과 바람이 한결같다는 것을 느낄 수 있었다.

"좋아요, 오늘 여러분 아주 잘해 주었어요. 여러분이 원하는 평화롭고 행복한 반이 되기 위해서 여러분이 공통적으로 원했던 싸우거나 욕하지 않고 학습권이 보장되는 반을 어떻게 만들 수 있을지 다음 시간에 해결 방법을 찾고 실천 약속을 마련해 보아요."

이 수업을 통해서 학급공동체 모두는 서로가 무엇을 힘들어했고 무엇을 원하는지 확인할 수 있었다. 예를 들어 학급원 모두가 욕하는 것을 원하지 않는다는 것을 직접 그들의 입을 통해서 들었다면 듣지 않았을 때만큼 거리낌 없이 욕을 하지는 않게 될 것이다. 교사의 명령이 아니라 친구들의 감정과 욕구가 명백히 표현된다면 공동체의 구성원으로 남기 위해서는 그들의 바람과 요구를 무시할 수 없기 때문이다.

5.
생활교육에 정답은 없다

학생 생활교육에 정답이 있을까? 수학문제처럼 어떤 공식을 적용하면 정답이 딱 떨어지는 그런 매뉴얼이 있으면 좋겠다. 그러나 나는 아직까지 그런 매뉴얼을 찾지 못했다.

오래전에 발도르프 연수를 받을 때였다. 독일의 발도르프 학교에서 오랫동안 학생들을 가르치다 퇴직하고 교사연수를 진행하던 교수에게 누군가 물었다.

"학급에는 교사가 다루기 힘겨운 아이들이 있기 마련인데 그 아이들을 어떻게 지도하십니까?"

그분은 "밤에 잠들기 전이나 아침에 아이를 떠올리며 명상을 합니다"라고 대답했다. 당시 경력이 짧았던 나는 '그게 무슨 한심한 요법인가?' 하고 의아해했다.

또 전에 다니던 학교에 경력이 많은 어떤 선생님이 계셨는데 그분이 지도하는 반은 6학년이건 저학년이건 다 아이들의 표정이 밝고 분위기가 평온했다. 그 선생님의 노하우가 너무 궁금해서 학급을 운영하는 어떤 비결이라도 있는지 물었다. 독실한 기독교 신자였던 선생님은 다음과 같이 대답했다.

"특별한 방법은 없고 다만 아이들을 한 명 한 명 떠올리며 자주 기도해요."

기독교 신자가 아니었던 나는 그게 어떻게 비법이 되겠는지 이해할 수 없었다. 그래도 생활지도에 지독히 어려움을 겪고 있었던 나는 '혹시 기도와 명상을 하면 갑자기 좋은 수가 생각날지도 몰라!'라고 막연한 희망을 가지고 기도해 보았지만 내가 기대했던 변화는 일어나지 않았다. 힘겨운 상황을 바꾸어 줄 묘수도 떠오르지 않았다. 내게는 무용지물로 보이는 '기도와 명상'을 답으로 준 그분들의 충고는 무슨 의미일까? 아이가 '교사가 바라는 대로 변화되기'를 간청하는 기도는 아무 소용이 없다는 것은 분명해 보인다. 그렇다면 아이들을 위해 기도하고 명상한다는 것은 무슨 의미일까? 자녀들과의 관계, 학생들과의 관계, 그리고 여타의 많은 관계에서 난관에 부딪칠 때, 다음과 같은 기도문이 나에게 큰 위로가 되곤 했다.

평온함을 청하는 기도

어쩔 수 없는 것을 받아들이는
평온함을 주시고,
어쩔 수 있는 것을 바꾸는
용기를 주시고,
이 두 가지를 구별할 줄 아는
지혜를 주소서.

나 자신을 돌아보면 대부분 다른 사람이 나와 다르다는 것을 깜빡하고 내 뜻대로 다른 사람을 판단하고 좌지우지하려다가 저항에 부딪힐 때 낭패감이 찾아온다는 것을 깨닫는다. 학생들을 생각하며 기도하고 명상한다는 것은 내가 원하는 대로 학생들이 변화하고 행동해 주기를 간청하는 것이 아니라 오히려 그 학생들을 있는 그대로 받아들이기 위함이 아닐까? 내 뜻대로 되지 않는다고 조바심치지 않고 교사로서 그들을 위해서 할 수 없는 것이 무엇이고 할 수 있는 것이 무엇인지 찾아서 실천할 수 있는 용기와 지혜를 구하고자 함이 아닐까? 가끔 교사들은 다루기 힘든 학생들을 이야기하며 그들의 가정환경, 부모들의 문제점에 대해서 이야기한다. "아이가 화를 잘 내고 친구들과 자주 다투는 것은 부모를 닮아서 그래요."

"알고 보니 부모가 이혼해서 아빠랑 살고 있대요, 그러니 애가 엉망이죠." 흔히, '문제아 뒤에는 문제 부모가 있다'고 말한다. 그 말이 틀리진 않다. 그러나 교사로서 그 말을 할 때, 그 함의는 무엇일까? 나의 경우에는 아이의 문제 행동은 부모의 탓이지 나에게는 책임이 없다는 뜻으로 그 말을 써 왔다. 그것은 교사로서의 자책감에 대한 좋은 변명거리였다. 학생의 문제 행동을 학교 탓으로 돌리는 것도 부당하지만 그것을 부모의 탓으로만 돌리고 은근히 부모를 비난하는 태도에 대해서도 나는 불편함을 느낀다. 나 자신도 완벽한 부모가 아니기 때문에 그런 식의 비난에 나 또한 자유롭지 않기 때문이다. 문제아 뒤에 있는 부모들도 그들의 인생이 있고 그들도 어쩔 수 없는 것들이 많을 것이다. 어느 누구도 타인의 인생을 쉽게 손가락질할 수 없다. 다만 교사들은 학교라는 공간에서 학생들을 만나고 바로 그 범위 안에서만 학생들과 관계를 맺고 개선할 수 있을 뿐이다.

생활교육에 공식이나 정답은 없다. 하늘의 별이 저마다 빛나고 들판의 꽃들이 저마다 피어나듯이 다양한 교사, 다양한 학생들이 빚어내는 갖가지 인간관계, 갖가지 사건, 사고들은 저마다 다르다. 내가 해서 성과를 봤다고 다른 사람, 다른 경우에 적용해서 같은 성과를 낼 수 있으리라고 장담할 수 없다. 만일 누군가 나에게 '생활교육 어떻게 하나요?'라고 묻는다면 나와 같이 흔들리며 살아가는 인간으로서 학생과 부모를 바라보며 공감과 연민으로 연결되기를 바랄 뿐이라고 대답하고 싶다.

부록

대담 | 현장의 목소리-3기 혁신학교의 성과와 고민

대담을 정리하면서

내가 우연히 혁신학교로 전근 오지 않았더라면 교육과정 재구성은 꿈도 꾸지 못했을 것이다. 아이들과 행복한 수업시간을 보내지도 못했을 것이다. 물론 일반 학교에서도 훌륭하신 선생님들이 치열하게 연구하며 교육과정을 재구성하고 있지만, 개인의 탁월한 능력과 영웅적 헌신이 필요해 보인다. 우리 학교에서는 대부분의 선생님들이 교육과정 재구성에 참여하고 있다. 수업에 집중할 수 있게 하는 혁신학교의 시스템과 문화라는 토양 위에서 협력하며 만들어 가는 교육과정 재구성이 가능했다. 내가 이 책을 쓰게 된 것도 혁신학교에서의 교육과정 재구성 과정을 경험하면서 느꼈던 기쁨과 감동을 많은 사람들과 나누고 싶어서였다.

그러나 그간의 많은 성과와 한국 교육에 미친 긍정적인 영향에도 불구하고 3기를 맞이한 혁신학교는 안팎의 도전에 직면해 있다. 현장에서 혁신교육을 위해 노력하고 계신 선생님들의 이야기를 통해서 혁신학교의 성과, 교육과정 재구성의 필요성과 교육에 미치는 영향, 3기 혁신학교의 고민과 전망에 대해 이야기하고자 한다.

나와 우리, 그들의 혁신학교를 말하다

참석자: 안재일, 김지은, 조정희, 황성희, 채성희, 주세민, 지선명, 권유리, 이승희
날짜: 2019년 7월 15일

안 바쁜 시간을 쪼개어 대담에 참여해 주신 선생님들, 감사합니다. 9년의 학교혁신 과정에 참여했던 교사, 학부모, 학생, 지역사회와 교육청 관계자와 행정가에 이르기까지 수천수만에 이르는 사람들은 각자의 입장에서 필요와 바람을 가지고 혁신학교에 대해서 다양한 목소리를 내고 있습니다. 오늘은 혁신학교에 참여한 시기와 입장이 조금씩 다르지만 혁신학교 교육공동체의 일원으로서 현재 모습을 만들어 왔고 미래를 함께 만들어 가고 있다는 공통점으로 이 자리에 모였습니다. 서로의 경험을 나누고 현재와 미래에 대한 각자의 생각을 이야기하는 자리가 되었으면 좋겠습니다.

여기에는 개교 이전부터 혁신학교를 준비하셨거나 개교 구성원으로서 모든 틀을 만드는 데 기여하셨던 분, 혁신교육을 경험하신 지 1년밖에 안 되는 분까지 다양한 분들이 계십니다. 또 기존 학교에서 많은 경험을 쌓은 분도 계시고 신규 발령으로 혁신학교에서 첫 교사 생활을 시작한 분도 계십니다. 각자의 입장에서 혁신학교에서의 경험을 얘기해 주시면 고맙겠습니다. 먼저, 혁신학교에 오게 된 계기나 혁신학교에 대한 인상을 얘기하는 것으로 시작해 볼까요?

내가 처음 만난 혁신학교

주 여기가 첫 학교라서 발령 날 때는 어떤 학교인지 몰랐는데, 혁신학교라고 해서 기대를 했었습니다. 학부 때부터 대안학교를 가고 싶었고, 임용을 보지 않고 대안학교를 갈 생각도 있었는데 발령이 이곳으로 나서 좋았어요. 알고 지내던 기존 선생님에게 들어 보니 교육과정을 재구성해서 수업을 한다고 했어요. 이를테면, 길이 재기를 배울 때 고덕천 달리기를 하면서 한다는 등의 이야기를 듣고, 재구성 수업에 기대를 갖게 되었지요.

안 왜 대안학교 교사가 되고 싶었나요? 대안학교에 대한 기대가 혁신학교에서 충족이 되었는지 궁금하군요.

주 수능을 보고 좋은 성적을 받아 교대에 진학했는데, 서열화하고 학생의 지적인 부분만을 강조해서 교육하는 것이 문제라는 생각이 들었어요. 그래서 대안학교를 찾아보니 다양한 학교가 있었어요. 공교육에서 제대로 교육이 이루어지지 않는데, 대안학교에서는 교사와 학생들이 직접 만들어 가는 교육을 할 수 있다고 생각했습니다. 혁신학교에 와서 공교육에서도 그런 부분이 실현되고 있다는 것을 알게 되었지요.

안 주 선생님은 교육이란 어떠해야 하는지 바람직한 교육에 대한 상이 있었고, 혁신학교에서 본인이 추구하던 뜻을 펼칠 수 있게 되었다는 말씀이군요. 이전에 혁신학교가 아닌 일반 학교에 있다가 혁신학교를 경험한 지 얼마 되지 않으신 선생님의 입장도 들어 보면 좋겠습니다.

권 이전 학교에서 5년 넘게 교직 생활을 하면서 제도와 틀 안에서이긴 하지만 제가 잘하는 부분들을 통합시켜서 수업을 해 보았고, 나름대로 자신감도 있었어요. 작년에 혁신학교에 오면서 훨씬 더 자유롭게 혁신학교에서 추구하는 것과 내가 갖고 있던 것을 결합한다면 더 많은 에너지가 발현되지 않을까 하는 기대를 했습니다. 전반부에는 어떤 활동인지 모르면서 선생님들이 하는 것을 따라 했었고, 그러면서 선생님들이 참 대단하시다고 생각했어요. 혁신학교에 대해 배우면서 이미 기존 학교 틀에서 자리를 잡아 온 선생님들에게는 자신의 방식이 도전을 받는다는 느낌이 들어 적응하는 데 매우 힘들 수 있겠다고 생각했어요. 후반부에는 좌절도 겪고 적응하는 게 힘이 들었어요. 지금은 혁신학교에서 선생님들이 하시는 것을 보면서 너무 따라 하지는 말고, 너무 벗어나지도 않으면서 제가 열심히 잘할 수 있는 것을 찾아가고 있는 중입니다.

안 이제 혁신교육 9년 차이신 황 선생님은 어떠셨는지요?

황 처음에는 혁신학교에 대해 전혀 모르고 왔었어요. 1학년을 처음 맡았을 때, 동학년 선생님들이 재구성에 대한 열의가 크고 새로운 시도도 많이 하셨어요. 대학 때 실습도 많이 나갔지만 수업하는 것을 구체적으로 배울 수 있는 곳은 없었습니다. 그런데 동학년에서 수업 나눔을 하는 것이 신규 입장에서는 실제적으로 많은 것들을 배울 수 있었어요. 예를 들면, 우리 학교에는 스티커 등 상벌제도가 없어요. 저는 '교사가 아이들을 통제하고 관리하는 시스템을 만드는 것으로 능력을 평가받아야 하나'라는 의문이 있었는데, 그런 것이 좋은 교육이 아니라는 것을 이곳에서 알게 되었어요. 막연하게 알고 있던 교육학의 이론들을 구체적으로 어떻게 적용하는지 수업 나눔을 통해서 알게 되었습니다.

김 저는 개인적인 이유로 혁신학교에 왔어요. 경력이 20년이 다 되어 가는데 매너리즘과 회의감에 빠졌어요. 전환점, 자극이 필요해서 이곳에 오고 싶었어요. 전혀 모르는 학교였는데, 아이를 키우면서 공동육아를 한 적이 있는데 거기에서 혁신학교에 대해 들었어요. 혁신학교에 대해 인터넷으로 검색하면서 어떤 교육을 하는지 살펴보았습니다. 혁신학교 1, 2기 설문 조사가 올라와 있었는데, 만족도가 90% 이상으로 높았어요. 저는 2기가 시작할 즈음에 왔어요. 이때는 선생님들이 많이 빠져나가고 물갈이가 될 즈음이어서 분위기가 달라질 텐데 어떨지 궁금했어요. 혁신학교 핵심이었던 초기 구성원이 빠지면 과연 어떤 모습일지, 일반 학교처럼 될 텐데 어떻게 변화할 것인지도 매우 궁금했어요.

안 20년 교육 경력에 매너리즘에 빠지고 회의감이 들어 혁신학교를 선택해서 오게 되었다고 하셨는데, 일반 학교에서 어떤 점이 만족스럽지 않았나요?

김 일반 학교에서는 교사들이 서로 몰라요. 자기 반에서는 군림하고 있지만, 다른 반을 신경 쓰지 않아요. 동학년 모임에서는 사사로운 이야기들만 나누고, 그런 시간들이 무의미하고 아까웠어요. 동학년 회의할 때 가끔 수업 팁을 주기는 하지만, 방향성을 갖고 협의하는 것이 아니라 학습지 같은 단절된 자료를 교환할 뿐이었죠. 항상 하던 스타일대로라서 잘하고 있는지 알 수 없었고, 연수는 받고 있었지만 소통이 많이 없어서 외로웠어요. 정해진 대로 통보받을 뿐 내 의견은 중요하지 않았죠. 그럼에도 교직 생활을 이어 가는 데는 별로 지장이 없었어요. 그래도 늘 월급은 나왔으니까…. 답답했어요.

안 혁신학교에 초빙 교사로 지원하면서 그런 불만족스러운 부분들이 해소되리라 기대하셨나요?

김 혁신학교에 대한 소문이 무성했어요. 자기들끼리 싸운다는데 뭘 가지고 싸울지 궁금했고, 회의하느라 늦는다는데 무슨 얘기들을 하는지 궁금했어요. 끝장토론을 한다는데, 그런 걸 좋아하는지라 그런 분위기에 호기심이 생겼어요.

안 회의가 좋아서 온 사람은 처음 본 것 같아요. (웃음) 채 선생님도 초빙으로 오셨는데 기대 많이 하고 오셨죠?

채 저도 기대 많이 했어요. 김 선생님과 비슷한 이유로. 7, 8년 차일 때 왔는데, 혁신학교에서 노력의 결실이 지금쯤 있을 것 같았고, 어떤 점이 다를까 기대를 하며 왔어요. 일반 학교에서 무기력한 아이들, 학습에 대한 부담으로 힘들어하는 아이들을 보면서, 뭔가 다른 것이 있지 않을까 기대를 했어요. 첫해에 1학년을 맡았는데, 그때 교육과정이 달라져서 하나하나 의논하고, 새로 배워가며 하는 것이 좋았습니다. 업무 없이 수업만 논의하는 것이 신선하고 매우 행복했던 한 해였어요.

안 조 선생님과 지 선생님은 초창기 구성원으로서 무한책임을 느끼며 이야기를 들으셨을 텐데, 그동안 참 힘들고 어려운 과정을 지나오셨을 거라 짐작이 됩니다.

조 소개로 혁신학교 준비모임에 들어가게 되었고, 서울에서 첫 혁신학교가 곧 개교한다기에 개설위원으로 자원해서 참여하게 되었어요. 힘겨운 과정이었지만 좋은 경험이었고 후회는 하지 않습니다.

지 개인적으로 어릴 때부터, 초등학교 때 안 좋은 교사를 보면서 교직에 대해 부정적인 인식을 가지고 있었어요. 고등학교 때 입시제도와 사학 비리가 있었던 학교 분위기 때문에 복잡했고, 거기서 아무것도 할 수 없는 방관자로 있었기에 무기력감을 느꼈어요. 그런데 막상 교사가 되고 보니 학교의 권위적인 모습과 학교의 모순이 어린 시절 겪었던 그대로였어요.

이전 학교에서 교장이 심각한 문제가 있었습니다. 수련회에서 학생들이 낸 밥값만큼 좋은 밥을 먹이고 싶어서 잔 다르크처럼 나서서 따지게 되었는데, 온갖 운영비리 문제가 줄줄이 나왔어요. 그냥 외면할 수도 없었고 끝까지 파헤치자니 개인의 힘으로 삼당하기 어려웠죠.

일반 학교에서도 온갖 회의가 많았어요. 그런데 교사는 회의에 불려가기는 하지만 결정권은 없고, 교장의 입맛에 맞게 끌려갈 수밖에 없었어요. 무기력감과 절망감에서 벗어나기 힘들었죠. 강명에 와서 같은 생각을 가진 사람들과 있는 것만으로도 설렜어요. 꿈은 꾸어도 된다는 것을 처음 알았습니다. 같은 생각을 하는 사람들이 모이면 뭔가 바꾸고 해낼 수 있다는 것을 깨달았어요. 큰 뜻을 품고 온 것은 아니었지만 훌륭한 뜻을 가지고 이야기하고 행동하는 사람들 속에서 제가 많이 성장했지요. 특히 동학년에서 여럿이 협력해서 활동하면서 많은 도움을 받았습니다. 저는 매번 주로 받는 입장이었지만, 평소에 관심을 갖고 공부하고 활동했던 아동 문학에 대한 여러 가지 자료와 아이디어를 선생님들과 나누면서 더욱 성장할 수 있었어요.

소중한 기억, 빛나는 순간들

안 말씀해 주신 것처럼 각자 다른 출발선에서 시작했지만 이곳 혁신학교에서 새로운 경험들을 많이 하셨을 텐데요. 인상 깊었던 첫 번째 경험은 무엇이었고 왜 그것이 기억에 남는지 말씀해 주세요. 혁신학교의 역사와 개인의 삶이 교차하는 빛나는 순간들이었을 것 같아요.

조 질문을 듣는 순간 떠오르는 장면이 하나 있어요. 첫해에, 그땐 학교 규모가 작았어요. 체육관에서 '교육과정 설명회'가 있었습니다. 학부모, 교사 모두 한꺼번에 모인 자리였는데, 전체 교사가 학부모들과 서로 인사하고 학교 교육과정 전반에 관해 설명했는데, 그 분위기가 정말 벅찼어요. 그 느낌이 선명히 떠오르네요.

안 어떤 점이 인상적이었나요?

조 아, 이것이 새로움이구나! 개교 준비를 하는 과정은 아이들이 없는 상태에서, 우리만의 움직임이었죠. 그리고 아이들을 맞이하고 초기에 정신없이 어수선하게 시작했어요. 교직생활 20년 만에 처음으로 저녁에 학부모를 모시고 교육과정 설명회를 했었죠. 선생님들의 의지도 충천했었고, 우리를 바라보는 학부모들의 기대도 참 컸어요. 그것이 부담스러운 게 아니라 거기에 함께했던 사람들이 서로 입장은 달랐겠지만 모두 비슷한 마음이었던 것 같아요. '혁신학교가 이런 기운이구나.' 이런 느낌이 들며 가슴이 벅차올랐어요.

황 저는 처음 일반 학교에서 기간제를 했어요. 그때는 인디스쿨에서 학습지를 다운받아 잘 활용하는 것이 유능한 교사라고 생각했습니다. 그런데 이 학교에서는 어떤 학습지가 좋더라는 얘기가 아니라 선생님들이 모여서 아동 발달에 대해 이야기를 하는 거예요. 교대에서 아동 발달에 대해 아주 개괄적으로 듣긴 했지만, 여기서는 구체적으로 배밀이부터 두 살 아이의 특성, 일곱 살 이갈이 하는 시기 등 처음 듣는 이야기가 무척 신선했어요. 사람을 보는 관점을 키우며 일상적으로 수업 연구를 하면서 모여 앉은 모습이 인상적이었어요.

실 저는 개교 전, 2월에 모여서 며칠 동안 책상도 없이 텅 빈 곳에 사람만 둘러앉아 하나부터 열까지 다 논의를 했었던 장면이 제일 기억에 남아요. 관행이라는 이름으로 비판적 반성 없이 답습해 오던 것들을 하나하나 열거하며 그것의 교육적 본질을 따지고 뭘 없앨 것인가를 의논했어요. 그 과정에서 교훈도 없앴는데, 대신 슬로건을 정했어요. '신나는 학교'라는 슬로건을 정하기까지 교사로서 교육의 근본을 생각하게 하는 많은 논의들이 있었어요. 개교 학교니까 가능했던 건데, 논의하던 과정이 지금 생각해도 벅찬 느낌이 들어요. 이전 학교에서는 동학년이 주 1회 모이는데, 맨날 부동산 재테크며 명품 쇼핑 얘기를 하는 거예요. 수업이나 아이들 이야기는 하지 않았어요. 그런 것에 대한 목마름이 있어서 모두가 열심히 참여하고, 내 의견이 그대로 결정되지 않는다 해도 다들 이해하려고 애쓰고, 뭔가 한마디 보태려고 애썼던 것이 소중한 기억으로 남아 있네요.

주 재작년에 우리 반 아이들 세 명이서 화장실에 휴지를 넣었어요. 전체 메시지에 뿌려져서 우리 반 아이들이라는 것이 알려졌어요. 아이들의 잘못을 어떻게 할지를 동학년에서 의논했어요. 아이들에게 잘못한 점을 알려 주고 어떻게 벌을 받을지 결정했어요. 학년에서 공동 생활지도를 하리라곤 생각도 못했는데, 모두가 자신의 일처럼 생각해 주시고 아이들에게 교육적으로 어떻게 하는 것이 좋은지 의논하는 것이 좋았어요. 그래서 아이들을 혼내면서도 기분이 좋았던 것 같아요.

김 어떤 느낌인지 알 것 같아요. 우리 반 아이가 잘못하면 내가 잘
못한 것처럼 죄인이 되는데, 동학년에서 같이 해결하고, 아이를
어떻게 혼낼 것인지의 관점이 아니라, 그 아이를 어떻게 도와줄
것인지를 중요하게 여긴다는 것이 다른 점이에요. 재작년에 한
아이의 사건을 처리하는 선생님들의 태도와 방식을 보고 혁신
학교에 온 보람을 느꼈어요. 한 아이의 잘못을 다른 학교에서는
담임에게 관리 책임을 묻고, 학교가 시끄럽지 않게 담임에게 모
든 책임을 지우는 것이 일반적인 모습인데, 그런 것과 달리 '우
리의 일이다'라고 생각하면서 함께 의견을 모으고 힘을 합쳐 해
결해 가는 모습이 인상 깊었어요.

황 우리 학교가 많은 문제를 같이 결정하잖아요. 그래서 선생님들
사이에 신뢰가 더 돈독한 것 같아요. 작년에 우리 반 아이가 일
을 저질렀는데, 선생님들이 저에게만 책임을 돌리거나 묻지 않
고 오히려 위로해 주시고 힘을 실어 주셔서 감동이었어요.

우리의 성장 이야기

안 화제가 자연스럽게 다음 질문으로 옮겨 가는군요. 혁신학교에서
지내면서 좋았던 경험이나 교사로서 혹은 인간으로서 성장했다
고 생각되는 점은 무엇인가요?

채 기존 학교에서는 학교 동문이나 나이순 같은 보이지 않는 서열
이 있었는데, 그런 것 없는 평등함이 신선하게 느껴졌어요. 오히
려 '나도 그런 분위기에 익숙해져 있었구나.' 깨닫게 되었죠. 나
이 든 사람들의 권위의식을 비판하는 젊은 축이었는데, 여기 와

서 경력 교사의 입장이 되니까 오히려 젊은 사람들과 나란히 있는 것을 낯설다고 느끼는 나 자신을 반성하게 되었어요. 또 내가 교직생활을 하면서 아이들한테 꿀릴 것이 없다고 생각했는데, 와서 보니까 너무나 훌륭하고 아시는 것이 많고 아이들에 대해 고민도 많이 하시는 것을 보고, 절로 고개가 숙여졌어요. 이것도 나의 성장이라고 생각해요.

김 혁신학교에는 선생님들의 면면이 드러날 수 있는 조건과 문화가 형성되어 있어요. 교사회에서 기단없이 이야기하는 것, 저경력 선생님이 전혀 거리낌 없이 의견을 이야기하는 것이 일반 학교에서는 드문 일이잖아요. 저경력이기 때문에 입을 다물고 있어서 저 사람이 어떤 사람이고 어떤 생각을 하는지 서로 교류도 없다 보니 알 수가 없죠. 이곳은 자기 효능감을 충족시켜 주는 학교예요. 내가 의견을 내고 그것이 반영되고, 또 변화되는 것이 보이니 자기 효능감을 높여 주죠. 교실에서도 자기 의견을 말하고, 그것이 우리 반을 바꾸는 데 반영이 되어 교실이 바뀌는 것을 경험하면 학생들의 자기 효능감이 올라가는데, 교사도 그럴 거예요. 젊은 분들이 개인적인 능력이 출중하니 이런 환경에서 더욱 빛날 수 있고, 배울 점이 눈에 띄고, 서로 배우고 하니 고개가 숙여지는 것 같아요. 이런 문화는 다른 학교가 쉽게 흉내 낼 수 없는 거예요. 상장을 주지 않고 임원제도를 없애는 건 쉽게 따라 할 수 있지만, 이런 문화는 그간의 전통 없이는 쉽게 흉내 내지 못해요.

조 교사로서의 자존감이 살아났어요. 예전에는 '나 교사로서 잘하고 있어'라는 자신감이 있었어요. 이곳에서는 내면에서 자존감이 살아난 반면, 자신감은 하락했어요. (웃음) 주변에 배울 만한 훌륭하신 선생님들이 많잖아요. 또 하나는 아이들에 대해서 깊이 생각하게 된다는 거예요. 아이를 바라보는 관점에 대한 이야기를 나누면서, 그전에는 생각 없이 했던 것들이 이제는 아이들을 바라보며 깊이를 추구하게 된 것 같아요.

권 저는 혁신학교에 와서 사람과의 관계에서 감동을 받았어요. 저 자신조차도 '내가 아이들을 통해서 좀 컸구나!' 하는 생각이 들었어요. 작년에 너무 문제가 많은 아이가 있었는데, 처음에는 제가 다 해결해 주다가, 아이들에게 한번 맡겨 보았어요. 누군가가 사과를 받고 싶다고 하면, 나머지 아이들이 다 이야기를 들어주어야 했지요. 그러면서 아이들 마음이 풀리는 걸 봤습니다. 진정한 사과가 무엇인지 아이들하고 이야기하면서 배웠어요. 어느 날, 학생들이 저한테 상처를 줬는데, 이전 학교에서라면 드러내지 못하고 그냥 혼자 앓았을 거예요. 그런데 작년에는 아이들의 모습을 보면서 저 스스로도 학급공동체의 구성원이라는 생각이 들었습니다. "얘들아, 선생님도 사과를 받고 싶은 게 있어." 하며 아이들 앞에서 거짓 없이 40분간 울었던 적이 있어요. 아이들이 사과를 하는데, 속이 시원해지면서 묵었던 체증이 쑥 내려가더라고요. 그때 '나도 인간이구나.' 하는 마음이 들었어요. 아이들 속에서 인간으로서, 교사로서 있지 않는 이상 기쁘게 수업할 수 없다는 것을 알았어요. 더 이상 참지 말고 인간적으로 해결해 봐야겠다고 생각했어요.

올해도 그런 일이 생겨서 솔직히 아이들과 의논을 했는데, 결론으로 아이들이 "혼내서 학습 분위기를 만들어 주세요." 하는 거예요. 그런데 막상 그렇게 했더니 아이들과 점점 멀어지더라고요. 그래서 "선생님과의 관계는 안 중요하지? 공부가 제일 중요하니?"하고 화를 냈더니, 어떤 아이가 "선생님 힘내세요. 웃을 때가 제일 예뻐요."하고 포스트잇을 붙여 놓았어요. 피식 웃음이 나왔어요. "세상에나! 이걸 봐라. 난 정말 너희가 미웠거든. 그런데 이렇게 날 피식피식 웃게 하는 애들이 있다."하면서 받은 걸 보여 줬더니 다음번에는 책상을 도배할 정도로 많은 쪽지와 그림을 주는 거예요. '아, 이런 게 필요했었구나. 솔직하게 마음을 표현하고 얘기하고 풀어 가는 것.' 애들이 얘기하더라고요. "선생님, 저희가 잘할게요. 화내지 말아 주세요."

이 학교에서 되게 혼란스러웠던 것은 혼내지 않는 거였어요. 작년에 우리 반에 배밀이 하는 친구가 있었어요. 5학년이었는데. "얘를 어떻게 할까요?"하고 어떤 선생님한테 물어보니까 그냥 지켜봐 주고 존중해 주라고 하시더라고요. 정말 그대로 두었더니 저를 좋아하기는 했지만 정말 한참 오랫동안 바닥을 기어 다녔어요. 결과적으로는 작년에 그런 분위기가 좋았어요. 올해도 그런 식으로 했더니 학부모에게 항의가 들어왔어요. 아, 어떻게 해야 할까, 갈피를 못 잡고 있다가 이전 학교에서처럼 하자고 마음먹었죠. 화내고 윽박지르며 수업 분위기를 잡아 보려고 했었죠. 그랬더니 아이들이 힘들어하고 저도 더 이상 못 견디겠고…. 혁신학교에서는 뭐가 맞는지 계속 찾아가는 과정인 것 같아요. 그 안에서 제가 얻은 것은 인간적으로 관계 맺는 것의 기쁨을 느낀 거예요. 그러고 나니까 수업을 할 때도 애정이 솟아서 열심히 가르치려는 마음이 생겨요.

실 저도 많이 달라졌는데, 아이들 앞에서는 완벽한 어른이어야 되고 다 알아야 된다고 생각했었거든요. 그런데 그냥 나도 부족하고 모르는 게 있어서 때로는 아이들 앞에서 무너지기도 하고 무방비가 되기도 하고…. 그러자 아이들이 나를 봐준다고 생각했는지, 말을 잘 들어주더라고요. '아, 공부하기 싫은데 선생님이 공부하자고 하니까, 그래, 해 주지.' 하는 성숙함.

조 교사이기 전에 아이들에게 같은 인간으로 보이는 것도 필요하다는 생각이 들어요. 교사이니 아이들보다 나아야 한다는 강박관념에서 놓여나면 아이들과의 소통이 훨씬 편안해져요.

실 이전 학교에서는 수업에 관련된 이야기를 쉽게 할 수 없었어요. 쉽게 받아들여지지 않으니 혼자서 했지요. 더욱이 중간, 기말고사 보던 때라 자유로울 수 없었어요. 옆 반과 수업을 의논해서 같이 하고 싶어도 할 수 없었지요. 내 수업에서 이만큼이 아쉽고 힘들게 채워 가는 것을, 함께 의논하고 만들어 가니까 여유와 자신감이 생겼어요. 체험학습에 관해서도 이전 학교에서는 왜 그렇게 하느냐며 곱지 않은 시선을 받았을 법한데, 여기서는 그렇지 않았고, 신나서 같이 했었죠. 아이들을 보는 시각과 태도도 많이 달라졌어요. 아직도 연습하고 노력해야 할 부분이 있지만 예전에 비하면 제가 많이 좋아졌다는 걸 느껴요.

황 짬짬이 만나도 도서 추천, 무엇을 해 봤는데 좋더라 같은 이야기를 해 주시니까 어디서나 배울 수 있어서 좋아요. 선배 선생님들이 해 보시고, 아이도 길러 보면서 겪었던 시행착오, 고민들을 듣는 것만으로도 교육에 관해 많은 도움을 얻게 돼요. 신규 교사들에게 훌륭한 배움의 장이 되고 있습니다. 학교에서 진행하는 연수도 같은 맥락에서 주제와 내용을 잡으니 질적으로나 깊이로나 좋은 연수들이 많았어요. 처음에 재구성을 할 때, 온 과목을 뒤집어서 섞는 것이 획기적이고 힘들었어요. 맨바닥에서 대단하시다고 생각하며 따라갔었죠. 동학년이 동등한 입장이지만, 신규 발령받고 몇 년간은 하는 것이 없어서 창피하기도 하고, 할 줄 아는 것이 없어 우리 반 애들이 불쌍한 생각이 들어서 좌절감도 많이 겪었어요. 신입 교사들은 한 번씩은 다들 이런 경험이 있을 거예요. 그럴 수도 있다는 것을 미리 알고 있으면 좋을 것 같아요. 재구성은 힘들지만 따라서 해 보면서 내가 어느 순간 내 수업을 조금씩 만들어 가는 재미도 느낄 수 있었습니다. 그렇게 따라 하고 내 것을 시도해 보는 것이 어설프지만 경험이 돼요. 수업을 하는 깃이 재미있고, 교사라는 직업에 자부심도 느끼게 되고요.

안 그렇게 말씀하시니 엄청 행복해 보이네요. 우리 사회에서 자신의 직업을 행복하다, 그렇게 생각하기 쉽지 않잖아요.

황 내일은 모르지만, 오늘까지는 행복해요. (웃음)

교육과정 재구성, 물리적인 재구성과 화학적인 재구성

김 수업 재구성 이야기가 나와서 말인데, 만약 스타 선생님이 이 학교에 있어서 모범으로 쫙 펼쳐 놓고 현란하게 수업을 하면 일단은 따라 하기에 급급하잖아요. 하지만 그러다 보면 얻는 건 없고 자존감에 상처를 입을 것 같아요. 동학년에 그런 선생님이 있고, 따라 하는 분위기라면, 그게 과연 내 수업인가 회의감이 들 거예요. 수업의 맥락을 만드는 데 참여하지 못하기 때문이에요. 재구성은 물리적인 재구성과 화학적인 재구성이 있다고 생각합니다. 물리적이란 교과 간 단원 간 중복을 없애고 활동을 나열하는 것이라면, 화학적인 재구성은 맥을 잡고 그 속에 녹여

내는 것이죠. 매우 힘들죠. 처음부터 철학적인 것도 들어가고, 결론이 어디로 날 것인지 예상도 할 수 없고, 논의가 많이 필요하고, 시간도 많이 들고 가성비가 떨어져요. 그런데 교원학습공동체가 그런 경험을 가능하게 해 줍니다. 물리적인 재구성을 하다 보면 빼먹는 부분이 생기면 안 될 것 같은 고정관념이 생기고, 거기서 벗어나지 못해요. 맥락이나 방향성을 찾고, 참여하고 충분히 숙고하다 보면 쳐내는 것에 대한 자신감이 생기게 되는데, 그런 수업이 화학적인 재구성인 것 같아요. 이것은 아무나 할 수 있는 경험은 아니죠. 시야가 넓어지고, 자존감은 올라가고 과감하게 아이스크림(인터넷 수업 보조 자료)을 버리게 돼요. 아이스크림을 버리면 어떻게 수업을 하나 불안해하는 선생님들이 실제로 많다는 걸 알고 있어요. 저도 그랬으니까요. 하지만 이렇게 재구성을 하면 아이스크림도 버리고 교과서도 버리고, 왜 그렇게 했는지 설명도 가능하죠. 그렇게 되는 일이 쉬운 일은 아니지만, 과정을 통해서 그런 것을 얻었습니다.

조　새로운 교육학적 용어가 등장했네요. 교육과정의 화학적 재구성. (웃음) 김 선생님의 화학적 재구성이라는 말에 공감해요. 화학작용은 새로운 물질이 생성되는 건데, 그것은 물질의 세계인 거고, 수업의 세계에서는 재구성 안에 기본 뼈대가 있어야 한다고 생각해요. 일종의 철학인 거죠. 수업 속에서, 이걸 왜 하는가 하는 합의가 돼야 해요. 그 합의를 바탕으로 해서 다양한 가지가 나옵니다. 그걸 다 가져갈 수 없고, 취사선택하는데, 그것의 기준은 철학이에요. 철학이 공유되지 않으면 쉽지 않더라고요. 특히 저학년과 고학년은 차이가 있어요. 저학년은 교육과정이 단순해서 철학 자체가 분명하진 않아요. 고학년은 교육과정이 복잡해서 굵게 일맥상통하는 공감대, 관점이 있어야 쉽게 재구성의 방향을 가져가고, 방향에 기초하여 다양한 내용들을 담아낼 수 있어요. 그나마 저경력 교사들은 내 것, 내 생각, 자기 방식이 아주 강하지 않아서 좀 더 유연하고 수용적인데, 오히려 교직 경력이 많고 혁신교육에 별로 동의하지 않는다면 동학년에서 함께 맞춰 가는 것이 서로 힘들 수가 있어요.

저도 경력이 24~25년 차였던 때라 초반에 내 것을 버리는 것이 쉽지 않았어요. 그러나 초기에는 각자가 자기 것들이 있어도 그것을 주장하지는 않았고, 기꺼이 버릴 준비가 되어 있었어요. 새로운 것을 취하기도 하고, 내 것이 다시 살아나기도 하는 그런 과정들이 사실 쉽진 않았지만 지금 내가 취하는 방향, 맥락, 관점은 오랜 시간 동안 그런 과정을 거치면서 형성되어 온 거라고 봅니다. 그러나 지금 구성원들은 혁신학교의 철학과 맥락을 이해하고 동화되기에는 시간과 기회가 충분치 않아요. 한편으론 혁신학교에서 요구되는 여러 가지 것들에 적극적으로 동참할 것인가 말 것인가 하는 태도의 차이도 영향을 미치고요.

지 저는 처음에 수업시간에 책을 읽어 주는데, 시간이 부족했어요. 그런데 생전 들춰 보지도 않던 교육과정을 펼쳐서 검토하더니 책 읽어 줄 시간이 주 1회 나온다고 하더라고요. '공부시간에 아무것도 안 하고 책 읽어 줘도 되는 거야?' 하면서 유레카처럼 기뻐했던 생각이 나요. 지금은 일상적이지만, 그때는 '수업시간에 공부 안 하고 책 읽어 줘?' 하는 비난이 두려웠어요. 문학 수업 자율 장학을 하는데, 처음에는 재구성을 하려고 해도 서로 많이 부족하니까 뭐 뾰족하게 나올 수 있는 게 없는 거예요. 그래도 서로 도와 가며 협의를 했어요. 다른 사람 수업을 참관

하면서, 다음 내 수업을 짜면서, 같이 짠 수업을 조언을 해 주면서 수정하고⋯. 동학년 협의회가 온전히 수업을 지원하는 체제였기에 많은 도움을 받았고, 순간순간이 벅찬 감동이었어요. 어떻게 하면 그런 희열을 다시 맛볼 수 있을까 생각하면 슬프더라고요. 같은 에너지가 모여야 서로 의기투합해서 만들어 가는 기쁨을 느낄 텐데, 이것이 제도적으로 어떻게 가능한지 고민하고 있어요.

우리 학교 혁신교육의 성과는?

안　무리수를 두자면, 긍정적인 평가가 80이면 부작용이나 어려움은 20일 거라고 봐요. 안 아픈 부위는 의식이 안 되고, 아픈 부위가 크게 의식이 되는 것처럼, 건강하게 잘 돌아가는 부분이 더 많은데, 아픈 부분에 의식이 집중되어 부정적인 측면이 더 크게 부각되는 것 같아요. 그래서 먼저 좋은 점부터 이야기했습니다. 개인적인 성장 이외에도 한 발 떨어져서 봤을 때, 혁신학교 8년의 성과는 무엇인지, 너무 많아서 열거하기 힘들겠지만, 한두 가지씩 말씀해 주세요.

황　최근에 자료집 때문에 다른 학교 선생님을 만나서 이야기 나눌 기회가 있었어요. 우리 학교는 만들어 가는 교육과정을 하고 있고, 요즘은 다른 학교도 많이들 하잖아요. 학년에서 했던 교육자료, 수업 재구성 자료, 기타 참고 자료 등을 다 모아 가지고 다음 학년을 위해서 2월에 넘기는 학교가 생각보다 별로 없더라고요. 제가 혼자서도 재구성해서 이것저것 해 볼 수 있는 것은 전 학년에서 넘겨준 자료가 있었기 때문이에요.

김 실천하고 기록이 별개의 것이 아니라, 실천이 기록되고 기록이
또 실천되고 이런 대물림이 이어졌던 것 같아요. 사문서화되지
않고. 만들고 제본하고 끝이 아니라, 활용하고 재구성하는 것이
죠. 다른 학교는 해마다 교육과정을 책으로 만들어 배포하지만,
시수 페이지만 보고 방치되는 경우가 많아요. 혁신학교에서는
기록으로 남기는 사람들이 최선을 다해 남기고, 받는 사람이 잘
보기 때문이죠. 이것이 성과예요. 이런 방식이 다른 학교에 확산
되고 따라 하고 있는 거죠. 기록할 수 있는 것은 굉장히 많이 확
산되었다고 알고 있어요. 좋은 영향으로 작용을 하고 있고요. 그
러나 어떤 문화라는 건 그 구성원이 되어 봐야 느끼고 체험할
수 있는 것이라고 봐요.

실 지원팀을 구성해서 운영하는 것이 우리 때는 획기적이었지만,
이제는 일반 학교에서도 많이 정착된 것 같아요. 토론이 있는
교직원회의 같은 것도 다른 학교로 많이 확산되었고요. 물론 실
제로 토론을 귀찮아하고 예전으로 돌아가려는 움직임도 있지만,
기본적으로 교사들의 의견을 물어서 진행하는 시스템이 있다는
건 잘 꾸려 왔던 게 아닌가 생각해요. 지원팀 운영하는 것도 그
렇고요.

황 교원학습공동체를 연수로 만들어 운영하는 것도 성과라고 할
수 있어요.

실 처음에 힘들게 연수화를 했다면, 이젠 연수 학점으로 인정받을
수 있게 제도로 정착되었어요.

김 처음엔 아주 표면적인 것만 따라 한 것 같아요. 이전 학교에 있
을 때도 만들어 가는 교육과정이라고 해서, 제목만 있고 텅 비

어 있는 파일을 뜬금없이 설명도 없이 갑자기 내밀었어요. '어쩌라는 거야?' 하고 몹시 당황했는데, 알고 보니 강명에서 하던 것이 확산이 되어 온 거였어요. 강명에서는 왜 '만들어 가는 교육과정'인지 제목의 의미를 알겠지만, 다른 학교에서는 이게 뭔가 하는 거죠.

실 학교와 교사들 사이의 문화는 바뀌지 않고 그런 제도만 들어오니까 다른 학교에서는 혁신학교 때문에 일만 많아진다고 하죠.

황 교과서를 중요하게 생각하지 않는 분위기도 교사의 창의성을 보장해 줍니다.

실 수업 이야기를 수다처럼 하는 것.

조 수업 이야기를 일상처럼 하는 것.

실 그전에는 수업 이야기를 하는 것이 힘들었어요.

주 그것이 뭔지 느낌이 와요. 저도 학교 전반에 흐르는 분위기가 중요한 것 같아요. 교육과정 재구성도 좋아하지만, 교육과정 재구성을 하고자 했을 때 교사들이 할 수 있는 분위기가 만들어진 것이 성과예요.

지 성과도 어떻게 보느냐에 따라 다릅니다. 현재 지점에서 지금도 남아 있는 것이 성과라고 할 수 있어요. 개인이 짤막하게 해서 좋았던 것들은 성과라고 하기 어려워요. 지금껏 하는 것, 사람이 바뀌어도 면면이 남아 있는 것을 성과로 봐야 해요.

조 아이들도 성과라는 생각이 들어요. 아이들의 분위기가 달라요. 교사들이 열린 자세를 가지고 서로 존중하는 분위기가 학교 전반에 흐르고 있어요. 교사들 자신이 평등하고 민주적인 시스템 속에 있기 때문에 아이들을 대할 때도 저절로 여유가 흘러나오는 것이 아닐까 싶어요.

실 외부의 다른 학교 학부모들이 학교 여는 날에 와서 여러 교실을 돌아다니며 수업을 봤어요. 전해 들은 이야기로는 아이들이 굉장히 편안해 보인대요. 수업이 활동적인 것은 익히 알고 있었으나 거기서 새로움을 찾지는 않았고, 아이들과 교사가 주는 분위기가 편안해 보인다는 게 인상적이었나 봐요. 수석 선생님이 작년에 새로 오셨잖아요. 일 년 동안 아이들을 바라보고 나서 하시는 말씀이, 아이들이 되게 편안하대요. 아이들이 날이 서 있는 것이 없대요. 선생님들이 존중해 줘서 그런 것 같다는 평가를 하셨어요.

지 우리 학교에선 수업을 담론으로 수다를 하잖아요. 아이들을 중심에 놓고 늘 교육과정을 고민하잖아요. 나는 고학년에서 경험을 했는데, 아이들마다 개인 사정이야 다르겠지만 대체로 건강하다고 느껴요. 지금 아이들을 3년째 만나는데, 그냥 놔두면 다 그렇게 철든다고 할 수는 없어요. 교육의 본질에 충실하게 교육과정이 재구성되어 잘 운영되고, 교사와 아이들 관계가 정서적으로 안정감이 있으니까 편안해 보이는 것 같아요. 2학년 때 아이들을 만났는데, 지금은 6학년이 된 이 아이들이 전반적으로 건강하게 성장했다는 것을 느낄 수 있어요. 이런 분위기가 지속되면 아이들의 신체적, 정서적인 건강이 가능하겠다는 기대를 갖고 있어요. 이것이 바로 우리 학교 혁신교육의 성과인 것 같아요.

지 학교에서 노는 시간 30분 있고, 문예체 수업하고, 이것저것 새로운 것들을 한다는 식의 제도적인 것들이 아니라, 민주적이고 존중받는 문화와 선생님들의 새로운 교육과정 운영이 바탕이 되어 이 모든 것들을 어우러지게 해서 만들어 낸 결과가 아닐까 싶어요. 아이들이 주인이 되고 존중받는 문화, 즉 수업 때도 스스럼 없이 이야기하고, 손들어서 자치회를 가는 것도 그렇고, 동아리 활동도 그렇고, 아이들이 하나하나 주인이 되어 보는 경험들이 녹아들어서 아이들의 건강성이 발휘되는 것이죠.

이 앞서 말씀하신 것처럼 교육과정으로 인한 아이들의 변화, 교사의 변화. 교육과정에 집중하게 만든 제도적인 뒷받침, 교사들의 자발적인 의지, 이런 것들이 어우러져서 성과를 냈다고 생각해요.

조 혁신학교를 처음 시작하면서 내용을 만들고 일궜던 것은 우리 교육 전반을 들여다봤을 때 크게 많은 것을 바꾸었어요. 교사용 지도서를 보면, 과거에는 거의가 40분으로 편제되어 있었어요. 어쩌다 2차시 블록으로 열어 놓은 게 가끔 눈에 띌 뿐이었죠. 지금은 저학년은 블록 수업이 기본으로 편제되어 있고, 고학년도 블록 중심으로 다양하게 변화했어요. 노는 시간도 전국적으로 확산되었고요.

회의가 교육의 정책과 세부적인 시스템을 바꾸는 방향으로 굉장히 많은 기여를 했어요. 제도가 들어왔을 때 이거 한번 해 보자 하는 구성원들의 의지, 열정이 없으면 한동안 형식화에 머무를 수밖에 없지만, 없는데 만드는 것보다 있는 것을 채워 가는 것은 쉬운 일이잖아요. 그런 포문을 열었다? 한 발을 내디뎠다는 것으로 성과를 정리하고 싶어요.

우리가 교육과정 재구성을 하는 이유

안 지금까지 교원학습공동체와 교육과정 재구성이 중요하다는 이야기가 거듭해서 나왔어요. 혁신학교가 뿌리를 내리고 시류에 따라 나타났다 사라지는 저간의 수많은 교육 사조나 정책이 아니라, 대한민국의 교육에 깊게 뿌리내리고 근본적이고 장기적인 변화를 가져오려면 교육과정의 내용이 충실해야 하는 게 무엇보다 중요합니다. 매일매일 아이들을 만나야 하는 교사로서 교과서에 의지하지 않고 자기 철학을 가지고 교육과정을 재구성해 내는 일이 쉽지 않았을 것입니다. 그럼에도 불구하고 지속해서 교육과정을 재구성하려고 시도하는 이유가 궁금하고요. 또 교원학습공동체에서 교육과정을 재구성했던 경험담도 들려주세요.

김 여유를 가지고 수업하려면 재구성을 해야 할 것 같아요. 그 수많은 과목, 단원들을 언제 다 합니까? 재구성을 해서 여유 시간을 만드는 거죠. 숨통이 트이려면….

지 덧붙여서 의미가 있어야죠. 재미, 여유, 숨통의 근본에 의미가 있어야 해요. 거기서 또 철학이 나뉘는 거죠.

조 재구성에 관해서 좋았던 것 가운데 하나가 선후배 간에 연결되는 것이었어요. 예를 들어서 2학년들이 인형극을 준비해서 1학년 동생들을 초대하고, 6학년이 연극하면서 후배들을 초대하는 것. 이런 것들을 통해서 아이들이 성장하는 것이 보여요. 평면적인 교실 활동에서는 보지 못한 아이들의 새로운 모습들을 발견하게 됩니다. 학기 말에 진행되는 발표회인 푸름잔치, 맺음잔치, 연극제, 동아리 발표회 등은 아이들의 개인적인 재능과 특기를 뽐내는 장기자랑 시간이 아니라 수업에서 했던 활동들을 공연의 형태나 전시회의 형태로 발표하는 자리입니다. 그런 장을 통해서 아이들이 도전하고 성장하고 그것을 바라보는 후배들도 나름 자신들의 미래를 그리며 설렘을 가지고 기다리게 하는 동기가 됩니다. 사실은 이것저것 신경 써야 되는 게 좀 있죠. 어려운 만큼 오래도록 남기도 하고요. 저와 아이들이 모두 재밌어했어요. 교과서로만 수업하려고 하면 정말 재미없어요.

실 교육을 통해서 아이들에게 무엇을 줄 것이냐, 어떤 사람으로 자라길 바라느냐를 봤을 때, 저는 '깨어 있는 시민'이에요. 그런 걸 많이 염두에 뒀어요. 당장 답이 안 나오는 질문도 던져 보고 그랬어요. 6학년 하면서 죽이 잘 맞았던 시간이 수학 시간이었는데, 단원 시작하면서 질문을 해요. 그러면 애들이 이것저것 대답을 합니다. 그리고 단원 다 끝나고 다시 처음 질문으로 돌아가서 답을 찾아요.

5학년 역사 수업할 때, 부여로 현장학습을 갔는데, 백제에 대해서 배우고 금동대향로를 보니까 아이들 반응이 달라요. 다른 학교 아이들과 태도가 비교되더라고요. 관람 태도며 유물을 대하는 모습이 많이 달랐어요. 이런 것이 재구성에서 오는 여유가 아닌가. 우린 다 가르치려고 하지 않잖아요. 교사가 철학을 가지고 가지치기를 해서 필요한 것만 가르칠 수 있기 때문에 아이들이 깊이 배우고 감동할 수 있는 것 같아요.

혁신학교 실험의 빛과 그림자

안 지금까지는 강명초등학교에서의 경험을 바탕으로 혁신학교 실험의 빛을 주로 이야기하였습니다. 빛이 있으면 그림자도 있는 법이지요. 각자가 꿈꾸어 오던 학교 교육의 실현을 위해 헌신하면서 함께 이루어 낸 빛나는 성과들이 많았습니다. 그러나 그 과정은 언제나 빛나는 꽃길만은 아니었을 것이라 짐작됩니다. 그간에 힘들고 어려웠던 점도 많았을 텐데요. 어려웠던 점과 그런 어려움을 만든 원인은 무엇이라고 생각하는지도 함께 말씀해 주세요.

지 좋았던 개인적인 경험을 일반화하려는 시도는 위험할 수 있어요. 초창기에 벅차고 감격스러운 기억을 가진 사람들이 개혁해서 구축해 놓은 것을 지켜 나가고자 하는 의지와 중간에 와서 익숙하지 않은 환경과 시스템에 적응해야 하는 사람들의 어려움과 아픔이 서로 이해받지 못하고 충돌하는 면도 있어요. 내가 시도해서 좋았던 것은 나의 경험일 뿐 쉽게 일반화시켜서 말하기는 어렵다고 생각해요. 무엇을 일반화할 것인지 고민도 있어야 하고, 일반화가 가능하려면 손쉽게 실행할 수 있는 장치와 제도가 필요해요. 어떤 이는 경험하지도 않고 들리는 소문만으로 부정적인 의견을 갖게 될 수도 있고, 어떤 이는 지내 보면서 좋은 것과 나쁜 것도 있음을 경험하겠죠. 부정적인 의견을 가진 사람들에게 긍정적인 평가가 얼마나 받아들여질지…

실 작년에 혁신학교 재지정 통과시키는 비율에서 50에 육박하는 교사들이 반대했어요. 그것이 지금 현재 가장 아픈 그림자예요. 우리가 성과를 이야기하지만, 성과에 대해서 동의하든 동의하지 않든, 더 이상 혁신학교로 가는 것에 반대하는 사람들이 절반이라는 거예요. 현재 우리가 안고 가야 할 큰 그림자죠. 그것의 원인은 어찌 됐든 학교를 처음 지원해서 모였을 때, 그 사람들은 에너지가 넘치고 하고자 하는 바, 바라는 바가 명확했고, 약간의 차이는 있을지언정 큰 틀에서는 같이했단 말이죠. 그러나 그 이후에 타의로 온 사람들에게 당위성만으로 같은 열정과 의지를 기대하는 것은 무리라고 봐요. 그런데 분위기상 그분들에게 변화와 열정을 압박하지 않았을까 생각해 봐요. 그분들의 어려움을 제대로 공감해 주지 못한 건 아닐까 하는 생각도 들고요. 다른 학교에서 소수자로 지내 오다가 여기에 와서 다수가 된 우리가 지나치게 주장한 것은 아닐까 싶기도 하고요. 끌어안지 못하고 내치면서 온 것은 아닌가 반성이 되는 부분도 있어요.

안 새로 오신 분들이 느낄 생경함에 공감해 주지 못했다는 건가요?

조 교육철학의 차이라는 생각이 들어요. 우리는 교사이므로 나름의 철학을 갖고 있어요. 본인의 삶에서 어떻게 살았느냐에 따라 다르게 표출이 되는 거예요. 그런 것들에 대해 서로 인정하지 못했어요. 우리가 자책할 필요는 없어요. 냉정하게 말해서 피차 마찬가지예요. 특히 관리자들은 30년 동안 겪지 못했던 생경한 교사들의 태도를 이해하기 어렵죠. 학년에서 알아서 정해서 통보하듯이 이야기를 하니 자신이 모셔 오던 관리자의 위상과는 너무 판이한 거죠. 학년 교육과정 운영에 자율성이 있고, 아이들 중심으로 잘해 왔는데, 형식적인 부분에 대해서만 주문을 한다고 반발을 하는 교사들을 보며 많은 자괴감을 느꼈을 거라 짐작이 돼요. 잘잘못을 따지는 것이 아니라 시대적인 요구에 따른 변화라고 해도, 30년 경험 속에서 다져 온 가치관과 관습을 바꾸기란 그분들에게는 쉽지 않은 일이죠. 최근에 컨설팅을 하면서 몇몇 일반 학교를 다녀 보니, 교육과정 운영할 때 여전히 관리자들과 일일이 상의해야 하고 허락을 받아야 하더라고요. 우리 학교는 학년에서 알아서 계획하고, 결재는 형식적인 것이잖아요. 이런 분들이 문제가 아니라 전혀 다른 가치관을 가진 분들을 여기에 배치한 교육청이 문제라고 봐요.

채 관리자와 교사회 간 소통의 어려움 때문에 서로 고통스럽죠. 일반 학교랑 섞어 놓고 이렇게 형식적으로 혁신을 만들다 보니 그런 것 같아요. 즉, 교육청에서 혁신학교의 특수성을 고려하지 않고 일반 관리자를 무작위로 배치하니 서로 인정하지 못하는 부분이 생기고 그간에 혁신학교가 쌓아 왔던 것들이 무너지는 것이 아닌가 하는 위기감도 들고요. 여러 가지로 소모적이고 힘들어요.

김 혁신학교의 수만 늘리기보다는 유지, 발전에 좀 더 신경을 써야 해요.

조 관리자를 예로 들었는데요, 일반 선생님도 마찬가지예요. 그분들도 혁신교육에 뜻이 없는데 자신의 의지와 상관없이 배치를 받은 분들의 비율이 점점 많아지고 있어요. 그분들도 원하지 않았거나 잘 알지 못하는 생경한 문화에 적응하는 것이 힘드실 거예요. 그래도 교사들은 아이들을 중심으로 두는 사람들이잖아요. 아이들에게 좋은 것이라면 자신의 철학과 맞지 않는다 해도 받아들이고 맞추려는 태도를 기본적으로 가지고 있죠. 어떤 경험과 마음이냐에 따라 속도에 차이는 있지만 서서히 일치를 향해 나아가고 있어요.

김 혁신학교 3기를 맞이하는 시점에서 선두에서 이 문제에 맞닥뜨리고 있어요. 혁신이지만 공립학교가 갖는 한계점들을 어떻게 극복할 것인가? 뒤늦게 시작한 학교도 우리의 전철을 밟을 거예요. 시작은 교장이 하든 교사들이 중심이 되어 하든, 우리 학교에 기대하는 것이 있어요. 외부에서 바라보면 선도적이죠.

교육과 교사에 대한 다양한 견해들

안　혁신학교의 구성원 간에 혁신학교에 대한 견해 차이가 존재하고 그것으로 비롯되는 관리자와 교사, 교사와 교사, 교사와 학부모 간의 소통의 어려움과 갈등이 존재하고 그것은 교육철학의 차이로부터 비롯되었다고 말씀하셨는데, 교육철학에서 구체적으로 어떤 점이 다른가요? 막연하게 '철학이 달라'라고 말하는 것은 부부가 이혼할 때 '성격차이 때문이다'라고 하는 것과 같아요. 구체적으로 어떤 철학적 차이인지. 아니면 어떤 시스템의 문제일 수도 있잖아요. 아무나 발령을 하는 시스템 말이에요. 다른 문제일 수도 있고요.

이　철학의 차이는 생각인 거예요. 교사의 역할을 바라보는 차이, 학력을 바라보는 관점, 아이들을 동등한 인격자로서 대화의 상대자로 대하느냐, 내가 가르쳐야 할 대상으로 보느냐의 차이인 거죠. 교사도 공무원일 뿐이라고 생각하는 사람, 교직을 그냥 밥벌이 정도로만 생각하는 사람도 있고요. 교사를 단순한 직업인 그 이상의 사회적 책무를 가진 존재로 보느냐 하는 차이가 있을 수 있어요. 학력은 시험 능력을 향상시키는 것인데, 실력을 향상시킨다는 게 대체로 수능이나 문제집을 잘 풀 수 있는 게 학력이라고 생각하는 것과 그건 학력이 아니라고 생각하는 차이가 있는 것 같아요. 아이를 바라보는 것은 혁신학교에 와서 저도 많은 변화가 있었어요. 아이들은 내가 가르쳐야 할 대상이 아니라 나와 같이 배움이 동시에 이루어지는 곳이 교실이고 학교라는 생각을 혁신학교에 와서 경험을 통해서 갖게 되었어요.

실　교육과정을 바라보는 시각도 있죠. 교사는 밥벌이하러 온다는 시각도 합당해요. 그런데 어떻게 오느냐가 중요해요.

주 철학은 중요해요. 교사들마다 철학이 다른 것은 어떤 학교든 있고, 그것으로 인해 갈등이 생길 수밖에 없죠. 철학이 다른 것은 원인이 될 수 있지만, 다른 사람의 의견을 듣고 포용할 수 있는 것, 다른 것들의 좋은 점들을 모아서 하나의 공통적인 목표, 지향점을 세우는 것이 해결책이라고 생각해요. 생각이 달라도 작은 하나는 세울 수 있잖아요. 선생님들이 생각이 달라도 그 선생님이 아이들을 혼내거나 소리를 질러도 우리가 다 같은 지향점을 바라보고 있다, 그것 하나로 선생님들이 서로서로 신뢰하면서 같은 방향으로 갈 수 있을 것이라고 생각해요.

이 아이들을 중심에 세워야 한다는 말은 철학과 상관없이 누구나 쓰는 말이에요. 아이들을 중심에 두어야 하고 교육활동 중심으로 학교가 돌아가야 한다는 건 다들 동의하는 말이죠. 그런데 어떤 식으로 들어가느냐는 완전히 다른 문제죠. 여기서 바로 철학의 중요성이 있어요. '내 것이 언제나 옳고 네 것은 틀려'라는 식의 전제에서 출발하면 안 되고, 다양한 의견들을 서로 주고받을 수 있는 분위기가 중요해요. 소통만 되어도 긍정적인 에너지를 만들어 낼 수 있으니까요. 그러나 '나는 원래 이런 사람이야.' 하고 단절하는 느낌, '나에게 더 이상 이야기하지 마.' 하는 분위기 등이 우리에게 가장 힘든 부분이 아닐까요.

실 교직 경력 20년 정도 되는 분들이 특히 우리 학교에 와서 힘들지 않을까 싶어요. 개인차가 있지만, 교직사회에서 길들여진 태도가 있어요. 그런 속에서 강명에 와서 지금과는 전혀 다른 것을 경험하니 쉽게 동조하지 못해요. 그렇다고 그것을 드러내 놓고 말도 할 수 없어요. 아까 말했듯이 관리자가 아닌, 동료로서 만났을 때 먼저 여기 있었던 사람으로서 그분들의 어려움을 먼저 이해하고, 시간을 두고 적응할 때까지 기다려 주는 것이 필요하지 않았을까 싶어요. 들볶이는 느낌을 받았을 것 같아요. 자신의 영역인 수업 이야기를 하고, 교과서를 안 가르치고 심지어 버리라고까지 하니 힘들었을 거예요. 그러나 반대로 나도 그런 사람을 바라보는 것이 힘들었어요.

이 대다수의 동조하는 사람들보다 반대하는 한두 명의 목소리가 더 크게 들리고 아프게 다가오죠.

김 이렇게까지 하지 않아도 나는 별 탈 없이 잘해 왔는데, 주변의 선생님들은 내가 바뀌어서 뭔가 같이 하기를 기대하잖아요. 그것을 압박으로 느끼죠. 우리 반만 잘 이끌어 가면, 민원만 안 들어오면, 우리 반 애들 공부 잘하고 예쁜데, 자꾸 동학년에서 이래라 저래라 귀찮게 하고, 내 방식을 그만두라고 압박하는 것을 내가 느끼면 굉장히 불편하죠.

주 재구성을 힘들어하시잖아요. 선생님들이 혁신학교이기 때문에 재구성을 해야 하는 것으로 생각하시는 분들이 있는데, 국가 수준 교육과정 자체가 재구성을 하도록 되어 있는 거죠.

김 재구성을 하려면 혼자 힘으로 하기는 힘들고 안 돼요. 같이 해야 해요. 그러니 교실에서 나오시길 바라는데, 안 나오시죠. 그러면 재구성의 동력이 떨어지고, 의지가 있는 사람들도 의욕이 꺾이고 힘들어지죠.

이 자발적으로 왔지만, 힘들 때가 많았어요. 한 발짝 나갈 수 있었던 것은 옆에서 보며 뒤따라가는 것만으로도 많은 것을 주었어요. 공동체에서 나의 역량과 무관하게 같이 하는 힘이 굉장했구나 하는 것을 나중에 깨달았어요. 자극을 받으면서, 열등감 느끼면서.

김 관계도 한몫했을 거예요. '힘들어, 힘들어.' 하면서도 따라올 수 있었던 것은 비슷한 선생님들이 같이 계셨고 소통할 수 있는 사람들이 있었기 때문이에요. 즉 관계가 중요해요. 중간에 온 사람들은 그 관계에 끼기가 쉽지 않을 거예요. 워낙에 관계가 단단하기도 하고, 바로 끌어 줄 만큼 소통이 원활한 관계를 맺은 사람도 당장 없고요. 그분들도 외로울 거예요. 자신의 것이 무시낭하고, 강요받는 느낌도 있고.

지 우리 안에서는 한계가 있어요. 교육청에서 인사를 지원해 주어야 하는 거예요. 지원해 주지 않으면 이 안에서 우리끼리 복닥복닥하면서 어려움을 겪고 좁은 틀 안에서만 해결하려고 하니까 너무 에너지 소비가 크고 답도 없어요. 혁신학교의 빛은 교육 이야기를 수업 담론으로 할 수 있다는 거예요. 그럴 시간과 그런 물리적인 여건을 마련하기 위해 업무는 따로 빼서 업무지원팀이 지원해 주는 시스템을 대안으로 마련했던 거죠. 그런데 시간이 지나면서 교사가 학교 교육활동의 주체로 서서 민주적으로 회의하는 것을 피곤함으로 받아들이게 되었어요. 그러면서도 내 발언을 할 수 있는 분위기는 되니까 기존에 해 왔던 것에 대해서 교사 입장에서만 힘들다, 힘들다고 하면서 필요 없는 것으로 치부해 버리니 자꾸 축소시키고 결국은 좋다고 했었던 이런 수업 수다의 공간이나 물리적 시간들이 없어지고 다시 옛날로 돌아가고 있죠.

김 5년이 지나도 남아 있는 분위기가 있어요. 우리 학교가 합리성을 찾았잖아요. 일반 학교의 불합리한 부분을 쳐내고 없앴어요. 혁신에 대해서 적극적이지 않은 분들도 느끼는 부분이죠. 업무가 없으니 공문을 열어 보지 않아도 되죠. 교사의 수업권을 보장해 주고 관리자의 눈치를 보지 않아도 되는 자유로운 분위기. 이런 반론을 제기할 수 없는 합리적인 것이 구축돼 있어요. 결과물에는 찬성은 하나, 적응할 수 없는 문화, 물론 혁신학교에서 누리는 교사로서의 주체적인 권리를 보장하는 시스템은 문화의 산물이지만, 그 문화에 적응하는 것은 어려워하고….

안 결과물을 만들어 낸 문화, 분위기가 그 결과물을 떠받치고 있는 것인데, 그것 자체는 수용이 안 되고 적응하기 어렵다는 거죠.

이 업무지원팀이 각종 일을 다 해 주죠. 수업에 집중하라고. 교육하는 여건을 만들어 내는 것이 혁신학교니까 물리적인 걸 다 지원했어요. 그러나 수업에 집중하고 교육과정 재구성에 적극적으로 참여할 의지는 없죠. 공문, 업무 처리를 다른 학교는 나눠서 하는데, 우리 학교는 편하죠.

지속가능한 혁신학교를 위한 제언

조 학교 안에서만 문제의 원인과 해결책을 찾으면 힘들어져요. 아무래도 관계가 뒤섞이게 되니까 서로에게 상처만 줄 뿐이에요. 거대한 시스템이 흔들려야 해요. 교사를 교육하는 시스템. 교사를 임용하는 시스템을 같이 흔들면 기존 사람들이 그 흔들림을 보면서 영향을 받지 않을까요. 일테면 교대 교육과정이 달라지고, 임용 방식이 달라지면 교사가 달라져야 하는구나 하는 생각을 갖게 될 거예요.

김 이야기를 하다 보니, 내부에서 우리가 해결하기에는 한계가 있네요. 혁신학교 초창기의 뭔가 함께 만들어 내는 창조적 에너지가 넘치던 기간은 이미 지났어요. 다른 큰 영역에서 흔들려야 해요. 사회의 큰 움직임, 시류가 내 문제로 다가오도록 만들어야 이게 해결되지 않을까요. 개개인이 영향을 받아 위기감을 느끼고 변화해야겠다고 생각하도록 말이죠.

실 우리나라 교육의 역사를 보면 다양한 교육 사조들이 들어오고 바뀌고 했잖아요. 혁신학교를 그런 맥락으로 바라보는 사람도 있는 것 같아요. 미래 사회를 위한 변화라고 생각하기보다는 교육감이 바뀌면 또 사라지거나 바뀐다고 생각하는 거죠. 이것이 변화를 더디게 하는 면도 있어요. 혁신교육을 지지하고 만족스럽게 생각하는 사람도 있지만, 반대로 이 체제를 마음에 들어 하지 않는 사람도 많아요. 게다가 우리나라 교육과정은 지역을 막론하고 모든 아이들에게 똑같은 교과서를 줘요. 우리가 다른 나라처럼 평가권을 많이 가지지 못한 이유는 우리가 그만큼 교육과정을 만들어 나가지 않기 때문이기도 해요. 이제 와서 조금씩 변화가 일어나고 있지만, 사회적으로 인정이 안 되어 있는 것 같아요. 성과를 유지하기 어렵게 하는 문제는 인사가 제대로 안 되는 것이 제일 커요. 사람이 계속 바뀌면서 유지하기가 힘들어요.

김 신설 학교와 재개교 학교에만 초빙의 권한을 주지 말고, 3기든 4기든 초빙 지원이 많이 되어야 할 것 같아요.

조 초빙이 부담스럽죠. 초빙이라면 뭔가 학교에서 큰일을 맡아야 할 것 같고, 많은 희생을 각오해야 할 것 같아 쉽게 선택하지 못하죠. 다자녀 선생님들이 학교 선택을 하듯이 부담 없이 할 수 있으면 좋을 것 같아요.

김 만들어 놓은 혁신학교를 잘 유지하려면, 체제를 잘 만들어야 할 것 같아요. 기껏 만들어 놓은 것들이 흔들리고 위기감을 느끼고 있는데, 왜 이런 것들이 반영이 안 되는지, 왜 신설 학교만 자꾸 혁신학교로 계속 만드는 것인지 알 수가 없어요.

실 인사 문제는 혁신학교들이 모이면 늘 문제점으로 지적되는 이슈예요. 오래된 혁신학교들이 다 이런 문제들을 안고 있어요. 그 안에서 사람들하고 부대끼느라고 다들 에너지가 소진되고 있어요.

지 교사만의 문제가 아닌 거잖아요. 관리자가 혁신교육에 열린 마음을 가진 사람이라면 지금의 갈등들은 현저히 줄어들 거예요.

실 옛날 열린교육이 실패한 이유도 위에서 내려오고, 본질에 대한 고민은 하지 않은 채 학습지만 들여와서 실패한 거잖아요. 교육을 바꿔 교육의 본질을 찾고자 하는 이 움직임에 본질은 묻힌 채 혁신학교 수만 늘리면 똑같이 될 수도 있어요.

김 우리 학교뿐만 아니라 일찍 시작한 3기 혁신학교들도 비슷한 어려움을 겪고 있지 않을까요. 그런 혁신학교들끼리 모여서 목소리를 모아서 위기감을 빨리 전달을 하면 어떨까 싶네요.

실 그나마 규모가 작은 학교들은 우리 학교보다는 상황이 좀 나은 것 같아요. 우리는 너무 규모가 커져서 학부모 문제도 만만찮아요.

지 혁신이라는 말 자체가 많은 것을 변화시켜야 하는 용어잖아요. 학부모와의 관계도 그렇고, 우리가 지금까지 통념적으로 하던 것을 벗어나는 것이라서 쉽지 않죠. 처음에 왔을 때 3주체도 익숙하지 않았어요. 학부모가 교육의 주체라는 것이 교사들 안에서도 소통이 어려운데 학부모와 교육의 주체로 만나 가까워지는 것은 힘든 일인 거죠.

안 학부모를 교육의 파트너로 인정하는 것이 낯선 건가요?

지 교사들 안에서도 소통하는 것이 어려운데 하물며 굉장히 다양한 스펙트럼을 가진 학부모를 만나는 것은 더 힘든 거죠.

안 학부모들이 기존의 선생님들을 너무 신뢰하기 때문에 새로 오신 선생님들을 불신하는 경향이 있다고 해요. 배움공책이라든지, 아침열기라든지, 집중수업이라든지 하는 것들에 그분들은 익숙하지 않은데 그런 걸 하느냐 안 하느냐로 선생님들을 평가하고 은연중에 압박하는 경우가 있다고 들었어요. 그런 것으로 평가받는 선생님들도 학부모들에게 상처를 받고요.

조 교사들은 직업적 소명을 가지고 교육에 대해서 변화와 성찰에 다양한 스펙트럼을 보여 주는데, 학부모들의 스펙트럼은 더 넓게 펴져 있죠. 학부모들의 개인적인 욕망이 사회적으로 부추겨지고 있는 상황 때문에 더 한계를 갖는 게 아닐까요?

기존의 질서에 교란을 일으킬 장난기,
미래를 바라보게 하는 영감,
그리고 현재를 넘어서려는 모험

안 이번에 출판하게 될 책의 부제가 '장난기, 영감, 모험의 여정'인데요. '장난기'란 기존의 질서와 관습에 살짝 교란을 일으킬 만한 어떤 발상을 의미합니다. 기존의 질서와 권위에 주눅 들지 않고 내지를 용기, 그리고 영감과 이상을 실현시키려는 모험심으로 새로운 것을 창조해 온 선생님들을 존경합니다.

혁신이란 현재의 단어가 아니라 미래의 단어입니다. 현재에 머물지 않고 미래로 나아가기 위해서는 또 한 번의 발상의 전환, 미래를 바라보게 하는 영감, 그리고 현재를 넘어서려는 모험이 필요합니다. 선생님들이 아직 우리 교육의 미래를 꿈꿀 때, 그것이 혁신교육의 동력이라고 생각합니다. 마지막으로 선생님들이 꿈꾸는 미래교육에 관한 이야기로 이 대담을 마무리하려고 합니다.

지 혁신학교는 미래교육의 씨앗이자 열매라고 생각해요. 예를 들어 열린교육이 유행할 때 공립학교에서는 스쳐 지나가는 교육 사조로 시간이 지나면서 썰물처럼 사라졌지만, 몇몇 사립학교에서는 여전히 유지되고 있어요. 그런 것처럼 지금 혁신학교도 초등학교까지는 몇몇 학교에서 유지가 가능할 것 같아요. 초등학교는 그나마 다양성이 용인되니까요. 처음에 공교육의 대안학교라고 불리던 남한산초등학교 같은 모델이 퍼져서 많은 혁신학교들이 생겨났죠. 물론 그중에는 무늬만 혁신학교인 경우도 있어요. 그러나 혁신교육의 본질을 추구하고 실천하는 혁신학교들이 이미 자리를 잡고 있습니다. 이들 학교들은 여러 가지 면에서 혁신교육의 시스템을 구축하고 교육과정도 거기에 맞춰 운영하고 있어요. 혁신학교의 씨는 뿌려졌다고 봐요. 이것을 얼마나 튼튼하게 가꿔 가느냐는 우리한테 달려 있는 것이죠. 교사와 학부모, 학생들이 모두 행복한 교육이 우리가 꿈꾸는 미래교육이 아닐까요? 혁신교육은 그것을 이루기 위한 초석이고요.

삶의 행복을 꿈꾸는 교육은 어디에서 오는가?

● **교육혁명을 앞당기는 배움책 이야기** 혁신교육의 철학과 잉걸진 미래를 만나다!

한국교육연구네트워크 총서

 01 핀란드 교육혁명
한국교육연구네트워크 엮음 | 320쪽 | 값 15,000원

 02 일제고사를 넘어서
한국교육연구네트워크 엮음 | 284쪽 | 값 13,000원

 03 새로운 사회를 여는 교육혁명
한국교육연구네트워크 엮음 | 380쪽 | 값 17,000원

 04 교장제도 혁명
한국교육연구네트워크 엮음 | 268쪽 | 값 14,000원

 05 새로운 사회를 여는 교육자치 혁명
한국교육연구네트워크 엮음 | 312쪽 | 값 15,000원

 06 혁신학교에 대한 교육학적 성찰
한국교육연구네트워크 엮음 | 308쪽 | 값 15,000원

 07 진보주의 교육의 세계적 동향
한국교육연구네트워크 엮음 | 324쪽 | 값 17,000원
2018 세종도서 학술부문

 08 더 나은 세상을 위한 학교혁명
한국교육연구네트워크 엮음 | 404쪽 | 값 21,000원
2018 세종도서 교양부문

 09 비판적 실천을 위한 교육학
이윤미 외 지음 | 448쪽 | 값 23,000원
2019 세종도서 학술부문

 10 마을교육공동체운동:
세계적 동향과 전망
심성보 외 지음 | 376쪽 | 값 18,000원

한국교육연구네트워크 번역 총서

 01 프레이리와 교육
존 엘리아스 지음 | 한국교육연구네트워크 옮김
276쪽 | 값 14,000원

 02 교육은 사회를 바꿀 수 있을까?
마이클 애플 지음 | 강희룡·김선우·박원순·이형빈 옮김
356쪽 | 값 16,000원

 03 비판적 페다고지는
세상을 변화시킬 수 있는가?
Seewha Cho 지음 | 심성보·조시화 옮김
280쪽 | 값 14,000원

 04 마이클 애플의 민주학교
마이클 애플·제임스 빈 엮음 | 강희룡 옮김
276쪽 | 값 14,000원

 05 21세기 교육과 민주주의
넬 나딩스 지음 | 심성보 옮김 | 392쪽 | 값 18,000원

 06 세계교육개혁:
민영화 우선인가 공적 투자 강화인가?
린다 달링-해먼드 외 지음 | 심성보 외 옮김 | 408쪽 | 값 21,000원

 07 콩도르세, 공교육에 관한 다섯 논문
니콜라 드 콩도르세 지음 | 이주환 옮김
300쪽 | 값 16,000원

 08 학교를 변론하다
얀 마스켈라인·마틴 시몬스 지음 | 윤선인 옮김
252쪽 | 값 15,000원

 혁신학교
성열관·이순철 지음 | 224쪽 | 값 12,000원

 행복한 혁신학교 만들기
초등교육과정연구모임 지음 | 264쪽 | 값 13,000원

 서울형 혁신학교 이야기
이부영 지음 | 320쪽 | 값 15,000원

 혁신교육, 철학을 만나다
브렌트 데이비스·데니스 수마라 지음
현인철·서용선 옮김 | 304쪽 | 값 15,000원

 대한민국 교사, 어떻게 가르칠 것인가?
윤성관 지음 | 320쪽 | 값 15,000원

 아이들을 어떻게 가르칠 것인가
사토 마나부 지음 | 박찬영 옮김 | 232쪽 | 값 13,000원

 모두를 위한 국제이해교육
한국국제이해교육학회 지음 | 364쪽 | 값 16,000원

 경쟁을 넘어 발달 교육으로
현광일 지음 | 288쪽 | 값 14,000원

● **비고츠키 선집 시리즈** 발달과 협력의 교육학 어떻게 읽을 것인가?

생각과 말
레프 세묘노비치 비고츠키 지음
배희철·김용호·D. 켈로그 옮김 | 690쪽 | 값 33,000원

성장과 분화
L.S. 비고츠키 지음 | 비고츠키 연구회 옮김
308쪽 | 값 15,000원

도구와 기호
비고츠키·루리야 지음 | 비고츠키 연구회 옮김
336쪽 | 값 16,000원

연령과 위기
L.S. 비고츠키 지음 | 비고츠키 연구회 옮김
336쪽 | 값 17,000원

어린이 자기행동숙달의 역사와 발달 I
L.S. 비고츠키 지음 | 비고츠키 연구회 옮김
564쪽 | 값 28,000원

의식과 숙달
L.S 비고츠키 | 비고츠키 연구회 옮김
348쪽 | 값 17,000원

어린이 자기행동숙달의 역사와 발달 II
L.S. 비고츠키 지음 | 비고츠키 연구회 옮김
552쪽 | 값 28,000원

분열과 사랑
L.S. 비고츠키 지음 | 비고츠키 연구회 옮김
260쪽 | 값 16,000원

어린이의 상상과 창조
L.S. 비고츠키 지음 | 비고츠키 연구회 옮김
280쪽 | 값 15,000원

성애와 갈등
L.S. 비고츠키 지음 | 비고츠키 연구회 옮김
268쪽 | 값 17,000원

비고츠키와 인지 발달의 비밀
A.R. 루리야 지음 | 배희철 옮김 | 280쪽 | 값 15,000원

관계의 교육학, 비고츠키
진보교육연구소 비고츠키교육학실천연구모임 지음
300쪽 | 값 15,000원

수업과 수업 사이
비고츠키 연구회 지음 | 196쪽 | 값 12,000원

비고츠키 생각과 말 쉽게 읽기
진보교육연구소 비고츠키교육학실천연구모임 지음
316쪽 | 값 15,000원

비고츠키의 발달교육이란 무엇인가?
비고츠키교육학실천연구모임 지음 | 412쪽 | 값 21,000원

교사와 부모를 위한 비고츠키 교육학
카르포프 지음 | 실천교사번역팀 옮김
308쪽 | 값 15,000원

비고츠키 철학으로 본 핀란드 교육과정
배희철 지음 | 456쪽 | 값 23,000원

혁신교육 존 듀이에게 묻다
서용선 지음 | 292쪽 | 값 14,000원

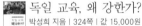
독일 교육, 왜 강한가?
박성희 지음 | 324쪽 | 값 15,000원

다시 읽는 조선 교육사
이만규 지음 | 750쪽 | 값 33,000원

핀란드 교육의 기적
한넬레 니에미 외 엮음 | 장수명 외 옮김
456쪽 | 값 23,000원

대한민국 교육혁명
교육혁명공동행동 연구위원회 지음
224쪽 | 값 12,000원

한국 교육의 현실과 전망
심성보 지음 | 724쪽 | 값 35,000원

학교 혁신의 길, 아이들에게 묻다
남궁상운 외 지음 | 272쪽 | 값 15,000원

 프레이리의 사상과 실천
사람대사람 지음 | 352쪽 | 값 18,000원
2018 세종도서 학술부문

 혁신학교, 한국 교육의 미래를 열다
송순재 외 지음 | 608쪽 | 값 30,000원

 페다고지를 위하여
프레네의 『페다고지 불변요소』 읽기
박찬영 지음 | 296쪽 | 값 15,000원

 노자와 탈현대 문명
홍승표 지음 | 284쪽 | 값 15,000원

 선생님, 민주시민교육이 뭐예요?
염경미 지음 | 244쪽 | 값 15,000원

 어쩌다 혁신학교
유우석 외 지음 | 380쪽 | 값 17,000원

 미래, 교육을 묻다
정광필 지음 | 232쪽 | 값 15,000원

 대학, 협동조합으로 교육하라
박주희 외 지음 | 252쪽 | 값 15,000원

 입시, 어떻게 바꿀 것인가?
노기원 지음 | 306쪽 | 값 15,000원

 촛불시대, 혁신교육을 말하다
이용관 지음 | 240쪽 | 값 15,000원

 라운드 스터디
이시이 데루마사 외 엮음 | 224쪽 | 값 15,000원

 미래교육을 디자인하는 학교교육과정
박승열 외 지음 | 348쪽 | 값 18,000원

 흥미진진한 아일랜드 전환학년 이야기
제리 제퍼스 지음 | 최상덕·김호원 옮김 | 508쪽 | 값 27,000원
2019 대한민국학술원우수학술도서

 폭력 교실에 맞서는 용기
따돌림사회연구모임 학급운영팀 지음
272쪽 | 값 15,000원

 그래도 혁신학교
박은혜 외 지음 | 248쪽 | 값 15,000원

 학교는 어떤 공동체인가?
성열관 외 지음 | 228쪽 | 값 15,000원

 학교 민주주의의 불한당들
정은균 지음 | 276쪽 | 값 14,000원

 교육과정, 수업, 평가의 일체화
리사 카터 지음 | 박승열 외 옮김 | 196쪽 | 값 13,000원

 학교를 개선하는 교장
지속가능한 학교 혁신을 위한 실천 전략
마이클 풀란 지음 | 서동연·정효준 옮김 | 216쪽 | 값 13,000원

 공자뎐, 논어는 이것이다
유문상 지음 | 392쪽 | 값 18,000원

 교사와 부모를 위한
발달교육이란 무엇인가?
현광일 지음 | 380쪽 | 값 18,000원

 교사, 이오덕에게 길을 묻다
이무완 지음 | 328쪽 | 값 15,000원

 낙오자 없는 스웨덴 교육
레이프 스트란드베리 지음 | 변광수 옮김
208쪽 | 값 13,000원

 끝나지 않은 마지막 수업
장석웅 지음 | 328쪽 | 값 20,000원

 경기꿈의학교
진흥섭 외 지음 | 360쪽 | 값 17,000원

 학교를 말한다
이성우 지음 | 292쪽 | 값 15,000원

 행복도시 세종,
혁신교육으로 디자인하다
곽순일 외 지음 | 392쪽 | 값 18,000원

 나는 거꾸로 교실 거꾸로 교사
류광모·임정훈 지음 | 212쪽 | 값 13,000원

 교실 속으로 간 이해중심 교육과정
온정덕 외 지음 | 224쪽 | 값 13,000원

 교실, 평화를 말하다
따돌림사회연구모임 초등우정팀 지음
268쪽 | 값 15,000원

 학교자율운영 2.0
김용 지음 | 240쪽 | 값 15,000원

 학교자치를 부탁해
유우석 외 지음 | 252쪽 | 값 15,000원

 국제이해교육 페다고지
강순원 외 지음 | 256쪽 | 값 15,000원

교사 전쟁
다나 골드스타인 지음 | 유성상 외 옮김
468쪽 | 값 23,000원

시민, 학교에 가다
최형규 지음 | 260쪽 | 값 15,000원

학교를 살리는 회복적 생활교육
김민자 · 이순영 · 정선영 지음 | 256쪽 | 값 15,000원

교사를 위한 교육학 강의
이형빈 지음 | 336쪽 | 값 17,000원

새로운학교 학생을 날게 하다
새로운학교네트워크 총서 02 | 408쪽 | 값 20,000원

세월호가 묻고 교육이 답하다
경기도교육연구원 지음 | 214쪽 | 값 13,000원

미래교육, 어떻게 만들어갈 것인가?
송기상 · 김성천 지음 | 300쪽 | 값 16,000원
2019 세종도서 교양부문

교육에 대한 오해
우문영 지음 | 224쪽 | 값 15,000원

혁신교육지구 현장을 가다
이용운 외 4인 지음 | 344쪽 | 값 18,000원

배움의 독립선언, 평생학습
정민승 지음 | 240쪽 | 값 15,000원

선생님, 페미니즘이 뭐예요?
염경미 지음 | 280쪽 | 값 15,000원

평화의 교육과정 섬김의 리더십
이준원 · 이형빈 지음 | 292쪽 | 값 16,000원

수포자의 시대
김성수 · 이형빈 지음 | 252쪽 | 값 15,000원

혁신학교와 실천적 교육과정
신은희 지음 | 236쪽 | 값 15,000원

삶의 시간을 잇는 문화예술교육
고영직 지음 | 292쪽 | 값 16,000원

혐오, 교실에 들어오다
이혜정 외 지음 | 232쪽 | 값 15,000원

**혁신교육지구와 마을교육공동체는
어떻게 만들어지는가?**
김태정 지음 | 376쪽 | 값 18,000원

**선생님, 특성화고 자기소개서
어떻게 써요?**
이지영 지음 | 322쪽 | 값 17,000원

학생과 교사, 수업을 묻다
전용진 지음 | 344쪽 | 값 18,000원

혁신학교의 꽃, 교육과정 다시 그리기
안재일 지음 | 344쪽 | 값 18,000원

● **살림터 참교육 문예 시리즈** 영혼이 있는 삶을 가르치는 온 선생님을 만나다!

꽃보다 귀한 우리 아이는
조재도 지음 | 244쪽 | 값 12,000원

성깔 있는 나무들
최은숙 지음 | 244쪽 | 값 12,000원

아이들에게 세상을 배웠네
명혜정 지음 | 240쪽 | 값 12,000원

밥상에서 세상으로
김흥숙 지음 | 280쪽 | 값 13,000원

우물쭈물하다 끝난 교사 이야기
유기창 지음 | 380쪽 | 값 17,000원

선생님이 먼저 때렸는데요
강병철 지음 | 248쪽 | 값 12,000원

서울 여자, 시골 선생님 되다
조경선 지음 | 252쪽 | 값 12,000원

행복한 창의 교육
최창의 지음 | 328쪽 | 값 15,000원

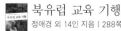
북유럽 교육 기행
정애경 외 14인 지음 | 288쪽 | 값 14,000원

시험 시간에 웃은 건 처음이에요
조규선 지음 | 252쪽 | 값 15,000원

교과서 밖에서 만나는 역사 교실 상식이 통하는 살아 있는 역사를 만나다

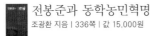
전봉준과 동학농민혁명
조광환 지음 | 336쪽 | 값 15,000원

남도의 기억을 걷다
노성태 지음 | 344쪽 | 값 14,000원

응답하라 한국사 1·2
김은석 지음 | 356쪽·368쪽 | 각권 값 15,000원

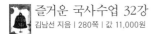
즐거운 국사수업 32강
김남선 지음 | 280쪽 | 값 11,000원

즐거운 세계사 수업
김은석 지음 | 328쪽 | 값 13,000원

강화도의 기억을 걷다
최보길 지음 | 276쪽 | 값 14,000원

광주의 기억을 걷다
노성태 지음 | 348쪽 | 값 15,000원

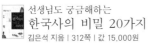
선생님도 궁금해하는
한국사의 비밀 20가지
김은석 지음 | 312쪽 | 값 15,000원

걸림돌
키르스텐 세룹-빌펠트 지음 | 문봉애 옮김
248쪽 | 값 13,000원

역사수업을 부탁해
열 사람의 한 걸음 지음 | 388쪽 | 값 18,000원

진실과 거짓, 인물 한국사
하성환 지음 | 400쪽 | 값 18,000원

우리 역사에서 사라진
근현대 인물 한국사
하성환 지음 | 296쪽 | 값 18,000원

꼬물꼬물 거꾸로 역사수업
역모자들 지음 | 436쪽 | 값 23,000원

즐거운 동아시아사 수업
김은석 지음 | 240쪽 | 값 15,000원

교과서 밖에서 배우는 역사 공부
정은교 지음 | 292쪽 | 값 14,000원

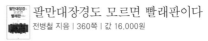
팔만대장경도 모르면 빨래판이다
전병철 지음 | 360쪽 | 값 16,000원

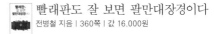
빨래판도 잘 보면 팔만대장경이다
전병철 지음 | 360쪽 | 값 16,000원

영화는 역사다
강성률 지음 | 288쪽 | 값 13,000원

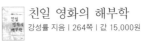
친일 영화의 해부학
강성률 지음 | 264쪽 | 값 15,000원

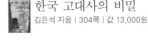
한국 고대사의 비밀
김은석 지음 | 304쪽 | 값 13,000원

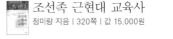
조선족 근현대 교육사
정미량 지음 | 320쪽 | 값 15,000원

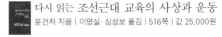
다시 읽는 조선근대 교육의 사상과 운동
윤건차 지음 | 이명실·심성보 옮김 | 516쪽 | 값 25,000원

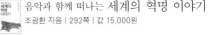
음악과 함께 떠나는 세계의 혁명 이야기
조광환 지음 | 292쪽 | 값 15,000원

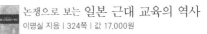
논쟁으로 보는 일본 근대 교육의 역사
이명실 지음 | 324쪽 | 값 17,000원

다시, 독립의 기억을 걷다
노성태 지음 | 320쪽 | 값 16,000원

한국사 리뷰
김은석 지음 | 244쪽 | 값 15,000원

경남의 기억을 걷다
류형진 외 지음 | 564쪽 | 값 28,000원

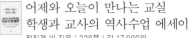
어제와 오늘이 만나는 교실
학생과 교사의 역사수업 에세이
정진경 외 지음 | 328쪽 | 값 17,000원

더불어 사는 정의로운 세상을 여는 인문사회과학 <small>사람의 존엄과 평등의 가치를 배운다</small>

밥상혁명
강양구·강이현 지음 | 298쪽 | 값 13,800원

좌우지간 인권이다
안경환 지음 | 288쪽 | 값 13,000원

도덕 교과서 무엇이 문제인가?
김대용 지음 | 272쪽 | 값 14,000원

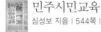
민주시민교육
심성보 지음 | 544쪽 | 값 25,000원

자율주의와 진보교육
조엘 스프링 지음 | 심성보 옮김 | 320쪽 | 값 15,000원

민주시민을 위한 도덕교육
심성보 지음 | 500쪽 | 값 25,000원
2015 세종도서 학술부문

민주화 이후의 공동체 교육
심성보 지음 | 392쪽 | 값 15,000원
2009 문화체육관광부 우수학술도서

교과서 밖에서 배우는 인문학 공부
정은교 지음 | 280쪽 | 값 13,000원

갈등을 넘어 협력 사회로
이창언·오수길·유문종·신윤관 지음
280쪽 | 값 15,000원

오래된 미래교육
정재걸 지음 | 392쪽 | 값 18,000원

동양사상과 마음교육
정재걸 외 지음 | 356쪽 | 값 16,000원
2015 세종도서 학술부문

대한민국 의료혁명
전국보건의료산업노동조합 엮음 | 548쪽 | 값 25,000원

교과서 밖에서 배우는 철학 공부
정은교 지음 | 280쪽 | 값 14,000원

교과서 밖에서 배우는 고전 공부
정은교 지음 | 288쪽 | 값 14,000원

교과서 밖에서 배우는 사회 공부
정은교 지음 | 304쪽 | 값 15,000원

전체 안의 전체 사고 속의 사고
김우창의 인문학을 읽다
현광일 지음 | 320쪽 | 값 15,000원

교과서 밖에서 배우는 윤리 공부
정은교 지음 | 292쪽 | 값 15,000원

카스트로, 종교를 말하다
피델 카스트로·프레이 베토 대담 | 조세종 옮김
420쪽 | 값 21,000원

한글 혁명
김슬옹 지음 | 388쪽 | 값 18,000원

일제강점기 한국철학
이태우 지음 | 448쪽 | 값 25,000원

우리 안의 미래교육
정재걸 지음 | 484쪽 | 값 25,000원

한국 교육 제4의 길을 찾다
이길상 지음 | 400쪽 | 값 21,000원
2019 세종도서 학술부문

왜 그는 한국으로 돌아왔는가?
황선준 지음 | 364쪽 | 값 17,000원
2019 세종도서 교양부문

마을교육공동체 생태적 의미와 실천
김용련 지음 | 256쪽 | 값 15,000원

공간, 문화, 정치의 생태학
현광일 지음 | 232쪽 | 값 15,000원

교육과정에서 왜 지식이 중요한가
심성보 지음 | 440쪽 | 값 23,000원

인공지능 시대의 사회학적 상상력
홍승표 지음 | 260쪽 | 값 15,000원

동양사상과 인간 그리고 사회
이현지 지음 | 418쪽 | 값 21,000원

● **평화샘 프로젝트 매뉴얼 시리즈** 학교폭력에 대한 근본적인 예방과 대책을 찾는다

 학교폭력 어떻게 만들어지는가
문재현 외 지음 | 300쪽 | 값 14,000원

 아이들을 살리는 동네
문재현 · 신동명 · 김수동 지음 | 204쪽 | 값 10,000원

 학교폭력, 멈춰!
문재현 외 지음 | 348쪽 | 값 15,000원

 평화! 행복한 학교의 시작
문재현 외 지음 | 252쪽 | 값 12,000원

 왕따, 이렇게 해결할 수 있다
문재현 외 지음 | 236쪽 | 값 12,000원

 마을에 배움의 길이 있다
문재현 지음 | 208쪽 | 값 10,000원

 젊은 부모를 위한 백만 년의 육아 슬기
문재현 지음 | 248쪽 | 값 13,000원

 별자리, 인류의 이야기 주머니
문재현 · 문한뫼 지음 | 444쪽 | 값 20,000원

 우리는 마을에 산다
유양우 · 신동명 · 김수동 · 문재현 지음
312쪽 | 값 15,000원

 동생아, 우리 뭐 하고 놀까?
문재현 외 지음 | 280쪽 | 값 15,000원

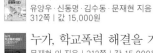 누가, 학교폭력 해결을 가로막는가?
문재현 외 지음 | 312쪽 | 값 15,000원

● **남북이 하나 되는 두물머리 평화교육** 분단 극복을 위한 치열한 배움과 실천을 만나다

 10년 후 통일
정동영 · 지승호 지음 | 328쪽 | 값 15,000원

 선생님, 통일이 뭐예요?
정경호 지음 | 252쪽 | 값 13,000원

 분단시대의 통일교육
성래운 지음 | 428쪽 | 값 18,000원

 김창환 교수의 DMZ 지리 이야기
김창환 지음 | 264쪽 | 값 15,000원

 한반도 평화교육 어떻게 할 것인가
이기범 외 지음 | 252쪽 | 값 15,000원

● **창의적인 협력 수업을 지향하는 삶이 있는 국어 교실** 우리말 글을 배우며 세상을 배운다

 중학교 국어 수업
어떻게 할 것인가?
김미경 지음 | 340쪽 | 값 15,000원

 토론의 숲에서 나를 만나다
명혜정 엮음 | 312쪽 | 값 15,000원

 토닥토닥 토론해요
명혜정 · 이명선 · 조선미 엮음 | 288쪽 | 값 15,000원

 인문학의 숲을 거니는 토론 수업
순천국어교사모임 엮음 | 308쪽 | 값 15,000원

 어린이와 시
오인태 지음 | 192쪽 | 값 12,000원

 수업, 슬로리딩과 함께
박경숙 외 지음 | 268쪽 | 값 15,000원

 언어던
정은균 지음 | 268쪽 | 값 15,000원
2019 세종도서 교양부문

 민촌 이기영 평전
이성렬 지음 | 508쪽 | 값 20,000원

감각의 갱신, 화장하는 인민
남북문학예술연구회 | 380쪽 | 값 19,000원

참된 삶과 교육에 관한
생각 줍기